Warum haben gerade selbstbewußte, erfolgreiche und gutaussehende Frauen um die Vierzig Schwierigkeiten, den richtigen Mann zu finden? Sie schalten Anzeigen, gehen auf Singletreffen, sehen sich im Kollegenkreis um, doch kein Mann entspricht ihren Vorstellungen. Sie haben ein genaues Bild von ihrem Wunschpartner und der Beziehung, die sie führen wollen. Treffen sie dann auf einen potentiellen Partner, kommt es meist zu einer Enttäuschung. Der vermeintliche Traumprinz entpuppt sich als Reinfall.
Tatsächlich haben viele Frauen um die Vierzig ein falsches Beziehungsideal. Weil sie selbst so vieles erreicht haben und zu Recht stolz auf sich sein können, soll auch der Mann an ihrer Seite perfekt sein. Dabei übersehen sie, daß sie selbst nicht frei von Schwächen und Fehlern sind. So entsteht ein Mißverhältnis, das eine befriedigende Beziehung unmöglich macht. Der Weg aus dem Dilemma ist die Erkenntnis, wie widersprüchlich das eigene Denken und Verhalten ist. Die Autorinnen zeigen, wie sich Anspruch und Realität vereinbaren lassen und Frauen das ersehnte Glück zu zweit finden können.

Regine Schneider wurde 1952 in Bochum geboren. Nach dem Studium der Pädagogik, Soziologie und Publizistik arbeitete sie sechs Jahre als Redakteurin einer Tageszeitung. Danach wechselte sie zu einer großen Frauenzeitschrift. Seit der Geburt ihrer Tochter lebt Regine Schneider als freie Autorin und Journalistin in Hamburg. Sie veröffentlichte zahlreiche Sachbücher im Krüger und im Fischer Taschenbuch Verlag.
Bärbel Raulf ist Diplompsychologin mit eigener Praxis in Hamburg. Als Interviewpartnerin kam sie bereits in früheren Büchern von Regine Schneider zu Wort.

Unsere Adresse im Internet: www.fischer-tb.de

Regine Schneider / Bärbel Raulf

Nimm die Männer, wie sie sind – es gibt keine anderen

Partnersuche in der Lebensmitte

Fischer Taschenbuch Verlag

Veröffentlicht im Fischer Taschenbuch Verlag,
ein Unternehmen der S. Fischer Verlag GmbH,
Frankfurt am Main, Februar 2002

Lizenzausgabe mit Genehmigung des
Krüger Verlages, Frankfurt am Main

Druck und Bindung: Clausen & Bosse, Leck
Printed in Germany
ISBN 3-596-15197-X

Inhalt

Vorwort

Partnersuche in der Lebensmitte – etwas Frustrierenderes gibt es kaum. Heerscharen von Frauen, die haufenweise Versuche gestartet haben über Annoncen, Institute, Singlepartys, können ein Lied davon singen. Ist Männersuche im Alter von Vierzig ein sinnloses Unterfangen? Man könnte es glauben, lauscht man Gesprächsrunden von Frauen. Das Fazit: »Männer? Vergiß es! Männer kommen vom Mars.«

Und doch treffen wir immer mal wieder eine, die beglückt erzählt, es habe endlich gefunkt. Sie habe die Liebe ihres Lebens gefunden.

Und wir stellen verwundert und ein bißchen neidisch fest, da haben sich zwei entdeckt, die tatsächlich erstaunlich gut zusammenpassen. Fragen uns, warum passiert das nur den anderen? Wir, die wir tapfer auf Anzeigen antworten, uns verkuppeln lassen oder selbst die Initiative ergreifen, ziehen immer wieder die Nieten.

Die Zeitungen sind voll von Anzeigen in denen »starke« Frauen in der Mitte des Lebens, also zwischen 35 und 55, die alles erreicht haben, und »nur noch« händeringend den »warmherzigen, emotional offenen, gleichzeitig aber starken, erfolgsbewußten Mann« fürs Leben suchen. Allein in der »Zeit« werden drei Viertel aller Heiratsanzeigen von »beruflich selbständigen Frauen« aufgegeben, die »attraktiv, beweglich, erfolgreich, selbstbewußt« sind und denen scheinbar nichts in ihrem Leben fehlt außer einem »Prinzen.« Sehr häufig werden dabei Männer mit Eigenschaften gesucht, die es in

der geforderten Kombination im wirklichen Leben gar nicht gibt oder die sich sogar gegenseitig ausschließen.
Einerseits haben Frauen, die heute zwischen 35 und 55 sind, soviel erreicht wie keine Frauengeneration vor ihnen. Frauenbewegung und gesellschaftliche Entwicklung haben dafür gesorgt, daß Frauen in der Lebensmitte präsent sind wie nie. Sie sind Politikerinnen, Managerinnen, Ärztinnen, Staatsanwältinnen. Sie leiten Konzerne oder bauen Firmen auf. Sie stehen im Leben ihren Mann und ziehen nicht selten nebenher noch Kinder groß. Dabei sehen sie biologisch zehn Jahre jünger aus als früher.
In der Lebensmitte stellen heute viele Frauen ihr Leben noch einmal auf ganz neue Füße. Sie steigen ein und steigen aus. Sie stellen fest, daß sie eigentlich keinen Mann brauchen, um ihr Leben zu meistern. »Ein Mann muß eine Frau glücklich machen, sonst braucht sie keinen«, ist der Wahlspruch vieler sich selbst verwirklichender Frauen.
Andererseits – und das ist paradox – wird verzweifelt wie nie der Partner fürs Leben gesucht. Und zwar auf eine unrealistische und von überholten Ansprüchen geleitete Weise, die in seltsamem Widerspruch zum neuen Selbstbewußtsein dieser Frauengeneration steht.
Denn die tief verwurzelte natürliche Sehnsucht nach Zweisamkeit bleibt. Einsamkeit ist bei aller Selbstverwirklichung eines der größten Probleme unserer Zeit. Und so machen Frauen sich in der zweiten Lebenshälfte mehr denn je auf die Suche nach dem Märchenprinzen. Mit viel höheren Ansprüchen als früher. Schließlich weiß man endlich, was man will. Die Meßlatte wird hochgehängt wie nie. Der Mann muß perfekt sein. Ein Supermann, an dem alles, was frühere Partner vermissen ließen, dran ist. Schließlich sind wir inzwischen unabhängig und selbstbewußt, wissen was wir wollen und akzeptieren nicht jeden. Der eine »Blindgänger«, den wir verlassen haben, hat uns gereicht.
Bei vielen Frauen mittleren Alters ist das Männerbild ver-

rutscht. Es ist unrealistischer denn je. Einerseits hält man den Mann für das hinterherhinkende unterentwickelte Geschlecht. In mehr oder weniger literarischen Ergüssen mit Millionenauflagen nimmt man die Männer aufs Korn, macht sie zu lächerlichen Hanswürsten, läßt kein gutes Haar an ihnen. Andererseits nährt die Sehnsucht nach Glück und Zweisamkeit tief drin die Hoffnung, es gebe da doch den einen einzigen, der ganz anders ist als die anderen. Die große Ausnahme. Und die muß mit Vierzig ganz schnell gefunden werden. Entwickeln doch viele der aufgeklärten, unabhängigen und sich selbst verwirklichenden Frauen die fixe Idee: »Jetzt bin ich 42, bald muß ich wieder einen Mann an mich gebunden haben, sonst ist der Zug für mich endgültig abgefahren.« Insgeheim fürchten sie: »Mit Fünfzig bin ich eine alte Frau mit Runzeln und Falten. Mir verbleibt also nur wenig Zeit, den einzig Wahren zu finden.« Hier kommt zum Tragen, daß wir in einer Gesellschaft leben, die dem Jugendwahn verfallen ist. Davon kann sich selbst die emanzipierteste Frau nicht immer freimachen. Jede leidet darunter, daß die makellose äußere Hülle hinfällig wird. Um so verzweifelter bieten sie sich an. Enttäuschungen lassen sich dabei nicht vermeiden. Es gibt auch die Frauen, die ihren Kinderwunsch bis Ende Dreißig, Anfang Vierzig vor sich her geschoben haben. Nun tickt die biologische Uhr. Der Erzeuger, der bitte auch treusorgender Vater sein soll, wird hektisch gesucht.

Und was ist mit den Männern? Nie sind die Interessengegensetze größer als bei Männern und Frauen in dieser Lebensphase. Während Frauen händeringend nach dem Partner zum sofortigen Wiederverheiraten fahnden, ehe die Chancen vermeintlich vorüber sind, haben Männer, die aus einer gescheiterten Beziehung katapultiert werden, erst mal alles andere im Kopf, als sich gleich wieder fest zu binden. Sie haben erst mal »die Schnauze voll«. Klar, eine junge unkomplizierte und wenig fordernde Freundin ist genehm. Aber eine gestandene Frau, womöglich noch mit Therapieerfahrung, die weiß was

sie will, ihr Leben im Griff hat und Forderungen stellt, die hat ihm gerade noch gefehlt. Da geht er laufen. Der Paartherapeut Jürg Willi hat festgestellt: »Männer suchen nach einer – oft schmerzlichen – Trennung erst mal ihre Freiheit. Dabei fallen sie in der Regel noch mal in pubertäres Verhalten zurück, wollen keine Verantwortung und Verbindlichkeit, sondern nur Spaß und Genuß.«[1] Sie wollen Sehnsüchte ausleben, die während der Partnerschaft nicht erfüllt wurden. Solange sie verheiratet waren, Kinder hatten, für ein Einkommen sorgen mußten, das es erlaubte, bei angenehmem Lebensstandard ein Haus abzubezahlen, sind ihre persönlichen Bedürfnisse hoffnungslos zu kurz gekommen. Sie haben sich abgestrampelt, und doch ist die Partnerin gegangen. Nun wollen sie leben. Alles nachholen. Und sind verunsichert, ja abgeschreckt. Viele fühlen sich abgezockt. Verständlich.
Es stehen sich in dieser Lebensphase also Männer und Frauen gegenüber, deren Erwartungen an eine Beziehung nicht unterschiedlicher sein könnten. Trotzdem geht man aufeinander zu. Frauen sehen dann oft ihr Vorurteil bestätigt: »Die Männer kann man abhaken.«
An dieser Stelle die schlechte Nachricht zuerst: Auch wir können die Männer nicht ändern. Aber die gute Nachricht wird von vielen Geschlechtsgenossinnen noch geflissentlich übersehen. Nicht alle Männer sind besetzt oder unbrauchbar. Nach einer angemessenen Zeit des »Freiseins« kehren sie gerne zu den Bequemlichkeiten der Zweierbeziehung zurück und starten einen weiteren Versuch. Auch Männer haben sich geändert, und es gibt inzwischen durchaus akzeptable und nette. Rein statistisch gesehen gibt es auch genug Männer in der Lebensmitte, die eine altersmäßig passende Frau suchen – entgegen der Meinung vieler Frauen im vorgerückten Alter, die glauben, ihre Chance, einen Mann zu finden, sei schon deswegen gering, weil es zuwenig freie Männer gebe. Die Statistik besagt etwas anderes: Es gibt 7,8 Millionen Frauen in Deutschland zwischen 40 und 55 Jahren. Fast eine

Million von ihnen sind Singles. 76,5 Prozent (5,96 Millionen) sind berufstätig. Eine knappe Million davon selbständig. Entgegen der landläufigen Meinung können wir diesen eigenständigen und beruflich erfolgreichen Frauen sagen: Die Zahl der beziehungstauglichen Männer ist groß genug. Torschlußpanik ist durchaus nicht angesagt.

Bei Männern ist die Zahl so aufgeschlüsselt: Zwischen dem 45. und 64. Lebensjahr gibt es 762 000 Singles. Nimmt man die Männer um die Vierzig hinzu, kann man sagen, statistisch gesehen gibt es für jede Singlefrau einen altersmäßig passenden Mann.

Ende 1997 hat das Statistische Bundesamt die neuesten Scheidungszahlen veröffentlicht: 1995 wurden danach 175 600 Ehen geschieden. 3,6 Prozent mehr als im Vorjahr. Damit ist die Scheidungsquote auf dem bislang höchsten Stand seit 1950. Durchschnittlich sehen die meisten Paare ihre Ehe nach sechs bis sieben Jahren als gescheitert an. 60 Prozent der Männer und 55 Prozent der Frauen heiraten innerhalb der nächsten fünf Jahre wieder.

Es hört sich gemein an, aber haben Sie schon einmal folgendes in Betracht gezogen? Daß gerade Sie noch keinen von denen erwischt haben, die wieder frei sind, liegt eventuell auch an Ihnen. Obwohl Sie eine gutaussehende, persönlich gereifte, beruflich unabhängige Powerfrau sind. An dieser Stelle kommen wir nicht umhin, mit unseren Schwestern einmal ordentlich ins Gericht zu gehen. Die sogenannten Powerfrauen müssen nämlich bisweilen noch mächtig an sich arbeiten, was ihre Beziehungsreife und ihre Beziehungsfähigkeit angeht. Das lange vorherrschende Feindbild Mann sollte langsam überholt sein. Natürlich gibt es unerwachsene, unreife oder neurotisch gestörte Männer. Aber wir Frauen sind auch nicht nur super, toll, unfehlbar und überlegen. Selbst in der Lebensmitte gibt es noch so manche, die ihren Blick besser zunächst auf sich richten sollte, statt über die bösen entwicklungsbedürftigen Männer zu lamentieren. Früher quälten wir uns mit unbefriedigenden Beziehungen herum, in denen unsere Bedürfnisse vernachlässigt wurden. Heute lebt eine große Zahl von Frauen unzufrieden allein. Wir sind der Meinung, viele Frauen haben im Zuge der Emanzipation das Kind mit dem Bade ausgeschüttet. Das eine Extrem mit dem anderen Extrem getauscht. Es geht wieder darum, vor der eigenen Haustür zu kehren und die goldene Mitte zu finden. Je mehr man an das Ende des einen Pols rückt, um so weiter entfernt man sich vom anderen. Das Gleichgewicht liegt aber in der Mitte.

Selbstverständlich wollen wir keine Frau wieder zum fremdbestimmten unmündigen Anhängsel des Mannes degradieren. Aber immer unter uns zu bleiben ist auf Dauer auch nicht besonders erstrebenswert – oder? Es geht also nicht darum, Frauen wieder klein zu machen. Aber bei allem gewonnenen Selbstbewußtsein haben wir es doch auch nicht mehr nötig, die Männer zu beschimpfen. Vielleicht können wir ein bißchen unserer neugewonnenen Stärke in eine Beziehung investieren. Es ist an der Zeit, daß sich die Geschlechter auf einer neuen Ebene wieder treffen. Anders als gemeinsam werden wir das Beziehungsdilemma nicht auflösen. Wir sollten das Kriegsbeil begraben, um mit neuem Selbstbewußtsein aufeinander zuzugehen. Wir wollen Ihnen einen Weg aus diesem Dilemma aufzeigen und Ihnen helfen, die Partnersuche in der Lebensmitte realistisch anzugehen. Unsere These ist: »Frauen, kommt von eurem hohen Roß herunter!«

Wenn ich mir in den Kopf gesetzt habe, eine schwarze Blume zu kaufen, und feststelle, daß es sie nicht gibt, muß ich entweder eine rote oder gelbe nehmen oder verzichten. So ist das auch bei der Partnerwahl. Wo ein falscher Ansatz da ist, gibt es keinen Erfolg. Es ist also wichtig, Ansprüche und Realität in Einklang zu bringen. Sie können nicht die Männer ändern, sondern nur bei sich selbst anfangen.

Wir bemühen uns, Denkfallen aufzudecken, Widersprüche aufzuzeigen. Einen Leitfaden zu erarbeiten, worauf frau achten muß, um eine realistische Chance für eine Beziehung in der zweiten Lebenshälfte zu haben.

Die Frauen, die meinen, daß Männer heutzutage allesamt Schrott seien, haben etwas erlebt, was zu diesem Männerbild geführt hat. Oft basiert es auf einem nicht gelösten Vater-Tochter-Konflikt oder einer unglücklich verlaufenen und nicht richtig verarbeiteten ersten Beziehung. Außerdem existiert ein von unserer Leistungs- und Erfolgsgesellschaft geprägtes Männerbild, was überhöhte Ansprüche in der Partnerschaft zur Folge hat. Doch auch Männer sind ganz normale Menschen. Es lohnt sich zu fragen, warum ausgerechnet ich immer so unbefriedigende Erfahrungen mit Männern mache. Ich kann die Antwort nur in mir selbst finden!

Ehe ich einen neuen Mann suche, muß ich mir erst mal klarmachen, wie das Männerbild aussieht, das ich seit Jahrzehnten mit mir herumschleppe. Entspricht dieses Männerbild dem, was ich wirklich brauche? Wie kommt es, daß ich immer einen bestimmten Typ Mann anziehe? Sind meine Ansprüche realistisch? Traue ich meinen Antennen, meiner inneren Stimme? Oder lasse ich mich von Äußerlichkeiten blenden? Eine alte Beziehung muß in jedem Fall verarbeitet sein, ehe man innerlich bereit für eine neue ist. Das braucht Zeit. Auf beiden Seiten.

Wichtig ist der Mut zu einem neuen Selbstbild und weg vom konventionellen Denken. Ebenso die Frage, welcher Partner mir guttut. Weniger wichtig ist, ob er braungebrannt ist, teuer gekleidet und Porsche fährt. Und: Hände weg von Partnern aus gerade zerbrochenen Beziehungen.

Die Frauenbewegung hat zudem mit sich gebracht, daß Frauen sich gleichberechtigt verhalten. Dazu gehört, daß viele Frauen es für »emanzipiert« halten, in ihrem Alter One-Night-Stands zu haben oder schnell mit einem Mann im Bett zu landen. Sie halten sich für frei, wenn sie den Mann auffordern, einladen, ansprechen. Die Erfahrung zeigt, daß dieses Verhalten dazu beiträgt, ein schales Gefühl zu behalten, das

Gefühl, letztendlich benutzt oder sogar mißbraucht und weggeworfen worden zu sein, wenn der Mann nach einer gemeinsam verbrachten Nacht doch »nein danke« sagt. Zu einem guten Beziehungsauftakt gehört es, mit sich selbst achtsam umzugehen. Frauen müssen wieder lernen, sich zu schützen. Angemessen auf einen neuen Partner zuzugehen. Sich Zeit zu nehmen. Sich nicht selbst zu vergewaltigen.

In der zweiten Lebenshälfte geht es auch in der Partnerschaft um innere Werte. Diese inneren Werte kann ich aber nur langsam entdecken und schätzen lernen. Dazu muß ich den Mann richtig kennenlernen. Darf mich nicht von Äußerlichkeiten blenden lassen. Den Menschen im Mann entdecken kann ich nur, wenn ich meine und seine Grenzen nicht überschreite, indem ich mich ihm an den Hals schmeiße und gleich Nägel mit Köpfen machen will.

Wer sich mit 45 wie eine 25jährige gibt und kleidet, wird immer unterliegen. Nur wer zu sich steht, wirkt überzeugend. Jedes Lebensalter hat seine speziellen Entwicklungsaufgaben. Eine erwachsene Frau ist etwas anderes als ein junges Mädchen. Ziel in der zweiten Lebenshälfte ist im Gegensatz zur ersten, in der es darum ging, sich zu erproben, zu beweisen und nun Bestätigung zu finden, ein authentisches, stimmiges und zufriedenes Leben zu erreichen, Innen und Außen in Einklang zu bringen.

Dazu gehört neben der beruflichen Entwicklung, der Pflege von erfüllenden Hobbys, dem Aufbau eines gesunden Selbstwertgefühls auch innere Unabhängigkeit. Das Gefühl innerer Freiheit ist einer erwachsenen Frau angemessen. Und es ist unerläßlich für den Aufbau einer Beziehung in der zweiten Lebenshälfte. Es kommt nicht mehr auf die äußere Hülle, sondern auf die innere Entwicklung an. Entsprechend ist die eigene Ausstrahlung.

Dem Partner fürs Leben begegnet man vielleicht ein- oder zweimal. Mit viel Glück dreimal. Es ist keineswegs so, daß passende Partner wie Sand am Meer herumlaufen und nur eingesammelt werden müssen. Deshalb muß, wer den richtigen Mann sucht, auch Geduld mitbringen. Manche Frauen leben Jahre allein, ehe sie endlich einen Mann treffen, der zu ihnen paßt. Oft aber sind unrealistische Sehnsüchte im Spiel. Das ist gefährlich. Zurück bleiben frustrierte, entmutigte und sehr verletzte Frauen.

Am besten ist, sich sein Leben so einzurichten, daß man gelassen sagen kann: Wenn ein Partner hinzukommt, ist das schön und bereichernd, aber wir sind nicht abhängig davon. Das ist die innere Haltung, die am ehesten zum Ziel führt, weil sie uns eine entsprechend souveräne Ausstrahlung verleiht. Also weg mit der Meinung: Ohne einen Mann an meiner Seite bin ich nichts.

Eine kurze Bestandsaufnahme

Wir leben in einem neuen Zeitalter. Es ist gekennzeichnet von High-Tech. Technologie ersetzt Muskelkraft. Die Welt der Arbeit hat sich grundlegend verändert und wird sich weiter verändern. Trotz qualifizierter Ausbildungen können wir nicht mehr einen einmal erlernten Beruf bis an unser Lebensende ausüben. Wir müssen Eigeninitiative zeigen, müssen flexibel und mobil sein. Alles ist möglich, nichts ist sicher.

Auch die Welt der Beziehungen hat sich verändert. Partnerschaften halten nicht mehr lebenslang. Es gibt keine festen Regeln. Menschen müssen ihr Leben individuell und allein gestalten. In allen Lebensbereichen suchen wir nach neuen Modellen, Mythen, Helden und Heldinnen.

Die Gesellschaft entwickelt sich in Richtung narzißtischer (auf sich bezogen, um sich selbst kreisend) Wertvorstellung. Die Partnerbeziehung hat der Selbstverwirklichung zu dienen, was in übersteigerter Form bedeutet, daß sie funktionalen Charakter hat und nur so lange und so weit als verbindlich erachtet wird, wie sie die eigene Entwicklung fördert oder zumindest nicht behindert. Die Einstellung auf einen anderen Menschen, das Austragen von Konflikten, das gegenseitige Sich-Tragen und die Akzeptanz des anderen mit seinen Problemen fällt dabei völlig heraus.

Das gilt in starkem Maße für die 68er und frauenbewegte Generation, die heute in den mittleren Jahren ist. Sie hat eine Geschichte, die die ganze Generation geprägt hat und sich bis heute auf ihre Ansichten und Lebensstile auswirkt. Ein wesentliches Merkmal: Die jetzige Generation in der Lebensmitte hat keine Vorbilder.

Die 68er Generation ist die zwischen 1946 und 1955 geborene Nachkriegsgeneration, auch Vietnamgeneration genannt. Sie ist heute zwischen 43 und 52 Jahre alt und von der starken Jugendbewegung, die sie nach dem Zweiten Weltkrieg initiiert hat, beeinflußt. Die Nachkriegszeit war im Westen die Wirtschaftswunderzeit, gekennzeichnet durch Wiederaufbau, Demokratie und Wohlstandswachstum. Die Jugend konnte es sich erlauben, ohne einen Arbeitsplatz zu riskieren, sich extrem aufzulehnen, massiv gegen das Establishment zu protestieren und alle gesellschaftlichen Werte über Bord zu werfen. Niemand verbaute sich damit sein zukünftiges Berufsleben. Es war eine Revolution ohne Risiko. Eine Bewegung, ohne daß dafür ein persönlich hoher Preis bezahlt werden mußte. Alles schien bergauf zu gehen und nie ein Ende zu haben.

Die Jugendlichen fühlten sich innerlich frei zu tun, was sie wollten, lösten sich früh aus dem Elternhaus und zogen in Wohngemeinschaften und Kommunen. Dort wurde ein alternativer Lebensstil und Befreiung von bürgerlichen Zwängen praktiziert. Es entstand ein regelrechter Jugendkult wie später nie wieder. Die Jugend wurde genossen. Sie stand unter dem Stern der Ideologie der Befreiung vom Imperialismus. Die Schüler- und Studentenrevolte richtete sich gegen das Spießbürgertum und gegen verkrustete gesellschaftliche Strukturen. Sie suchte Glückseligkeit statt Geld. Sie war gegen jede etablierte Autorität, gegen Lehrer, Eltern, die Polizei, den Staatsapparat, gegen Uni-Dozenten und gewählte Volksvertreter. Es wurde demonstriert, Sit-ins und Love-ins abgehalten, protestiert. Die Jugend praktizierte absolute sexuelle Freizügigkeit. Parallel dazu fand eine musikalische Revolution statt mit dem Aufkommen der Beatles und Rolling Stones. Der Geist der Sechziger war geprägt von einem utopischen Weltverbessererbewußtsein. Die männliche Jugend verweigerte den Wehrdienst. Und frühestens mit Dreißig fingen die langhaarigen Idealisten an, einem Beruf nachzugehen. Diese in der Jugend genossene Freiheit prägte die ganze Generation und wirkt sich bis heute auf ihre Ansichten und Lebensstile aus.

Mit dem Entstehen der Frauenbewegung in den frühen 70er Jahren taten sich auch für Frauen ganz neue Möglichkeiten auf. Im Gegensatz zu ihren Müttern fingen Frauen an, sich als eigenständige Wesen zu behaupten. Sie fingen an, männliche Strukturen in allen Lebensbereichen zu kritisieren und zu unterwandern. Dank der Anti-Baby-Pille konnten sie »frei« lieben. Frauen weigerten sich, mit 25 ohne vernünftige Berufsausbildung zu heiraten, Kinder in die Welt zu setzen und für den Haushalt dazusein. Sie wollten Karriere machen, und viele taten das auch. Die Ehe wurde aufgeschoben zugunsten einer qualifizierten Berufsausbildung und des Versuchs, sich selbst zu verwirklichen. Sie kämpften für Gleichberechtigung, sagten, »mein Bauch gehört mir«, lasen Alice Schwarzer und Verena Stefan, inszenierten die Walpurgisnacht, gaben Pamphlete heraus für die Gleichstellung von Mann und Frau in allen Lebensbereichen und hielten Frauenversammlungen ab, zu denen Männer keinen Zutritt hatten, feierten Frauenfeten und entdeckten, wie gut Frauen miteinander auskommen. Sie entdeckten die Frauensolidarität und hoben sie über alles andere.

In den 70er Jahren war die wirtschaftliche Situation in den Industrienationen so, daß Frauen die Möglichkeit hatten, in fast alle Berufe vorzustoßen, die bis dahin Männern vorbehalten waren. Allerdings schafften es nur wenige bis an die Spitze und in die Führungspositionen der obersten Etagen. Frauen lernten, ihre Ellenbogen zu gebrauchen. Dabei streiften viele ihren traditionell »weiblichen Kern« ab und taten es den Männern gleich. Sie machten Selbsterfahrung und suchten ihren Platz in der Gesellschaft neu zu bestimmen. Sie verweigerten ihr altes Rollenverhalten, stellten ihr bisheriges Selbstverständnis in Frage. Hieß es bis dahin, Frauen brauchen keine qualifizierte Berufsausbildung, sie heiraten ja sowieso, strömten Frauen nun in die Universitäten. Gail Sheehy, eine amerikanische Publizistin, die sich in ihren Büchern mit der Lebensmitte und den verschiedenen Lebensabschnitten befaßt, schreibt: »Als die Frauen der 60er Generation volljährig wurden, befanden sie sich im Krieg mit den traditionellen Werten. Sie waren soweit, die Ketten, die sie gefangen hielten, zu sprengen.«[2]

Die Gesellschaft verhielt sich modernen Frauen gegenüber feindselig, Feministin oder Emanze wurde als Schimpfwort gebraucht und eingesetzt, wenn man eine Frau als »unweiblich« klassifiziert hatte, weil sie versuchte, sich gegen einen Mann durchzusetzen. Dieser Kampf und das wachsende Selbstbewußtsein führten dazu, daß viele Frauen sich mit männlichen Werten in die Schlacht stürzten. Zwischen den Geschlechtern herrschten nicht selten kriegsähnliche Zustände, die sich in dieser Generation bis heute fortsetzten.

Der 68er Generation folgte die zwischen 1956 und 1965 geborene »ichbezogene Generation«, die heute zwischen 35 und 43 Jahre alt ist. Sie wurde in den Siebzigern volljährig, und Studentenrevolte und Frauenbewegung waren für sie alte Hüte. Sie versuchte statt dessen, sich mit dem eigenen Ich zu beschäftigen. Statt Demonstration und Kampf für die Veränderung der Gesellschaft war die Beobachtung und Ergründung des eigenen Ichs angesagt. Es fehlte der Idealismus und das Engagement der Vorgänger, dafür trat das Anspruchsdenken in den Vordergrund. Sanyasin und Bhagwan waren gefragt. Aus dieser Generation rekrutierten sich die Yuppies. Karriere und Geldverdienen wurden nicht mehr verachtet, sondern angestrebt.

Beide Generationen kannten Existenzkampf und Hungersnot nur aus den Erzählungen ihrer Eltern. Ebenso schienen Armut und Massenarbeitslosigkeit der Vergangenheit anzugehören. Die ersten Jahrzehnte beider Generationen verliefen ohne größere materielle Probleme. Es war Platz und Raum, sich um sich selbst und idealistische Ideen zu kümmern. Die Frauen der Yuppie-Generation profitierten von dem, was Frauenbewegung und Vietnamgeneration sich an Freiheiten und Normveränderungen erkämpft hatte. Vieles war inzwischen selbstverständlich, was die 68er Generation noch einfordern mußte. Es begann das Zeitalter der ledigen Karrierefrauen.

»Was die jungen Frauen angeht, so haben sie ihre Geschlechtsgenossinnen der sechziger Jahre an akademischem Fleiß in den Schatten gestellt ... Hunderttausende von Frauen strömten Mitte der siebziger Jahre aus den Universitäten. Sie waren die Rennpferde des Feminismus und machten sich im Galopp daran, die bis dahin exklusiven männlichen Jobs zu ergattern. In ihren strengen Kostümen wollten viele sich und anderen beweisen, daß eine Heirat nicht wesentlich ist für Glücklichsein und wirtschaftliches Überleben und daß Frauen sich Männern keineswegs unterordnen müssen.«[3]

Frauen waren stolz auf das, was sie erreicht hatten, froh über ihre Unabhängigkeit, Selbständigkeit und darüber, daß sie ihr Leben autonom im Griff hatten. Sex wurde auch von den Frauen als etwas angesehen, das man genießen kann, das aber keine Verpflichtung zur Bindung nach sich zieht.

Die Stellung der Frau hat sich mit den Nachkriegsgenerationen in diesem Jahrhundert völlig verändert. Nachdem die »alten Gesetze von Sitte und Moral, Religion und Einfluß der Eltern«[4] gefallen sind, sind Frauen und Männer gleichermaßen darauf angewiesen, eine persönliche Beziehung zum anderen Geschlecht herzustellen. »Keine Frau ist verpflichtet, sich zu unterwerfen, und kein Mann kann sich noch länger nur auf seine männliche Überlegenheit berufen.«[5] So ergibt sich innerhalb einer Beziehung eine ganz individuelle Machtverteilung. Je nach Naturell und Ansicht, nach persönlicher Durchsetzungsfähigkeit und Stärke von Mann und Frau. Ein Gleichgewicht ist nicht immer leicht zu realisieren, und vielfach ist es heute so, daß die Frau den autoritären Part übernimmt und ansagt, wo es langgeht. Das ist für die Zufriedenheit beider Partner in der Beziehung schwierig.

Die neue weibliche Haltung hatte für Männer, die nicht wußten wie ihnen geschah, weitreichende Folgen und löste eine große Verunsicherung aus. Mit Frauen, die ihren Mund aufmachten und sagten, was sie meinten, hatten sie nicht gelernt umzugehen. Männer trafen plötzlich Frauen, die sich zu behaupten wußten, ihre eigenen Interessen mit Nachdruck vertraten. Dabei mußten Frauen soviel Kraft investieren, »daß sie nicht nur selbstbewußte, sondern auch erschreckend autonome Charakterzüge entwickelt haben. Derweil schritten die Männer ihrer Generation im normalen Trott voran, aber sie fühlten sich sexuell angezogen von diesen Frauen, die zornig alle patriarchalischen Privilegien zu zerschlagen suchten. Kein Wunder, daß irgendwann die Gegensätze zum Ausbruch kamen und die Zahl der Ehen zugenommen hat, die bei Annäherung an das mittlere Alter geschieden wurden.«[6]

In den neuen Bundesländern vollzog sich eine Veränderung der traditionellen Frauenrolle per staatlicher Verordnung. Im Sozialismus galt die Emanzipation der Frau als Selbstverständlichkeit. Es war keine Frage, daß Frauen einen qualifizierten Beruf erlernten und auch ausübten, daß Männer sich gleichberechtigt an Haushalt und Kindererziehung beteiligten. Dazu gehörte – im Gegensatz zum Westen – eine flächendeckende staatlich organisierte Kinderbetreuung. Man kann heute sagen, daß Ost- und Westfrauen alte Rollenbilder gleichermaßen abgestreift haben.

Nicht nur die Frauen in Europa und Amerika haben sich auf ihre Rechte besonnen. Die Weltfrauenkonferenz 1995 in China zeigte, daß Frauen auf der ganzen Welt »Erweckungserlebnisse« hatten. 30000 Frauen aus allen Teilen der Welt nahmen an diesem Treffen in Peking teil, von Haiti bis Kuba, von Schweden bis Papua Neuguinea, von Ecuador bis Indien, von England bis Australien, von Kanada bis Tunesien. Sei es die Bäuerin aus Bangladesch, die sagt: »Ich gleiche meinem Ehemann stärker als meinem Vieh« oder die Afrikanerin: »Ich habe ein Recht auf dieses Land, das ich bestelle, und mit weniger will und werde ich mich nicht abfinden« oder die verschleierte Frau aus Saudi-Arabien, die selbstbewußt sagt: »Ich bin der Sohn, den mein Vater sich gewünscht hat.« Frauen sind weltweit bereit, ihre Zukunft in die eigene Hand zu nehmen. Gläubige moslemische Frauen sind nicht weiter bereit, gehorsam und ohne zu murren die männliche Vorherrschaft zu akzeptieren. In Peking beriefen sie sich auf die allgemeine Menschenrechtserklärung der UNO, die vor fast 50 Jahren von allen Mitgliedstaaten unterzeichnet wurde: Frauenrechte sind Menschenrechte. Sie proklamierten ihr Recht auf Gewaltfreiheit, auf gleiche Bildungsschancen, auf gleichen Zugang zu Ernährung und Gesundheit sowie auf sexuelle Autonomie.

Während Frauen in der Lebensmitte immer selbstbewußter werden, immer besser wissen, was sie wollen, und vor allem, was sie nicht wollen, kapseln Männer sich ab, werden nicht selten depressiv. Ihr Selbstwertgefühl leidet. Unabhängig von ihrem beruflichen Erfolg stellen sie sich selbst in Frage. Das soziale Netzwerk der Männer ist unterentwickelt. Für heutige Männer in der Lebensmitte ist es schwer zu akzeptieren, daß gleichaltrige Frauen Persönlichkeiten sind.

Die Vertreterinnen der Nachkriegsgeneration sind zudem stolz auf ihren exklusiven Werdegang, ihr kritisches Bewußtsein, ihr unangepaßtes Benehmen. Es ist eine Generation, die alles anders macht und gemacht hat als die vorherigen Generationen und auch als die folgenden Generationen. Jetzt, da die 68er in die Jahre kommen, scheint vieles nicht mehr gültig zu sein, und man fühlt sich ewig jung. Die Kriegsgeneration fühlte sich mit Vierzig älter als die Nachkriegsgeneration mit Fünfzig. Haben unsere Mütter mit Vierzig resigniert und akzeptiert, daß sie von nun an zum alten Eisen gehören – zum »unsichtbaren Geschlecht«, wie

Simone de Beauvoir schrieb –, so wollen die heutigen Frauen vom Älterwerden nichts wissen. Sie schreiben Bücher mit dem Titel »Endlich Vierzig« oder »Fünfzig, na und« und »Laß dir graue Haare wachsen«. Sie erklären das Alter, in dem sie gerade sind, als das beste im Leben. Sie erklären die Lebensmitte zum einzigartigen Erlebnis, sie achten auf ihre Figur, treiben Sport, ernähren sich bewußt, hungern sich Pfunde von den Hüften, und nicht wenige vertrauen sich dem Messer eines Schönheitschirurgen an. Sie sind gut drauf, erfolgreich, vital, sehen 10 bis 15 Jahre jünger aus, als sie sind, und siedeln sich vom Gefühl her zwischen 30 und 35 an. Sheehy stellt fest, es handele sich um eine Generation, die kollektiv bestreite, in der Lebensmitte zu sein. Sie fühlt sich geistig und seelisch jung und ärgert sich, wenn der Körper sichtbar signalisiert, daß der Alterungsprozeß sich nicht aufhalten läßt. Viele turnen und strampeln dagegen an.
Die Jugendzeit hat das Bewußtsein der 68er Generation nachhaltig geprägt. Wir haben die Macht und die Wahl. Das mittlere Alter wird als zweite Jugend betrachtet. Musikgruppen wie die Rolling Stones oder die Beach Boys machen es vor. Betrachtet man den Werdegang, die Entwicklung und die Einstellung dieser Generation, so wird klar, daß wir es in der Lebensmitte mit höchst eigenwilligen Persönlichkeiten zu tun haben. Frauen, die es beruflich weit gebracht haben, die ihre Persönlichkeit entwickelt haben, stellen hohe Ansprüche an Männer, die für sie in Frage kommen. Typische Ansichten und Sätze von Frauen zwischen 40 und 50 sind: »Männer kannst du vergessen«, »Es kommen nur noch ganz wenige Männer für mich in Frage«, »Ich kann nein sagen«, »Ich tue nicht mehr alles, um von anderen geliebt zu werden«, »Ich bin ich«, »Mir kommt kein Mann mehr ins Haus.«
Einerseits sind die Frauen in der Lebensmitte höchst wählerisch. Schließlich haben sie sich bemüht, alte Rollenbilder hinter sich zu lassen, andererseits sind sie noch nicht ganz frei von alten Klischees. Sie senden durchaus ambivalente Bot-

schaften aus. Trotz Emanzipation stecken alte Traditionen tief verwurzelt in ihnen. So wollen Frauen sich zwar nicht unterwerfen, aber der Partner soll trotzdem der Beschützer, der Macher, der mit der starken Schulter zum Anlehnen sein. Sie möchten versorgt sein und sich geborgen fühlen. Forderungen, die nicht unter einen Hut zu bringen sind. Einem Märchenprinzen muß ich mich anvertrauen, dem kann ich nicht befehlen, wo es langgeht.

Besonders selbstbewußte und engagiert kämpfende Frauen kommen in Konflikte, wenn sie sich im Grunde einen überlegenen Mann wünschen, zu dem sie aufschauen und den sie bewundern können. Dabei ist der Konflikt vorprogrammiert. Denn wenn die Frau die männliche Überlegenheit spürt, stößt sie sich daran, revoltiert, versucht ihn klein zu machen und beklagt sich dann über seine Arroganz, wenn er sich wehrt. Wehrt er sich nicht, verliert sie den Respekt, denn sie will doch einen starken Mann. Frauen zeigen oft eine gewisse Scham, wenn sie das Gefühl haben, der Partner sei ihnen nicht überlegen, also kein »echter Mann, ein Softie«. Eine schwierige Situation, denn den Mann, der gleichzeitig Macho ist, Stärke und Überlegenheit zeigt, aber im richtigen Moment schwach und weich ist, gibt es nicht.

Hohe Erwartungen beider Partner mögen vielleicht noch gewisse Schwierigkeiten ausgleichen, doch äußere Probleme wie beispielsweise Streß durch gestiegene Anforderungen am Arbeitsplatz, sich wandelnde Werte im sozialen Umfeld, finanzielle Sorgen oder der Verlust des Arbeitsplatzes überfordern ein Paar oft völlig. Man steht nicht mehr bedingungslos zueinander und geht gemeinsam durch Höhen und Tiefen. Im Gegenteil, bei geringen Schwierigkeiten läßt man den Partner fallen. Andererseits finden die meisten das Singledasein längst nicht so prickelnd. Frauen vermissen Sex, wollen aber andererseits keine One-Night-Stands.

Die Vorstellung davon, wie der richtige Mann beschaffen sein und welche Eigenschaften er haben müßte, nähern sich oft stärker als in jungen Jahren dem Ideal des unerreichbaren Märchenprinzen an. Die Verwirrung über die jeweiligen Geschlechterrollen ist offensichtlich. Unsere Gesellschaft ist einerseits geprägt vom Machoideal, andererseits von übertrieben feministischen Ansprüchen. Es wird deutlich, daß das gestiegene Selbstbewußtsein von Frauen nicht die Schwierigkeiten in der Beziehung von Mann und Frau verringert. Im Gegenteil, dadurch, daß die Frau sich nicht mehr anpaßt, werden die Probleme eher größer. So können Mann und Frau oft nicht miteinander leben, aber auch nicht ohne einander.

Es gibt unterschiedliche Erwartungsmuster:

Wenn in der Lebensmitte eine bestimmte Karrierestufe erreicht ist, wenn die biologische Uhr tickt, melden sich bei den Karrierefrauen ambivalente Gefühle. Soll das jetzt alles gewesen sein? Oder fehlt doch ein Partner, vielleicht sogar ein Kind? Viele bemerken mit Unbehagen, daß es doch nicht so schön ist, nie Kinder zu haben. Sie begeben sich panikartig auf die Suche nach einem geeigneten Vater. Sehnsüchtig blättern sie in Katalogen mit Brautkleidern und malen sich aus, wie die Hochzeitsglocken läuten. Plötzlich suchen sie nicht nur einen Vater für ihr ersehntes Kind, sondern dazu noch einen, der sie ernährt. Die Ansprüche sind hoch, hat man doch selbst gut verdient. Heute ist es schon fast normal, daß Frauen erst spät den Wunsch nach Kindern haben. Die Entwicklung der reproduktionstechnischen Möglichkeiten in der Medizin nährt die Hoffnung, daß man der Natur notfalls auf die Sprünge helfen kann. Diese Möglichkeit führt vielfach dazu, daß Frauen glauben, bis in ihre Vierziger hinein alle Wahlmöglichkeiten offen zu haben. Gibt es doch genügend prominente Vorbilder, bei denen es mit Anfang oder sogar Mitte Vierzig noch geklappt hat. Und selbst 50- und 60jährige können inzwischen dank medizinischer Fortschritte Kinder gebären.

»Lange Zeit ist es ihnen nicht in den Sinn gekommen, daß ein Kind für sie wichtig sein könnte. Jetzt fehlt ihnen diese Erfahrung, und sie sind wie besessen darauf aus, doch noch schwanger zu werden. Sie machen sich plötzlich Sorgen, daß sie im Alter niemanden haben, der sich um sie kümmern kann. Sie waren 43, als sie mit dem Gedanken zu liebäugeln begannen ... Und mit 46 sind sie dann bereit, zu akzeptieren, daß nichts daraus wird. Doch nicht einmal dann sind alle Frauen bereit, es hinzunehmen.«[7]

Es gibt nämlich auch eine Kehrseite: Viele Frauen verschätzen sich, wenn sie meinen, das Kinderkriegen habe Zeit bis zur Menopause. Bei vielen klappt selbst eine Sterilitätsbehandlung oder gar In-vitro-Fertilisation nicht, und es gibt nicht wenig Frauen, die dann irgendwann nach Sex unter dem Druck der fruchtbaren Tage oder nach Hormonbehandlungen und teurer High-Tech-Medizin-Methoden enttäuscht merken, daß es zu spät ist. »Für die Frauen, die sich jahrelang hartnäckig, aber erfolglos bemüht haben, kann das Aufgeben des Kinderwunsches eine der herzzerreißendsten Erfahrungen ihres Lebens sein.«[8] Nicht selten stellen sich dann schwere Depressionen und tiefe Verzweiflung ein.

Andere Frauen haben mit Vierzig erwachsene Kinder. Oft wird damit der alte Partner uninteressant, hat man es mit ihm doch nur der Kinder wegen ausgehalten. Die jugend- und frauenbewegte Generation ist es, die die mittleren Jahre als höchst lebenswert entdeckt und erklärt hat. Sie klammert nicht länger an unglücklichen Beziehungen fest, sondern beschließt häufig, ihr Leben allein zu verbringen. Nach dem Motto, lieber ein glücklicher Single als eine schlechte Ehe. Entweder genießen sie es, endlich allein zu leben, oder es soll nun einer her, mit dem man harmoniert, der hundertprozentig zu einem paßt. Zwei Drittel der Scheidungen werden heute auf Betreiben der Frau vollzogen. Gail Sheehy: »Sowohl für Männer als auch für Frauen ist eine gute engagierte Ehe eine der besten Garantien fürs Wohlbefinden. Aber in mittelmäßigen oder schlechten Ehen sind Frauen die hauptsächlichen Verlierer.«[9] Deshalb sind viele Frauen nicht bereit, mit dem Mann, mit dem sie die erste Lebenshälfte verbracht haben, auch die zweite zu verbringen. Viele dieser Frauen fühlen sich, nachdem sie den alten Eheballast über Bord geworfen und neue Möglichkeiten für sich gefunden haben, jünger als während ihrer Ehe. Vielen erscheint das mittlere Alter als beste Zeit ihres Lebens. Die meisten schwören sich, daß eine traditionelle Ehe für sie nie wieder in Frage kommt.

Ein weiteres Phänomen dieser Generation ist, daß sie meint, Älterwerden betrifft nur die anderen. Viele weigern sich einfach, die Tatsache, daß sie die Jugend hinter sich gelassen haben, zu akzeptieren. Viele Frauen behalten eine tadellose Figur, kleiden sich modisch, tragen freche Frisuren. Bei vielen ist das »Petra-Pan-Syndrom« festzustellen. Frauen, die nicht akzeptieren wollen, daß sie in die Jahre gekommen sind und sich allzu jugendlich kleiden. Viele stürmen auch die Fitneßstudios, trainieren wie die Wilden oder legen sich unters Messer von Schönheitschirurgen. Gail Sheehy: »Sie sind aggressiv, sie haben die Macht, sie verdienen selbst ihr Geld, und sie können genau solche sexuellen Raubtiere sein wie Männer.«[10]

Generell kann man sagen: Frauen sind in ihrem Kampf um Gleichberechtigung hart geworden. Gerade die Generation der Pionierinnen der Frauenbewegung. Sie haben gelernt, Forderungen zu stellen, setzen ihre Ellenbogen ein. Sie haben sich angewöhnt, zu kämpfen wie ein Mann.

In der Beziehung ist aber das Gegenteil gefordert. Da ist auch Weichheit, Verletzlichkeit, Verständnis, Vergeben und Verzeihen, Geduld und Entgegenkommen angesagt. Eigenschaften, die man von Frauen immer erwartet hat und die Frauen gerade abgelegt haben.

Eine Untersuchung der Universität Oldenburg von Psychologie-Professor Ulrich Mees hat in einer wissenschaftlichen Untersuchung an 300 Studentinnen und Studenten ergeben, daß Frauen in der Liebe längst nicht alles geben wollen. Die starke Frau von heute liebt vor allem sich selbst, sie hat hohe bis unerfüllbare Ansprüche an einen Partner. Da kein Mann diese Ansprüche erfüllen kann, wundert es nicht, daß wir eine »Versinglelung« der Gesellschaft feststellen können. Weit mehr als 13 Millionen Single-Haushalte gibt es in Deutschland. Und es werden immer mehr. Das heißt, Legionen von weiblichen Singles stehen Legionen von männlichen gegenüber. Und die meisten sind Single wider Willen. Insgeheim hoffen sie doch wieder auf eine erfüllende befriedigende Partnerschaft, wünschen sich nichts sehnlicher als Zweisamkeit.

Frauen über Vierzig und die Medien

In den Medien werden die Frauen um Vierzig und Fünfzig regelmäßig begeistert vorgestellt. Ob Hannelore Elsner, Iris Berben, Senta Berger, Ornella Muti, Corinna Harfouch, Dagmar Wöhrl, Kim Basinger, Sharon Stone oder Jacqueline Bisset: Bewunderung ist ihnen sicher. Für ihr Aussehen und ihre einzigartige Ausstrahlung, dafür, wie sie sind und was sie nach außen darstellen. Sie alle werden immer wieder erwähnt, wenn es um Erotik, Schönheit, Sex und Klugheit geht. Es wird den Frauen über Vierzig bestätigt, daß sie eine ganz besondere Generation sind. Powerfrauen werden sie genannt.

Und so sagen sie auch selbst in Interviews: »Das Leben beginnt mit Vierzig« oder »Seit ich über Fünfzig bin, fühle ich mich begehrenswert wie nie.« Die eine meint: »Ich stehe zu meinen Falten. Sex-Appeal ist keine Frage von Jahren, sondern von Einstellung.« Eine andere: »Endlich bin ich ich selbst. Meine Attraktivität ist Ergebnis meiner Vitalität, meiner Energie und meines Interesses am Leben.« Nichts scheint berauschender zu sein als die reifen Jahre des Lebens.

Auch die Werbung interessiert sich für die attraktiven Frauen in der Lebensmitte, sind doch fast sieben Millionen von ihnen zwischen Vierzig und Mitte Fünfzig berufstätig, haben also Kaufkraft. Keine will daran erinnert werden, daß sie im vorgerückten Alter ist. Eine Gratwanderung für Werbestrategen, denn diese Zielgruppe bereitet einiges Kopfzerbrechen. Die

Powerfrau ist finanziell unabhängig und konsumiert gerne, aber sie ist dabei extrem anspruchsvoll und eigenwillig. Sie ist wählerisch, wovon sie sich verführen läßt. Und sie ist Trendsetterin beim Konsum anspruchsvoller Produkte. Hieß Vierzig zu sein für unsere Mütter noch grau, abgekämpft, frustriert, deprimiert und für Männer aus dem Rennen zu sein, so wird es heute in den Medien gerade umgekehrt dargestellt. Heute sind Frauen über Vierzig der Maßstab aller Dinge, glaubt man den immer wiederkehrenden Artikeln über diese »Sexsymbole mit Persönlichkeit«. Nur noch jung und schön zu sein, gilt als leer. Die neue Kraft der »Superfrauen«, der »weiblichen Powerpakete« komme von innen und sei Ergebnis von gelebtem Leben.

In der Tat ist neu, daß Frauen alt, intelligent und gleichzeitig erotisch sein dürfen, mütterlich und gleichzeitig Femme fatale, Vamp und Kumpel. Zumindest, wenn sie prominent sind. Ihnen wird in den Medien bescheinigt, sie seien erwachsen und selbstbewußt. Ihre Lebenserfahrung, ihre gelebten und versäumten Träume, ihre glücklichen und enttäuschenden Partnerschaften hätten dazu geführt, daß sie selbst durchstarteten, statt die Erfüllung ihrer Wünsche und Bedürfnisse einem Mann aufzubürden. Ob die Verherrlichung durch die Presse in ihrer Einseitigkeit mit der Realität übereinstimmt, bleibt dahingestellt.
Vollkommenheit kommt eher in Mythen und Sagen vor, hat aber im wirklichen Leben keinen Platz oder dient lediglich der stummen Bewunderung. Die Pressemeldungen sollten – wie alles im Leben – mindestens von zwei Seiten gesehen werden. Es ist tatsächlich so, daß sich Frauen in der Lebensmitte in den letzten zwanzig Jahren ständig weiterentwikkelt haben. Sie sind nicht mehr die unscheinbaren grauen Mäuse, die sie einst ab Vierzig waren. Ihr Selbstbewußtsein, ihr Mut sind gewachsen, ihre Attraktivität ist nicht zu übersehen. Späte Mütter sind keine Seltenheit mehr. Frauen in

diesem Alter werden heute beachtet und ernst genommen, denn sie haben etwas zu sagen. Wahr und gut ist, daß prominente Frauen über Vierzig Mut machen, gute Vorbilder sind und den zahllosen Nichtprominenten den Rücken stärken.

Andererseits führt die Tendenz zur Verherrlichung auch dazu, sich zu überschätzen. Das Hochjubeln durch Medien und Werbung stellt Frauen unter einen erheblichen Leistungsdruck. Es wäre fatal und leichtsinnig, alle Frauen so zu sehen. Ein unerfüllbarer Anspruch steckt dahinter. Muß ich immer schön, mutig, mit Superfigur, faltenfrei und selbstbewußt sein? Wohin gehöre ich, wenn ich diese hochgesteckten Normen nicht erfülle? Auch Frauen selbst stellen sich unter diesen Leistungsdruck. Wie viele strampeln sich in Lady-Fitneß-Studios ab, ernähren sich überwiegend von Salatblättern und begeben sich sogar unters Messers von Schönheitschirurgen, um auch so zu sein wie Hannelore Elsner, Iris Berben und Co. »Du mußt perfekt sein«, suggerieren Presse und Werbung und verfolgen damit durchaus eigennützige Ziele.

Der Mythos trägt zu der Meinung bei, wir Frauen in der Lebensmitte seien unerreichbar stark und ohne Fehl und Tadel. Männer dagegen seien das defizitäre Geschlecht. So ein Selbstbild ist schwierig für eine Partnerschaft. Bleibt dem Mann doch nur die Rolle des unterentwickelten Hansels, der noch eine Menge lernen muß. Und welche Sicht wird ihm auf Frauen über Vierzig suggeriert? Alles Superweiber?

Frauen sollten sich einmal vorstellen, es wäre umgekehrt. Wie würden sie sich fühlen, wenn plötzlich die tollen Männer über Vierzig ständig hochgejubelt und die vollkommensten Objekte von ihnen in ihrer Schönheit, ihrem Sex-Appeal und ihrer Erotik vorgeführt würden. Trägt das nicht dazu bei, daß man sich eventuell kleiner fühlt als man ist? Und würden wir mit einem Supermann zusammenleben und den Alltag teilen wollen? Wer kann sich vorstellen, daß solch ein toller Typ den

Abfall aus der Wohnung trägt, den Geschirrberg abräumt, Badewanne und Toilette putzt? Wichtig: Auch Männer wünschen sich zum Leben normale Partnerinnen. Das Megaweib ist vielleicht etwas für einen außergewöhnlichen One-Night-Stand, von dem ein Mann dann in seinen Tagträumen zehren kann. Männer haben verständlicherweise Angst, sich mit einer Überfrau zusammenzutun. Für eine dauerhafte Beziehung sucht auch er eher eine normale Partnerin mit Stärken und Schwächen.

Die Kehrseite dieses Überweib-Wahns ist das Petra-Pan-Syndrom. Frauen, die es nicht ertragen, älter zu werden. Je höher ihre Jahreszahl, um so kürzer werden die Röcke, um so »cooler« ist ihr gesamtes Outfit, um so abgedrehter sind die Hobbys. Ab und zu dürfen Teenager in Frauenzeitschriften klagen: »Hilfe, meine Mutter kann nicht in Würde älter werden! Muß sie sich auch Roller Blades zulegen? Muß sie sich eine grüne Strähne ins Haar färben und mit mir in die Disco rennen? Muß sie mit mir Kleider tauschen? Warum läßt sie sich eine Rose auf die Schulter tätowieren und einen Ring in die Nase piercen? Was kann ich tun, damit ich mich von ihr unterscheide?« Wenn Mama dann noch Leonardo di Caprio anhimmelt und mit dem Freund ihrer Tochter flirtet, hat sie die Chancen der Lebensmitte gründlich mißverstanden.
Denn eins wird selten erwähnt beim Bestaunen und Anhimmeln dieser Frauengeneration: seine Persönlichkeit und Ausstrahlung zu erarbeiten und zu entwickeln ist harte Arbeit an sich selbst. Das Ziel der Lebensmitte ist es ja gerade, nicht mehr fremdbestimmt zu werden, sondern eine eigene innere Zufriedenheit anzustreben, die durchaus nach Tagesform und Vitalität variieren darf.
Mutig ist die, die sich traut, auch Schwächen, ein übernächtigtes Gesicht, ein paar Speckrollen zuviel auf den Hüften, Ärger, Genervtheit oder Unsicherheit zu zeigen, statt ständig

die perfekte Fassade. Es kostet eine ungeheure Anstrengung, immer die erotische Powerfrau zu geben. Wichtig: Lassen Sie sich nicht von unrealistischen hochgesteckten Idealen verführen. Sagen Sie: Ich bin ich!

Von Frauen, die mit zweierlei Maß messen

Das Hochjubeln hat zur Folge, daß Frauen sich gut fühlen, allein weil sie Frauen sind. Denn man assoziiert, Frauen seien das bessere Geschlecht. Das führt dazu, daß manche Frauen nicht bereit sind, das selbst zu geben und zu erfüllen, was sie von einem Partner erwarten und verlangen. Ihre Meßlatte liegt so hoch, daß kein Mann ihren Forderungen und Vorstellungen gerecht werden kann. Sie suchen oft jahrelang erfolglos nach einem passenden Partner und finden dann sehr schnell ein Haar in der Suppe. Diesen Frauen kommen dann Verallgemeinerungen wie: »Männer kannst du vergessen«, »Es gibt einfach keine guten Männer« oder »Männer und Frauen kommen von unterschiedlichen Planeten« gerade recht.

Eine Ursache, gerade bei Frauen in der zweiten Lebenshälfte, liegt in der Sozialisation dieser Frauen und den Rollen, die ihnen heute von der Gesellschaft zugestanden werden. Viele Frauen machen zur Lebensmitte hin eine Therapie, in der sie lernen, ihre Gefühle zu spüren, deren Botschaften zu verstehen und zu sehen, was die Emotionen ihnen signalisieren. Sie arbeiten ihr bisheriges Leben auf und lernen, sich zu entfalten. Viele haben eine beachtliche berufliche Karriere vorzuweisen. Selbstbewußt sagen sie, ich habe viel in mich, meine Reifung und das Wachsen meiner Persönlichkeit investiert, habe an mir herumgeschliffen und gefeilt, hart an mir gearbeitet. Jetzt muß ein Mann her, der mir ebenbürtig ist. Der Spatz in der Hand reicht mir nicht mehr.

Im Prinzip ist es eine gute Sache, wenn neues Selbstwertgefühl dazu führt, nicht mehr fremdbestimmt auf Männer zu fliegen, die einem nicht guttun, weil sie lediglich alte Muster reproduzieren. Wenn dieses Selbstbewußtsein dazu führt, realistisch an eine Partnerschaft heranzugehen. Oft steckt dahinter aber eine Anspruchshaltung, die einhergeht mit einer großen Überheblichkeit Männern gegenüber. Überheblichkeit in dem Sinne, daß diese Frauen von sich selbst überaus eingenommen sind. Sie haben das Selbstbild von einem fertigen Wesen, an dem keiner mehr zu formen oder zu kritisieren hat. Eine Haltung, durch die Männer zum entwicklungsbedürftigen Hanswurst degradiert werden, die noch viel aufholen müssen. Die durchtherapierten, frauenbewegten Frauen in der Lebensmitte haben ein männerverachtendes Klima geschaffen und es auch an ihre Töchter weitergegeben. Nicht zuletzt durch die »Frauenliteratur«, in der Männer häufig nur als tumbe Trottel, als Buschwesen, die dringend Entwicklungshilfe benötigen, dargestellt werden.

Es ist ein Männerbild entstanden vom unterentwickelten minderwertigen Mann, dem eine hochentwickelte Klassefrau gegenübersteht. Oder, wie der »Spiegel«-Redakteur Matthias Matussek schreibt: »Frauen sind stark und klug, und Männer sind Triebtäter mit Erbsenhirnen. Frauen sind auf dem Aufstieg, Männer sind auf dem Abstieg ... Gut ist nur die Frau, eben weil sie Frau ist.«[11] Die moderne Frau fordere bedingungslose Gefolgschaft. Kein Mann, der noch alle Tassen im Schrank habe, mache das lange mit. »So, wie sich das verachtete Weibchen früherer Zeiten gern über die Erfolge des Mannes definierte, so definiert sich die feministische Frau ausschließlich durch Erfolge gegen den Mann.«[12] Klar, daß der Mann den Ansprüchen auf immerwährendes Glück immer weniger genügt. Ist der Mann doch immer Täter, die Frau stets Opfer. »30 Jahre systematische Frauenbevorzugung haben ein Frauenideal modelliert, das jede unbequeme Wahrheit, jede Frustration, jede Beziehungskränkung als verstörende Bedrohung empfinden muß – eine Gefahr, die nur mit Beziehungsflucht abgewehrt werden kann.«[13]

Die Begründung, daß diese Frauen keinen Partner finden, liegt zum einen in ihrem hohen Niveau, dem kein Mann gewachsen ist, zum anderen in der Angst der Männer vor starken Frauen. Diese Frauen sind aufgrund ihrer Arbeit an sich und ihres Erfahrungsschatzes von der eigenen Grandiosität so eingenommen, daß sie mit einer regelrechten Bedienungshaltung an die Männer herantreten. Der Mann soll für ihr Glück sorgen. Viele Frauen leiden an Selbstüberschätzung. Ein von Frauen gerne gebrauchtes Zitat enthält viel Wahrheit: »Ein Mann muß eine Frau glücklich machen, sonst braucht sie keinen.« Daß das umgekehrt auch gelten sollte, daran verschwenden sie keinen Gedanken.

Wir haben es hier mit einer übersteigerten Selbsteinschätzung zu tun, die Partnerschaft eher blockiert als fördert. Denn solch eine Haltung verhindert Auseinandersetzung. Ohne Auseinandersetzung aber ist keine Partnerschaft möglich. Wir werden ständig und immer wieder gefordert, uns mit dem Partner auseinanderzusetzen. Mit dieser männerverachtenden Einstellung jedoch nehmen wir uns die Möglichkeit, uns zu entwickeln.

Es ist gut, daß Frauen heute an sich arbeiten, mehr hinterfragen, den Dingen auf den Grund gehen und kritisch sind. Aber das erlaubt nicht den Schluß, daß Männer uns nicht das Wasser reichen können. Manchmal haben Frauen, die am lautesten nach dem neuen Mann schreien – wenn sie sich einmal selbstkritisch betrachten –, sehr wenig zu bieten. Sie projizieren lediglich die eigenen Fehler, Schwächen und Mängel, die sie vielleicht bei sich selbst nicht akzeptieren können, auf den Partner, um eigenen Unzulänglichkeiten aus dem Wege zu gehen und sich statt dessen mit den Mängeln eines möglichen Partners zu beschäftigen. Schon im Anfangsstadium einer Beziehung meldet sich vielleicht ihr feines Gespür für die Mankos eines potentiellen Partners, während sie über die eigenen noch nie nachgedacht haben und sie fröhlich-unbekümmert unter den Teppich kehren. Sie haben hochentwikkelte Antennen, die sofort die kleinste Unzulänglichkeit ausmachen. Sie versuchen, den Partner zu erziehen, und werden böse, wenn ihnen eigene Unfähigkeiten vorgeworfen werden. Der Partner wird für das eigene Wohl verantwortlich gemacht. Frauen haben Probleme mit sich, erwarten aber vom Partner, daß er ihre Schwierigkeiten löst. Es ist nicht verwunderlich, daß aus dieser Haltung ein völlig überhöhter Anspruch an die Männer entsteht. Da es in diesem Fall um existentielle Grundlagen geht, wie Überbrückung von Minderwertigkeitsgefühlen, Ausfüllen von empfundener Leere oder Langeweile, ist es wichtig, sich dieser Verhaltensweise bewußt zu werden.

Dahinter können sich alte Kindheitsmuster verbergen, die zu unbewußten Beziehungsvermeidungsstrategien geführt haben. Fragen Sie sich selbst nach Ihren Kindheitserfahrungen. Könnte es sein, daß Familienangehörige, Lehrer, Erzieher Sie ähnlich behandelt haben. Wurden Sie akzeptiert, wie Sie waren, oder mußten Sie perfekt sein? Dieses Verhalten könnten Sie heute auf Ihre Partner projizieren, indem Sie zielgerichtet und unablässig Fehler suchen. Genauso wie man es mit Ihnen vielleicht gemacht hat. Es kann auch sein, daß Sie, da Sie immer perfekt sein mußten, nicht wissen, daß Fehler und Schwächen zu einer Persönlichkeit dazugehören. Ihr Selbstbild verbietet, daß Sie vielleicht neben Ihren positiven Eigenschaften geizig, kleinlich, herrschsüchtig, kontrollierend oder pingelig sind. Darum werfen Sie dem Partner Eigenschaften oder Schwächen vor, um von sich selbst abzulenken. Es ist übrigens ein häufig vorkommendes Phänomen, daß ich meine eigenen Fehler gerne übersehe, sie bei anderen aber um so heftiger geißele. Wird mir dieses Verhalten bewußt, bin ich auf dem Weg der Selbsterkenntnis schon ziemlich weit.

Eine weitere Möglichkeit, warum Sie so reagieren, könnte Angst vor Nähe sein. Dann sollten Sie unbedingt psychotherapeutische Hilfe in Anspruch nehmen. Hier liegt nicht selten ein Trauma zugrunde, beispielsweise, von einem geliebten Menschen verlassen, zurückgestoßen, beengt oder nicht wahrgenommen worden zu sein. Auch eine nicht verarbeitete Trennung, nach der Phasen von Trauer und Neuorientierung nicht stattfinden konnten, kann zu Angst vor Nähe führen. Da es sich um unbewußte Vorgänge handelt, werden sie von den Betreffenden meist unterschätzt. Sie spüren ihre Sehnsucht nach einem Partner und haben auch keine großen Probleme, Männer kennenzulernen. Sie vertiefen eine neue Beziehung und sehen sich häufig. In dieser Phase können solche alten Ängste plötzlich auftreten. Sie empfinden die Situation als zu eng und entwickeln gewisse Vermeidungsstrategien, haben zum Beispiel ständig etwas anderes vor, müssen etwas erledigen oder haben einfach keine Zeit. Eine weitere Beziehungsvermeidungsstrategie kann sein, immer Männer zu suchen, die schon in Beziehungen stehen. Sie fliegen beispielsweise auf verheiratete Männer. Natürlich leiden Sie fürchterlich darunter, daß Sie ihn nicht bekommen können, aber es kommt auch Ihrem unbewußten Bedürfnis entgegen, daß Sie sich gar nicht zu eng binden wollen. Die Männer können Ihnen nicht allzu nahe kommen und sind deshalb auch nicht gefährlich.

Hintergrund solch einer Gefühlslage kann die Angst sein, einen Menschen zu sehr zu lieben und dann wieder verletzt, eingeengt oder gar verlassen zu werden. Man fängt intuitiv an, sich den Mann fernzuhalten, indem man anfängt zu kritisieren. Man verlangt mehr, als man bereit ist zu geben. In der Phantasie treten Sie vielleicht bereits den Rückzug an. Sie werden immer ungerechter nach außen. Verlangen immer mehr, obwohl es eigentlich nicht angemessen ist. Das hat den Effekt, daß der Partner abgeschreckt wird, die Frauen dann oft allein dastehen, aber nicht einsichtig sind. Nähe verlangt die Fähigkeit, sich zu öffnen. Wer davor Angst hat, neigt dazu, Innigkeit nicht zuzulassen und statt dessen unrealistische Forderungen zu stellen und ungerecht zu sein. Das Messen mit zweierlei Maß – egal aus welchem Grund – verhindert Partnerschaft.

Auch die Männer haben sich weiterentwickelt, nicht nur die Frauen. Man sollte die Männer nicht unterschätzen. Sie können durchaus gute und wertvolle Ansprechpartner sein. Männer werden heute zu schnell abgewertet aus Selbstüberschätzung oder auch Angst. Daß Männer und Frauen unterschiedliche Möglichkeiten haben zu kommunizieren, heißt nicht, daß sie es nicht können. Wenn die Andersartigkeit von Männern gleichgesetzt wird mit Minderwertigkeit, geht die Rechnung nicht auf. Männer haben eine andere Sozialisation hinter sich und haben anders gelernt, mit Emotionen umzugehen. Sie haben eine ganz andere Art als wir Frauen. Manchmal ist es aber besser, rational und logisch wie ein Mann an eine Sache heranzugehen. Genauso, wie es umgekehrt oft um die Emotionalität geht und nicht um reine Ratio. Man kann lediglich feststellen »Männer sind anders, Frauen auch« wie der Bestsellerautor John Gray treffend sagt. Für zufriedenstellende Partnerschaften wäre es besser, dieses »anders« wertfrei zu sehen und nicht gleich in die negative Schublade zu stecken.

Lilli (39): »Endlich stimmen Innen und Außen überein«

Ich habe relativ früh geheiratet, ich war 25. Mein Mann – heute Exmann – ist zehn Jahre älter als ich. Damals habe ich gar nicht gefragt, was ich vom Leben und von einer Partnerschaft will. Fasziniert hat mich, daß er ein höchst intellektueller, gebildeter Mensch war, Soziologie-Professor an der Uni. Er war sozusagen in allen Lebensbereichen mein Mentor. Er hat mir ein breites Angebot gemacht. Wir haben viele kulturelle Events miteinander besucht. Er ging für vier Jahre in die USA, und ich kam mit. Er hat mir Bereiche eröffnet, die mir vorher verschlossen waren. Er verkörperte eine neue Welt für mich, die mich angeregt und gefesselt hat. Mir war damals der äußere Rahmen, was man in der Gesellschaft verkörpert, daß man einen hohen sozialen Status hat, ungeheuer wichtig. Unsere Verbindung bedeutete für mich: gemeinsam ein abwechslungsreiches interessantes Leben zu führen.

Aus meiner heutigen Sicht war mir damals gar nicht richtig klar, was ich überhaupt wollte. Mir war auch nicht klar, daß Äußerlichkeiten in dieser Beziehung im Vordergrund standen. Natürlich war mir auch wichtig, daß er mich liebt und mir treu ist. Aber beispielsweise über Kinder haben wir nicht nachgedacht. Für ein Kind wäre auch kein Platz gewesen, dafür waren wir viel zu sehr mit uns beschäftigt. Wir haben immer sehr viel unternommen. Wir waren zwölf Jahre verheiratet und insgesamt 15 Jahre zusammen.

Mein Mann ist ein ausgesprochen dominanter Mensch. Ich

kann erst heute beurteilen, daß ich mich damals für eigenständiger und unabhängiger hielt, als ich wirklich war. Ich war in der Beziehung auch nicht glücklich, wußte aber nicht, woran das lag. Daß ich nicht richtig glücklich war, habe ich daran gemerkt, daß ich mich dauernd in andere Männer verliebte. Meine Intuition sagte mir, dieser hier ist es nicht, irgendwo muß doch der Märchenprinz zu finden sein. Das lief damals aber eher unbewußt ab. Ich habe mir auch keine Gedanken darüber gemacht. Heute weiß ich, daß ich damals schon den Ausstieg gesucht habe.

Einmal bin ich während unserer Ehe wirklich fremdgegangen und habe es meinem Mann hinterher gesagt. Wie er reagiert hat, charakterisiert ihn. Er sagte: »Ich freue mich für jeden, der sich verliebt, auch wenn es meine eigene Frau ist.« So war er. Von der 68er Zeit geprägt, in der man ja unverklemmt und offen zu sein hatte. Offen war er aber nur verbal. Hintenherum hat er es mir dann heimgezahlt, indem er eine alte Freundschaft belebt hat. Er hat mich damit getroffen, daß er mir als Begründung sagte, er könne sich mit dieser Frau über Literatur unterhalten, während er mir ja vorher den Inhalt der Bücher erklären müßte.

Er hat mich oft kleingemacht, indem er mir beispielsweise vorwarf, ich könne Fiktion und Realität nicht trennen. Damit hat er mich an meinem wundesten Punkt getroffen. Ich fühlte mich klein und dumm. Dieses Verhalten meines Mannes hat dazu geführt, daß ich viel geschluckt und wenig ausgesprochen habe. Mein Exmann ist überwiegend Kopfmensch. Wobei ich mir nicht sicher bin, ob er sich Emotionalität nicht doch intellektuell verordnet hat, also in sein Repertoire von Rollen aufgenommen hat.

Als Alt-68er nannte er sich »Profeminist«. Er verband damit, Frauen zu fördern und den feministischen Anspruch zu akzeptieren. Auf einer verkopften Ebene und verbal. Andere Frauen hat er tatsächlich gefördert. Aber bei der eigenen Frau ist das immer noch eine andere Geschichte.

Ich war damals sehr ehrgeizig. Ich schwankte zwischen »ich bin gut und toll« und »ich bin klein und doof«. Ich sah mich als emanzipierte Frau. Und was die Hausarbeit anging, hat mein Mann auch mitgezogen. Er hat eine Putzfrau bezahlt und oft gekocht. Er hat mich durchaus unterstützt und ermutigt. Aber es gab immer das Kontrastprogramm, das heißt, er zerstörte das Selbstbewußtsein, das er gefördert hat, auch wieder, indem jede Auseinandersetzung mit ihm ein rhetorischer Diskurs wurde, in dem ich hoffnungslos unterlegen war. Am Ende war ich immer verwirrt und wußte nicht mehr, um was es ging. Er konnte mich völlig verunsichern, und das Ende der Auseinandersetzung war die Bestätigung für mich, daß ich ihm unterlegen bin. Da war er sehr geschickt. Ich habe Jahre gebraucht, um zu kapieren, was er mit mir gemacht hat. Ich habe auch lange gebraucht, um zu begreifen, daß er anfing an mir herumzukritteln, wenn er Streß im Job hatte. Er hat seinen Frust an mir ausgelassen. Und ich war naiv und dumm und habe tatsächlich gedacht, du mußt dich ändern. Bis ich gemerkt habe, daß es darum gar nicht ging. Ich war lediglich sein Blitzableiter.
Was er mir gegeben hat: Er hat mein Bedürfnis nach intellektuellem Wachstum befriedigt. Außerdem meinen Wunsch, zur gehobenen sozialen Schicht zu gehören. Mir war – bedingt durch mein Elternhaus – wichtig, was ich nach außen darstellte. Es ging weniger darum, wer ich bin. Meine Mutter war unendlich stolz, daß mein Mann Professor war. Er hat mein Selbstwertgefühl gehoben. Ich habe ihn aber auch wirklich geliebt. Gescheitert ist die Beziehung daran, daß ich mit der Zeit älter und erwachsener geworden bin und mir Gedanken gemacht habe, was ich eigentlich für mich will. Wer ich als Person bin. Nicht als Anhängsel von meinem Mann. Diese Entwicklung war in der Beziehung nicht möglich. Ich konnte in dieser Partnerschaft keine eigenständige, unabhängige Persönlichkeit werden. Das Gefühl der Unzufriedenheit wurde immer stärker. Der letzte Auslöser, mich zu trennen, war

mein jetziger Mann. Er ist das Gegenteil von meinem ersten Mann. Dadurch wurde mir noch mal mehr klar, was ich wirklich wollte.

Mit meinem ersten Mann ging es so lange gut, wie ich mich nach seinen Vorstellungen verhielt. Er ist der, der sagt, wo es langgeht und seine Frau formt. Er hat mich unter einen starken Leistungsdruck gesetzt. Ich habe unbewußt interpretiert, wie er mich haben wollte. Und so habe ich mich gegeben. Das war ich aber nicht, zumindest nicht komplett. Teile davon ja, aber nicht alles. Irgendwann saß ich da und merkte, ich weiß nicht, wer ich bin, und auch nicht, was ich will. Ich war die gut funktionierende Frau von Professor Soundso. Und dabei völlig kopflos. Ich habe mich angepaßt und hätte nie gesagt, daß mir eine Musik, die er gut findet, nicht gefällt. Oder ein Film.
Dann kam die Phase der Ablösung. Und da war es umgekehrt. Ich habe alles, was ihm gefiel, grundsätzlich abgelehnt. Das war meine Abnabelungsphase. Ich habe mir mein Leben wiedererobert. Ich habe angefangen, mir meine eigene Persönlichkeit zu erarbeiten. In der Zeit ist mir auch aufgefallen, daß ich bei meinem Mann nie richtig entspannt sein konnte. Es war immer Druck da, keine Lockerheit. Er hat auch sich selbst Druck gemacht. Er mußte es beispielsweise vor sich selbst rechtfertigen, wenn er einmal zwei Stunden nichts tun wollte. Er hat sich selbst und mir ungeheuren Leistungsdruck gemacht, und ich fand für mich überhaupt keine Möglichkeit, mal auszuscheren oder mich zu verweigern. Ich habe in der Beziehung fremdbestimmt durch meinen Mann und seine Wünsche und Vorstellungen, wie ich zu sein hatte, funktioniert. Er war ein Meister darin, mir ein schlechtes Gewissen zu machen. Das war aber schwer zu durchschauen. Denn er kann auch sehr charmant, sehr aufmerksam sein. Er schenkte mir Blumen und bemühte sich in bestimmten Bereichen. Nach außen galten wir als Traumpaar.

Deshalb war unsere Trennung für einen großen Teil unseres Bekanntenkreises ein Riesenschock. Es gibt kaum einen, der mich verstehen kann. Daß ich mich mit der Zeit immer mehr subtil entwertet fühlte, konnte niemand nachvollziehen. Das ist auch schwer zu vermitteln, weil es so unterschwellig ablief. Als ich ging, hat mein Mann gesagt, das wirst du irgendwann bereuen, weil ich immer für dich da war und dir den Rücken gestärkt habe. Und er hat sogar recht. Teilweise. Was er nicht begreift, ist, daß er mir den Boden, den er mir gegeben hat, mit seiner subtilen Art wieder entzogen hat. Das hat er bis heute nicht verstanden. Symptomatisch ist, daß er jetzt wieder eine 25 Jahre alte Freundin hat.
Mir war zum Schluß klar, er erwartet einfach zu viel von mir. Ich hatte eine bestimmte Funktion für ihn zu erfüllen, und dazu war ich nicht mehr bereit. Der Anspruch war mir zu hoch. Jede Frau, mit der er zusammen war, hatte diese Funktion zu erfüllen. Er hat uns alle auf ein Podest gehoben, wir waren die tollsten, schönsten, klügsten. Und das erzeugt natürlich den Druck, daß wir das auch sein wollten. Er ließ keine Möglichkeit, seinem Ideal nicht zu entsprechen. Dieser Druck war für mich zum Schluß unerträglich. Ich kam nie an einen Punkt, an dem ich ihm und mir selber genügen konnte.

Was mir heute nicht gefällt, ist, daß ich nahtlos in die nächste Beziehung geschlittert bin. Ich finde, ich hätte eine Weile allein sein sollen. Statt dessen habe ich mich immer über Männer definiert. Ich habe über den Mann, mit dem ich zusammen war, einen Teil abgedeckt, der mir gefehlt hat. Bei meinem ersten Mann war das eben Intellektualität, bei meinem zweiten Lebensfreude und eine gewisse Leichtigkeit. Mein jetziger Mann macht mir keinen Druck. Er ist kein Intellektueller, kein Kopfmensch. Es gibt aber immer wieder Momente, in denen ich eben das vermisse. Das sind – wenn ich ehrlich bin – die Momente, in denen ich mit mir, mit meinen eigenen Leistungen unzufrieden bin. Dann greift wieder das alte Muster: Mann definiert Frau. Und im intellektuellen Bereich kann ich mich nur alleine definieren. Das ist gut so, und ich will es ja auch so und nicht anders. Daß ich dann manchmal anfange, an meinem Mann herumzumäkeln, das ist mein Problem, das mit meiner ganz persönlichen Geschichte zu tun hat. Er hat das gar nicht verdient. Mit ihm kann ich das erste Mal in meinem Leben – trotz Beziehung – forschen, wer ich wirklich bin.

Ich habe das Gefühl, ich kann mich entfalten und schauen, wer ich bin. Was ist für mich wichtig? Mein jetziger Mann akzeptiert mich, wie ich bin. Ohne Wenn und Aber. Das ist eine neue ungewohnte Herausforderung, daß ich jetzt mit 39 anfange, mich zu entdecken. Ich gucke, was mir wichtig in meinem Leben ist. Ich habe das Gefühl, erst jetzt richtig erwachsen zu werden. Wichtig ist mir, daß ich für mich selbst einen hohen intellektuellen Anspruch habe. Das tut mir gut. Das erarbeite ich mir aber jetzt alleine. Das heißt für mich, differenzierte Analysen über aktuelle Politik erstellen zu können.

Mich interessieren Kunst, Kultur, Politik und Bildung in jedem Bereich. Ich habe entdeckt, daß ich das bin. Auch ohne meinen ersten Mann. Jetzt kommt es von mir. Ich werde nicht mehr von jemandem getrieben, der mich so haben will. Ich kann mehr in mir ruhen.

Ich habe auch festgestellt, daß ich von zu Hause ein schweres Päckchen mitbekommen habe. Beispielsweise hat meine Mutter Konflikte nie angesprochen. Sie hat auch ihre Bedürfnisse nie klar geäußert. Sie hat immer erwartet, daß die anderen erspüren, was sie will. Es erahnen, von den Augen ablesen und ungefragt erbringen. Wenn man es erbitten muß, ist es nichts mehr wert. Sie war sehr vorwurfsvoll, wenn die anderen das nicht getan haben. Oft wußte niemand, was sie wollte.

Zu Hause war ich die Große, Vernünftige, die für alle anderen

mitdenkt. Ich hatte gut zu sein und Leistung zu bringen, vernünftig zu sein. Das Bild meiner Mutter von mir ist das einer emanzipierten selbstbewußten Frau. Und ich hatte meine Bedürfnisse nicht anzumelden. Ich hatte zu funktionieren, dem Bild meiner Eltern zu entsprechen. Mein erster Mann korrespondierte mit vielem, was schon in meiner Kindheit angelegt war. Das wird mir immer klarer. Ich habe die Rolle meines Elternhauses bei ihm weitergespielt. Ich bin meiner Mutter darin ähnlich, daß ich Probleme nicht angesprochen habe. Ich lerne erst jetzt, meine Bedürfnisse zu äußern. Oft mit großen Bauchschmerzen. Und dann bin ich ganz erstaunt, wie locker mein Mann damit umgeht. Er macht keine Probleme daraus.
Ich habe immer geglaubt, Status spielt keine Rolle für mich. Stimmt nicht. Mein Status durch meinen ersten Mann spielte eine große Rolle für mich. Und jetzt hadere ich manchmal damit, daß mein Mann diese gesellschaftliche Bedeutung nicht hat. Jetzt habe ich keinen Mann mehr, dessen Glanz auf mich abfärbt. Jetzt muß die gesellschaftliche Bedeutung aus mir selber kommen. Dadurch komme ich manchmal ins Schleudern. Bei meinem ersten Mann habe ich oft gesagt: Wenn dieser kluge Mann dich geheiratet hat, kannst du so blöd nicht sein. Das ist jetzt anders. Jetzt muß ich mich selbst klug fühlen.

Mein jetziger Mann steht mehr für die emotionale Seite wie Geborgenheit, Verständnis und Zuwendung. Für Akzeptanz und Wärme. Er befriedigt den Teil in mir, der sich hundertprozentig verlassen will, der akzeptiert werden will, auch wenn ich nicht toll bin. Bei meinem ersten Mann hatte ich ein Repertoire an Rollen zu erfüllen. Wie er selber das ja auch tat. In meiner jetzigen Beziehung kann ich ich sein. Genauso, wie ich weiß, daß mein Mann authentisch ist. Und er ist emotional sehr zugänglich. Er muß keine Rolle spielen. Meine Beziehung ist trotzdem nicht einfach. Ich muß mir zur Zeit immer klarmachen, wo ahme ich die alten Muster meiner Mutter nach? Wann sollte ich einfach aussprechen, wie mir ist und was ich brauche? Es passiert, daß ich wochenlang ein Grummeln im Bauch mit mir herumtrage und mich frage, ob ich das jetzt äußern kann. Das sind oft keine großartigen Wünsche. Manchmal nur, daß er bügelt, staubsaugt oder die Wäsche wegräumt. Trotzdem habe ich Probleme, es zu äußern. Wenn ich es schließlich unter großen Bauchschmerzen tue, bin ich erstaunt, wie unkompliziert mein Mann damit umgeht.

Ich lerne jetzt, meinen Wahrnehmungen zu trauen, meine Bedürfnisse zu bemerken und auch zu artikulieren. In meiner ersten Ehe war es am Ende so, daß ich meinen eigenen Gefühlen nicht mehr getraut habe. Und zwar nicht nur meinen Gefühlen gegenüber meinem Mann, sondern auch generell anderen Personen gegenüber. Wenn man das, was man eigentlich empfindet, entweder ständig einem Erwartungsschema anpaßt oder es von seinem Gegenüber angezweifelt wird, verliert man irgendwann die Orientierung. Heute bin ich klarer, in dem was ich will und was mich stört. Doch es fällt mir immer noch schwer, das auch auszusprechen.

Ich habe aber festgestellt, daß es leichter für mich ist, einen Brief zu schreiben. Das tue ich heute. Wenn mir in der Beziehung etwas nicht paßt, wenn ich einfach nur sagen will, ich möchte jetzt dies oder das, ist es leichter für mich, zu schreiben. Kleine Probleme bauen sich oft für mich auf wie ein Berg, und ich erwarte riesige kontroverse Diskussionen. Wenn mein Mann dann einfach sagt, okay, kein Problem, stehe ich da und denke, warum hast du den Mund nicht eher aufgemacht? Ich bin mir sicher, daß ich mit meiner jetzigen Beziehung wahnsinnig viel gewonnen habe, weil ich ausprobieren kann, was ich für mich will. Ich kann endlich die sein, die ich bin, ohne den Druck, bestimmten Ansprüchen genügen zu müssen. Wenn mir jetzt einer Druck macht, bin ich es selber.

Eins ist mir auch klar: Ich brauchte meinen ersten Mann, um meinen jetzigen überhaupt sehen zu können. Wäre er mir in jungen Jahren begegnet, hätte ich ihn einfach langweilig gefunden. Erst jetzt, mit einer gewissen Reife, kann ich sehen, was er mir alles zu geben hat. In der ersten Lebenshälfte bin ich einem Bild hinterhergelaufen, wie ich zu sein hatte. Jetzt kann ich authentisch sein. Dafür brauchte ich aber meine Entwicklung. Natürlich steht bisweilen noch alles auf wackeligen Beinen. Manchmal finde ich es wunderbar, wie es ist. Ich denke, ich habe einen Mann, mit dem ich Spaß habe, mit dem ich viel zu lachen habe, der mich liebt, wie ich bin, der ein toller Ehemann ist. Manchmal vermisse ich es, daß mich jemand ans Händchen nimmt und mitzieht. Es ist nämlich auch anstrengend, sich selbst zu geben, was man braucht.
Gelegentlich habe ich das Gefühl, ich stehe vor einem leeren Blatt und muß es neu beschreiben. Das ist herausfordernd und wunderbar, aber auch schwer. Manchmal ist es etwas, auf das ich unglaublich stolz sein kann. Hin und wieder ist es wie ein riesengroßer Berg, der zu bewältigen ist. Ich stehe mitten in einem Wachstumsprozeß. Es geht jetzt darum, diesen Widerspruch zu lösen zwischen dem, was ich sein wollte und dem, wer ich wirklich bin. Das ist harte Arbeit. Ich bin dabei, Innen und Außen in Übereinstimmung zu bringen. Meine Bedürfnisse haben einen anderen Stellenwert bekommen. Und ich habe erkannt: Auch wenn der Glanz nach außen noch so stark ist, heißt das nicht, daß man zufrieden ist. Innere Zufriedenheit bekommt man nicht darüber, daß man sich über einen Mann definiert. Der kann so super sein, wie er will und einen noch so hohen Status haben. Wenn auf der menschlichen Seite nichts ist, ist der tolle Rahmen hohl. Der äußere Schein hat gestimmt, aber er gab keinen Lebenssinn. Wir hatten genug Geld, eine große schicke Wohnung, haben in guten Kreisen verkehrt. Aber das ist nicht alles. Es war kein Leben drin, es hat mir auf Dauer nichts ge-

geben, es war irgendwie schal. Jetzt habe ich das Gefühl, ich stehe auf meinen beiden Beinen. Und das gibt Zufriedenheit.

Ich glaube heute, man muß erst auf die Vierzig zugehen und eine Reihe von Lebenserfahrungen gesammelt haben, ehe man merkt, um was es wirklich geht. Ich empfinde meine jetzige Entwicklung als Bereicherung. Ich weiß heute auch, daß es keine einfache Beziehung gibt. Früher war ich auf der Suche nach dem Traumprinzen. Deshalb habe ich mich oft verliebt. Ich dachte, die Lösung der Probleme bringt ein neuer Mann, der besser ist als der gerade aktuelle. Ich habe geglaubt, ich werde glücklich, wenn ich aus der Beziehung, die mich unglücklich macht, in eine nächste wechsele. Manchmal denke ich heute noch so. Was natürlich völliger Schwachsinn ist. Das Problem, das ich in der bestehenden Beziehung nicht löse, schleppe ich mit in die nächste. Heute weiß ich, daß eine Beziehung nur klappt, wenn ich sage, ich möchte, ich will, ich habe die und die Bedürfnisse. Das ist hart umzusetzen. Ich habe das Gefühl, daß wir als Frauen immer noch so erzogen werden, daß wir bedürfnislos zu sein haben. Ich mußte lernen, daß ich ein Recht habe zu fordern und daß Fordern legitim ist. Das gleiche gilt für den Partner.

Ich habe mich mit Sicherheit vom Traum, daß irgendwann der Märchenprinz kommt, verabschiedet. Manchmal habe ich das Gefühl, ich bin in der Zeit mit meinem ersten Mann in meiner Entwicklung stehengeblieben, und ich muß jetzt alles nachholen, was dazwischen möglich gewesen wäre. An Reife, an der Erkenntnis, wie man erwachsen mit einer Beziehung umgeht. Ich muß sogar lernen, damit umzugehen, daß ich einen Partner an meiner Seite habe, der Reifung zuläßt und möglich macht. Ich kann heute sagen, ich habe keinen Traummann. Aber ich kann es – mit Brüchen und Zweifeln – akzeptieren. Beziehung ist ein fortwährender Entwicklungsprozeß, und es muß nicht alles immer in Ordnung sein. Ich lerne auch zu akzeptieren, daß mein Mann mir mal auf den

Wecker fällt. Deshalb ist er doch der Richtige, und ich muß mich nicht gleich trennen. Zu Beziehung gehört eben auch, daß es mal weh tut. Es ist nicht immer eitel Sonnenschein. Trotzdem muß ich nicht immer gleich die ganze Beziehung in Frage stellen.

Aufgaben der ersten Lebenshälfte

In jungen Jahren werden die Partner noch häufig gewechselt. Man ist weit davon entfernt, einen Partner im Hinblick auf seine Persönlichkeit zu wählen und an die Zukunft zu denken. Es geht darum, spielerisch zu entdecken, wie und welche Partner man zu erobern in der Lage ist. Der Partner ist Vorzeigeobjekt. Er hebt das Selbstwertgefühl. In jungen Jahren sind Partnerbeziehungen nicht konstant. Schwärmerisch wendet man sich mal dem einen, dann wieder dem anderen zu. In diese Zeit fällt auch das Verliebtsein in Popstars. Es geht darum, seine Identität zu finden.

Nach dieser Phase folgt die Aufbau- und Produktionsphase im Beziehungsleben. Hat ein junger Mensch Profil gewonnen, eine Berufsausbildung hinter sich, und stehen weitere berufliche Entwicklung, Familiengründung und materielle Absicherung, Karriere und Hausbau auf dem Plan, wird nach stabilen Partnerschaften Ausschau gehalten. Man legt sich auf einen bestimmten Partner fest, was sehr schwierig sein kann, weil damit automatisch andere Partner nicht mehr in Frage kommen. Man wählt nicht nur einen, sondern verzichtet damit gleichzeitig auf alle anderen. Man entschließt sich, für lange Jahre einen gemeinsamen Weg zu gehen und zusammen das äußere Leben aufzubauen und zu bewältigen.

Gleichzeitig ist das Binden an eine andere Person auch ein Ablösen vom Elternhaus. Man ist nicht mehr Kind, man bekommt jetzt selbst welche. Wir lösen uns aus Fesseln und Abhängigkeiten. Wir fühlen uns durch die Erwartungen, die

Mutter und Vater von uns haben, mißverstanden, verzerrt gesehen und eingeengt und möchten mit einem Partner, der keine Vorurteile hat und uns so sieht, wie wir sind, wir selbst werden können. Andererseits engen wir uns durch seine Sichtweise auf uns gleichzeitig wieder ein. Es kann zu Ängsten und Zweifeln für die Richtigkeit der Beziehung kommen. Angst, einen Fehler zu machen, sich dem Partner auszuliefern, Angst vor fester Bindung, Verantwortung und Verpflichtung. Deshalb sind Depressionen, Fluchtreaktionen, Panik bis hin zu psychischen Störungen bei vielen Heiratsentschlossenen zu beobachten.

Die erste Lebenshälfte ist eine aktive Aufbauphase. Der äußere Rahmen wird erarbeitet und festgelegt. Das junge Paar schafft sich seinen Platz in der Gesellschaft, drückt mit dem Gründen und der Ausstattung eines Heims seinen Lebensstil aus, erobert sich eine berufliche Position und gründet eine Familie. Deshalb geht unser Blick in der Zeit auch eher nach außen. Wir fragen noch nicht, wer wir sind, sondern was wir nach außen darstellen. Im besten Fall entwikkeln Frau und Mann in der Beziehung ihre Persönlichkeit weiter. Sie haben sich im angestrebten gesellschaftlichen Rahmen gemäß ihren Vorstellungen etabliert.

Dabei gibt es heute verschiedene Modelle. Entweder machen beide Karriere und verschieben ihren Kinderwunsch, oder aber die Frau bleibt nach klassischer Rollenteilung zu Hause, bekommt Kinder, kümmert sich um Haushalt und Familie, und der Mann macht die Karriere, gibt seiner Frau Geborgenheit und materielle Sicherheit. Die moderne Frau von heute versucht vielfach ein drittes Modell: Sie steigt nach einer Babypause wieder in ihren Beruf ein und versucht, Kind und Karriere unter einen Hut zu bringen. Das erfordert Väter, die mitziehen. Probleme gibt es, wenn beide unterschiedliche Vorstellungen davon haben, ob und wann Kinder angesagt sind, ob die Frau weiterarbeitet oder zu Hause bleibt, ob die Familie im eigenen Haus oder zur Miete wohnen will. Es kann passieren, daß durch die heute geforderte berufliche Mobilität Konflikte entstehen. Mag die Frau immer mitziehen oder soll eine Wochenendehe geführt werden? Aber was ist dann mit den Kindern? Oder mit ihrem heißgeliebten Job? Das Verständnis von Beziehung und Ehe klafft häufig bei Mann und Frau weit auseinander, aber erst in der Praxisphase entdecken die beiden, daß es viele Punkte gibt, zu denen die Meinungen weit auseinandergehen. Die Partner machen Reifungskrisen miteinander durch. Dabei bleibt die vermeintliche Gemeinsamkeit auf der Strecke.

Zur Lebensmitte hin fallen die einst gemeinsamen Vorstellungen von der Lebensbewältigung zu zweit häufig weit auseinander. Man hat sich voneinander wegentwickelt. Man ist desillusioniert. Das, was man sich einst vorgestellt hatte, ist in der Praxis ganz anders gelaufen. Die Frau, die auf die eigene Karriere verzichtet hat, ihren Elan mit Haus und Kindern verbraucht hat, stellt vielleicht ernüchtert und enttäuscht fest, daß man sich völlig auseinandergelebt hat. Die Zweierbeziehung ist über den Kindern auf der Strecke geblieben. Der Mann hat sich längst einer Neuen zugewandt, unbemerkt von seiner Frau, die ihre ganze Kraft in die Familie investiert hat. Nun steht sie beruflich vor dem Nichts, die Kinder brauchen sie nicht mehr so sehr, sie ist auf Gnade und Almosen ihres abtrünnigen Mannes angewiesen.

Oder aber die Frau hat darauf bestanden, ihren Uniabschluß zu machen, in den Beruf zu gehen und eigene berufliche Ziele zu verwirklichen. Darüber ist sie 39 geworden, die biologische Uhr tickt. Die Beziehung läuft aber nicht mehr so, wie man einst gehofft hatte. Man hat sich nicht mehr viel zu sagen. Irgendwie ist die Familienplanungsphase verpaßt. Zumindest mit dem eigenen Mann. Nun beginnt ein panikartiger Wettlauf. Plötzlich ist klar, was dem Leben fehlt, ist ein Kind. Der Beruf gibt doch nicht den richtigen Sinn. Aber woher so schnell den idealen Vater nehmen?

Es gibt noch andere Varianten. Die Frau hat nicht geheiratet oder in einer langjährigen Beziehung gelebt. Aus irgendwelchen Gründen wollte sie die Männer, die sie hätte haben können, nicht, oder hatte keine Zeit, hat dafür Karriere gemacht, ist überzeugter Single geblieben. Und irgendwann fällt ihr auf, daß ihr Blick in Kinderwagen ein sehnsüchtiger geworden ist.

Es gibt die Frauen, die zwar Kinder haben, aber sonst nichts. Oder die Frauen, die beruflich fest im Sattel sitzen, aber plötzlich viel lieber Kinder hätten. Oder die berufstätigen Mütter, die unter der Doppelbelastung einen Teil ihres Lebens vernachlässigt haben. Meist ist es auch bei ihnen die Beziehung, die hoffnungslos zu kurz gekommen ist. Und diesen Müttern ist meist klargeworden, daß der Mann bei der Kindererziehung und Betreuung eben doch nicht so mitzieht, wie das einst erhofft war. Mit dem Gefühl, allein gelassen worden zu sein, wenden sie sich vielleicht, wenn die Kinder groß genug sind, vom Partner ab.

Ging es in der ersten Lebenshälfte noch um gemeinsame Ziele, so treten in der zweiten Hälfte zunehmend Identitätskrisen auf. Man verspürt plötzlich einen großen Freiheitsdrang. Zu lange hat man persönliche Interessen dem Wohle der Partnerschaft und der Familie untergeordnet. Jetzt sollen nicht mehr Anpassung und Verantwortung im Vordergrund stehen, sondern neue, individuelle Lebensmöglichkeiten.

Auch Männer neigen in dieser Phase dazu, der Partnerschaft die Schuld dafür zuzuschieben, daß sie sich nicht mehr selbst verwirklichen konnten. Der Halt der alten Beziehung wird zur Zwangsjacke. Erfolg, Prestige und Geld können das Gefühl von Unbehagen, Leere oder sogar depressiver Verstimmung nicht mehr überdecken. Gemeinsam ist den meisten Frauen und Männern in der Lebensmitte, daß sie nach einer Phase der Ablösung, des Hinterfragens und Erkennens auf der Suche nach einem passenden – diesmal dem richtigen! – Partner oder Partnerin sind. Nach der Desillusionierung der ersten Beziehungen wird bei Frauen die Meßlatte jedoch extrem hoch gelegt. Die potentiellen Partner dagegen spielen oft nicht mit. Sie wollen weder eine, die schon drei Kinder von einem anderen hat, noch eine, die jetzt erst mit der Familiengründung beginnen will. Das hatten sie ja gerade und sind aus gutem Grund geflüchtet.

Sind also in der ersten Lebenshälfte die Aufgaben durch äußere Vorgaben noch relativ klar definiert, treffen in der Lebensmitte Frauen und Männer zusammen, die erste tiefe Enttäuschungen hinter sich haben und eine Wiederholung auf keinen Fall wollen. Einen Partner allerdings sehnen die meisten wieder herbei. Die wenigsten bleiben Singles aus Überzeugung. Nur, diesmal soll es der oder die »Richtige« sein.

In der ersten Lebenshälfte sind wir damit beschäftigt, unsere geschlechtliche Identität zu finden, unsere soziale Kompetenz unter Beweis zu stellen, unseren Platz in der Gesellschaft zu finden, uns mit der äußeren Welt zu arrangieren. Es ist wie das Erklimmen eines Berges. Es geht immer bergauf. Wir schauen nach vorne, bewegen uns auf klar definierte Ziele zu. Dadurch haben wir in der ersten Lebenshälfte das Gefühl, daß alles immer weitergeht, immer besser, immer schöner wird. Irgendwann in der Lebensmitte sind wir auf dem Gipfel angelangt. Für die Bewältigung der zweiten Lebenshälfte brauchen wir andere Eigenschaften als für die erste. Auch für eine Beziehung gelten nun andere Prioritäten. Es stellen sich die Fragen: Wer bin ich, was brauche ich, wie sind meine Bedürfnisse, was hat bisher in meinem Leben gefehlt?

Was passiert in der Lebensmitte?

Die Lebensmitte ist die wichtigste Phase des Erwachsenwerdens. Konflikte, die in der ersten Lebenshälfte verdrängt, aufgeschoben und nicht gelöst wurden, die jahrelang zur Seite geschoben wurden durch Ausbildung, erste Berufserfahrung, Ehe, Kinderkriegen, Kindererziehung, brechen jetzt aus. Die versäumte Abnabelung vom Elternhaus, mangelnde Fähigkeiten zur Selbstbehauptung, geringes Selbstwertgefühl, aktuelle Verlustängste kommen ans Tageslicht. Seelische Konflikte wollen bearbeitet werden. Es ist die Phase, wo besonders viele Frauen eine große Unzufriedenheit spüren. Sie ziehen Bilanz und fragen sich, soll es so wie bisher weitergehen? Viele nehmen in dieser Phase therapeutische Hilfe in Anspruch.

Es ist eine Zeit der Überprüfung alter Muster und Werte. Frauen lösen sich von überholten Vorstellungen, üben neues, angemessenes Verhalten ein, hinterfragen persönliche Grundverträge, lassen alte Selbstbilder los. Sie lernen »nein« zu sagen und sich abzugrenzen. So können sich bis dahin verdrängte Aspekte der Persönlichkeit entfalten. Es geht darum, sich von Illusionen freizumachen. Falsche Vorstellungen von den Dingen, vom Leben abzulegen.

Viele Frauen haben in der ersten Lebenshälfte durch die vielen Aufgaben, die von außen an sie herangetragen wurden, manches verdrängt, was sie noch hätten tun oder sein können. Während Männer sich fit machen im Konkurrenzkampf und dabei ihr Bedürfnis nach Geborgenheit und Mitgefühl hintanstellen, haben Frauen oft als Mütter und Hausfrauen Zärtlichkeit, Aufopferungsbereitschaft, Dienen und Geben ausgelebt. Sind die Kinder groß, merken sie, daß noch andere Dinge in ihnen schlummern. Ungenutzte Tatkraft, schöpferische Energie. Oder der Moment ist gekommen, wo die Entscheidung drängt, ob sie auf ein Leben mit Familie und Kind verzichten wollen.

Bei vielen Frauen wächst die Idee, daß sie sich endlich als Person verwirklichen wollen. Es reicht ihnen nicht mehr, der gesellschaftlichen Funktion zu genügen, neues Leben hervorzubringen und gesellschaftsfähig zu machen oder vom Beruf fremdbestimmt zu sein. Sie wollen nicht weiter funktionieren und äußeren Aufgaben gerecht werden, sondern ihre individuelle Persönlichkeit leben, erfüllt leben. Die heutigen Frauen in der Lebensmitte sind nicht mehr pflegeleicht. Im Gegenteil, sie stellen Ansprüche und setzen sie durch. Sie sind aktiv, lassen verkrustete Beziehungen hinter sich, entscheiden sich für ein Singledasein oder suchen einen ganz anderen, oftmals viel jüngeren Mann als den ersten. Sie erleiden nicht mehr, nehmen nicht mehr hin, sondern bestimmen selbst. Sie starten durch und machen Karriere, machen sich selbständig und finden Nischen, in denen sie sich wirtschaftlich unabhängig machen. Sie haben den Mut, zu leben, wie sie sich fühlen.

Die mittleren Jahre sind die Zeit der Selbstentfaltung und Selbsterfahrung. Psychologen sagen, es ist die Zeit, in der Frauen am meisten ihr Selbstbewußtsein, ihre Persönlichkeit entwickeln und ausleben. Wählerisch fragen sie: Was kann ich mit den mir verbleibenden Jahren machen, und mit wem will ich sie teilen? Frauen fangen an, Verantwortung für sich zu übernehmen. Sie nehmen ihre Unzufriedenheit ernst, lassen sich nicht mehr mit Phrasen abspeisen. Sie entdecken, daß jede Lebensphase ihre eigene Entwicklungsaufgabe hat. Frauen im mittleren Alter sind meist unbequem. Sie sind es leid, die Biegsamen und Harmonieschaffenden zu sein. Auch die Wechseljahre sind kein Tabu mehr. Frauen informieren sich darüber, entscheiden sich, Hormone zu nehmen oder auch nicht, und wissen, daß sie auch in den Wechseljahren attraktiv sind.

Eine Frau von 45 hat Höhepunkte und Enttäuschungen erlebt. Sie weiß, daß die Liebe etwas Kostbares ist, und will sie bewußt erleben. Viele von ihnen entwickeln soviel Persönlichkeit, daß sie selbstbewußt zu ihren Falten stehen, statt sie zu vertuschen. Das gibt ihnen eine faszinierende Ausstrahlung. Viele Frauen erleben in der Lebensmitte einen regelrechten Lebenshöhepunkt. Sie lassen sich keine Vorschriften mehr machen und in keine Schubladen mehr stecken. Die Frauen, die sich den Veränderungen der Lebensmitte stellen, statt sie zu verdrängen, gehen als starke Persönlichkeiten daraus hervor. Psychologen sind dazu übergegangen, nicht mehr von der Lebensmittekrise, sondern von der Lebensmittechance zu sprechen.

Natürlich ist so eine Veränderung auch häufig mit einem verunsichernden Krisengefühl verbunden. Krise heißt ja Wende, bedeutet, daß der gewohnte rote Faden des Lebens abreißt, sich für eine gewisse Zeit ein Vakuum auftut und eine Leere neu gefüllt werden muß. Das ist bei vielen erst mal mit Angst und dem Gefühl der Verunsicherung verbunden. Es gibt immer noch viele Frauen, die zunächst in eine Depression fallen, körperliche Beschwerden wie Kreislaufprobleme und Herzbeschwerden bekommen. Eine neue Orientierung zu finden, ist nicht immer einfach.

Häufig ist auch ein schwer zu verkraftender äußerer Anlaß die Ursache für eine Krise. Oft bringt eine Krankheit den Anstoß, etwas zu verändern. Frauen fragen sich, was will mein Körper mir sagen? Und sie entdecken, daß sie jahrelang etwas gelebt haben, das jetzt mit Macht bearbeitet werden will. Wer in die Lebensmitte kommt und noch viele Defizite aus der ersten Phase hat, der hat es schwerer, sich umzustellen. Hinzu kommt, daß uns zum ersten Mal im Leben be-

wußt wird, daß wir endlich sind. Auf dem Höhepunkt wird der Abgrund sichtbar. In jungen Jahren fühlt man sich unsterblich und handelt auch so.
Frauen in dieser Zeit sind heute bereit, sich aktiv damit auseinanderzusetzen, was mit ihnen passiert, statt wie früher den Wechsel passiv zu erleiden. Sie sind neugierig, schreiben und lesen Bücher dazu, reden miteinander über ihre Erfahrungen und Erlebnisse. Das unterscheidet sie von den Männern in dieser Lebensphase. Verängstigt und verunsichert erleben Männer, wie sie verlassen werden, wie sie nicht mehr ernstgenommen werden. Im Beruf ist die Konkurrenz um eine Beförderung plötzlich weiblich. Oder sie bekommen einen weiblichen Chef. Seit der Frauenbewegung in den Siebzigern erleben Männer, wie ihre bis dahin selbstverständliche Vormachtstellung in Frage gestellt und beschnitten wurde. Auch ihre Dominanz in der Beziehung müssen sie gegen eine starke Partnerin immer wieder verteidigen. Und manches Mal akzeptieren, daß die Partnerin sich durchsetzt. Die Macht ist nicht mehr qua gesellschaftlicher Regel und Rollenverteilung automatisch gegeben. Das führt dazu, daß viele Männer in der Lebensmitte sich entziehen, sich eine wesentlich jüngere Partnerin suchen. Sie weigern sich trotzig, die Entwicklungsaufgabe in diesem Lebensabschnitt zu vollziehen und zu reifen, erwachsen zu werden. Sie wollen nur lokkere Beziehungen, weil sie nach einer gescheiterten Ehe auf keinen Fall wieder in die Pflicht genommen werden wollen. Sie wollen nicht wieder Versorger sein. Der Paartherapeut Jürg Willi stellt fest, daß Männer in eine Art zweite Pubertät fallen, eine Identitätskrise. Zu lange haben sie als Versorger ihre persönlichen Interessen und Bedürfnisse der Ehe und Familie untergeordnet. »Der Nachholbedarf verpaßter und geopferter Lebensmöglichkeiten wird durch das bevorstehende Alter gewaltig gesteigert.«[14] Oft wird der Ehe die Schuld zugeschoben, sich nicht persönlich und beruflich weiterentwickelt zu haben. Verhält sich die Partnerin besänfti-

gend, fühlen sie sich noch heftiger in der verfehlten Identität gefangen. Lehnt sie sich gegen diese Vorwürfe auf, dient sie als Sündenbock und ebnet dem sich unverstanden fühlenden Mann den Weg zu einer verständnisvollen Geliebten.

In dieser Phase entwickeln Männer – trotz schwer erkämpfter Berufsziele – nicht selten Gefühle von Leere, Unzufriedenheit oder Depression. Auch hier stellt sich die Frage nach dem tatsächlichen Sinn des Lebens. Erfolg, Reichtum, Besitz und Prestige verlieren ihren Stellenwert. Sie sehnen sich danach, endlich das Leben genießen zu können, allein zu sein und die Zwangsjacke der Verpflichtung für Familie und Beruf zu sprengen. Im Gesicht der gleichaltrigen Partnerin sieht der Mann sein eigenes Älterwerden, was er für sich nicht wahrhaben will.

Nicht selten verlieben sich deshalb Männer in dieser Zeit in jüngere Frauen. Denn diese geben ihnen das Gefühl, selbst wieder jung zu sein, noch mal eine Chance zu bekommen, von vorn anzufangen. Sie fühlen sich verjüngt und belebt, bis sie die Kehrseite einer jungen Geliebten erfahren. Plötzlich wird die Behaglichkeit und Ruhe der vertrauten Umgebung vermißt. Die Forderungen der jungen Frau, die noch etwas erleben will, ausgehen, Leute kennenlernen, Feten feiern, werden als Horrortrip erlebt. Eine Phase des Umdenkens tritt ein, wie beispielsweise nach einem längeren Auslandsaufenthalt. Das Alte wird aus der Distanz und dem als unangenehm erlebten Kontrast wieder attraktiv. Der Mann sieht es mit anderen Augen.

Es gibt aber auch Männer, die niemals in einer längeren Beziehung gelebt haben, weil ihre Karriere ihnen wichtiger war. Plötzlich ist das berufliche Ziel erreicht, und sie erwachen. Sie schauen sich um und stellen fest, daß viele Männer in ihrem Alter längst eine Partnerin und Familie haben. Nun sind sie hilflos, denn sie wissen nicht, wie sie eine Frau, die ihren Ansprüchen genügt, finden sollen. Auch sie suchen eher eine junge Frau, die noch keine Kinder hat, als eine, die ihre Kinder schon ein paar Jahre hat und womöglich mit in die Beziehung bringt.

Nie passen Frauen und Männer von ihren Bedürfnissen und ihren Erwartungen an eine Partnerschaft her schlechter zusammen als in der Lebensmitte. Während Männer eine neue verbindliche Partnerschaft scheuen und sich erst mal den Wind um die Nase wehen lassen wollen oder eine junge formbare Frau haben wollen statt eine gereifte Persönlichkeit, mit der sie sich auseinandersetzen müssen, haben Frauen völlig andersgelagerte, hochgeschraubte Erwartungen an einen gleichaltrigen oder älteren Mann. Generell kann man sagen, in dieser Phase sind Frauen und Männer gleichermaßen immer weniger bereit, sich gegenseitig so zu akzeptieren, wie sie sind. Sie stürzen sich einerseits wie verrückt aufeinander, sind andererseits von Mal zu Mal entmutigter. Und je entmutigter sie sind, desto weniger halten sie durch. Je mehr sie erwarten und verlangen, um so weniger erhalten sie.

Alte Muster über Bord werfen

Viele Menschen sind bis weit in ihre Lebensmitte hinein mutter- oder vaterzentriert. Das bedeutet, der Partner oder die Partnerin sind innerlich noch abhängig von den früheren Erwartungen, Wertvorstellungen und Haltungen, Ge- und Verboten, Ängsten und Befürchtungen der Eltern. Wir tragen das Rollenmodell und Wertesystem unserer Eltern in uns und übertragen es unbewußt auf unseren potentiellen Partner. Das passiert besonders leicht bei Streß oder in Konfliktsituationen.

Wer aus einem temperamentvollen Haushalt kommt, in dem die Eltern eher mal genervt reagiert haben, wird auf bestimmte Dinge heftig reagieren. Wem eine Familienatmosphäre vertraut ist, in der Probleme aus lauter Harmoniesucht ständig unter den Teppich gekehrt wurden, in der heile Welt gelebt wurde, die gar nicht existierte, wird sich nicht gerade lebhaft danach drängeln, Konflikte auszudiskutieren. Beide Verhaltensweisen wurden vorgelebt, wir haben sie verinnerlicht, sind durch sie programmiert.

Die früheren Erfahrungen, wie Familienmitglieder mit sich und uns umgingen, prägen uns. Sie geben uns oft unbewußte Leitsätze mit auf den Weg: »Ich werde nur geliebt, wenn ich erfolgreich bin.« »Mich übersieht doch jeder, warum soll ich mich zu Wort melden?« Dahinter kann ein Vater stehen, der immer nur bei guten Noten Anerkennung gezollt hat. Oder eine Mutter, die ständig gemahnt hat, Kinder haben den Mund zu halten. Aus diesen frühen Erfahrungen entsteht dann Verhalten. Beispielsweise: Ich tue alles, um anderen zu gefallen, auch um den Preis, mich zu verbiegen. Ich übernehme ständig Verantwortung für andere, auch wenn mich das völlig überfordert. Oder: Aus lauter Verlustangst, der andere könnte sich von mir abwenden, sage ich nie wirklich, was ich denke.

Auf eine Partnerbeziehung übertragen, kann das heißen: Ich übernehme immer die Rolle der großen Schwester. Oder mein Mann ist mein drittes Kind, und ich spiele für ihn die Mama. Ein altes Muster kann sein, daß ich immer die Versorgende war, die Abnehmende, die Macherin, die Verantwortungsbewußte. Solange ich diese alten Rollen nicht loslasse, funktioniere ich in einer Beziehung wie früher zu Hause und kann nicht ich selbst sein.

Ein anderes Muster kann wie folgt aussehen: Ich habe nie die Liebe meines Vaters erhalten. Ich habe mich noch nicht von meinem dominanten Vater gelöst. Darum suche ich mir immer wieder Männer, die ähnlich sind wie der Vater: lieblos, streng, uneinfühlsam, emotional abweisend und quälend. Die Folge ist, daß diese Männer mich mit meinen Bedürfnissen nach Liebe und Zuwendung nicht ernst nehmen, mich immer wieder demütigen und letztendlich auch verlassen.

Solche Frauen suchen noch mit 45 oder 50 Jahren unbewußt immer den kontrollierenden, jähzornigen, strengen Vater in einem Partner. Sie reproduzieren in der Beziehung das aus der Kindheit vertraute Gefühl, unter Druck zu stehen und sich nicht entfalten zu können. Das fremdbestimmte Lebensziel ist es, dem Vater alles recht zu machen. Gleichzeitig leidet die Frau. Gelingt es ihr nicht, dem Vater (Partner) zu gefallen, fühlt sie sich klein, häßlich, minderwertig.

Ähnliches gilt für eine starke Mutterbindung. Die Frau wird sich ständig bemühen, die Anerkennung der Mutter zu erlangen. Vielleicht durch angepaßtes Verhalten, durch Bravsein und Fleiß, Ordnungssinn und Unauffälligkeit. Meist vergebens, wie in der Kindheit.

Möglich ist auch das andere Extrem. Eine Frau sagt: Der Mann, mit dem ich mich zusammentue, muß genau das Gegenteil von meinem Vater sein. Mein Vater war immer so dominant, jetzt muß es einer sein, der überhaupt keine eigene Persönlichkeit hat. Da bin ich die Dominierende. Natürlich kann auch diese Rollenverteilung nicht zu einer zufriedenstellenden Partnerschaft führen.

Wenn das eigene Zuhause als wenig liebevoll oder gar katastrophal erlebt wurde, ist in der Erwachsenenzeit viel aufzuarbeiten, bevor eine befriedigende Partnerschaft gelebt werden kann. Ohne ihre Programmierungen zu erkennen, durch die sie immer wieder ihr vertrautes Zuhause reproduzieren, können solche Frauen nicht glücklich werden. Es gibt Frauen, bei denen sich eine schlimme Erfahrung mit Männern an die andere reiht, weil sie nicht erkennen, daß sie sich unbewußt immer wieder den gleichen Typ Mann aussuchen.

Um eine befriedigende Zweierbeziehung entstehen zu lassen, muß ich mich mit meiner Vergangenheit auseinandergesetzt haben. Darüber hinaus muß ich bereit sein zur Selbsterkenntnis. Gerade nach einer oder mehreren gescheiterten Partnerschaften ist es wichtig, daß ich mir noch mal meine Ursprungsfamilie vorstelle. Wie wurde ich erzogen? Streng, autoritär, partnerschaftlich? Oder stand mir nur ein Elternteil zur Verfügung? Wie reagiere ich, wenn mir Menschen mit ähnlichen Charaktereigenschaften gegenüberstehen?

Eine Frage, die auch in einer Therapie immer wieder gestellt wird, wenn wir über Verhalten reden, lautet: »Kennst du das irgendwoher?« Und oft heißt die Antwort: »Ja, das hat mein Vater von mir erwartet« oder »Genauso war meine Mutter.« Wer noch so fremdbestimmt funktioniert, noch so an Vater oder Mutter gebunden ist, ist nicht erwachsen. Das Gefühlsleben ist auf der Stufe eines Kindes, während die Person körperlich, intellektuell und gesellschaftlich auf der Stufe seiner gelebten Jahre steht. Es gibt 50-, 60-, 70- und 80jährige, die das Verhaltensrepertoire kleiner Kinder haben. Man sieht den

Menschen ihre emotionale Unreife nicht an. Aber der Umgang mit ihnen ist mehr als schwierig.
Wer beispielsweise mit einem »Muttersohn« eine Beziehung eingeht, trifft auf einen Mann, der noch im fortgeschrittenen Alter nach mütterlicher Wärme, Liebe, Fürsorge und Bewunderung sucht. Um Frauen kennenzulernen, sind diese Männer charmant, umwerben sie, zeigen jedoch, wenn die Verbindung steht, keinerlei Verantwortungsgefühl. Sie wollen geliebt werden, nicht lieben. Sie verlangen nach mütterlichem Schutz und wollen nicht Beschützer sein. Kommen Frauen ihren Erwartungen nicht entgegen, gibt es Konflikte, Auseinandersetzungen, Verstimmungen. Eine Frau mit Eigenleben, die auch geliebt und beschützt werden möchte, ist bei solch einem Mann an der falschen Adresse.
Um eine reife Beziehung eingehen zu können, spätestens in der Lebensmitte, sollten wir also erwachsen werden. Das ist leichter gesagt als getan. Woran merke ich, daß ich reif und erwachsen bin? Ich merke es daran, daß ich Verantwortung für mein Tun und Handeln übernehme. Daß ich meine Bedürfnisse und Gefühle wahrnehme, anerkenne und entsprechend handele. Daß ich mich selbst achte, autonom bin und meine Vergangenheit verstehe. Dazu gehört, daß ich meine Bindung zu den Eltern durchschaut habe. Ein niedriges Selbstwertgefühl, noch aus der Kindheit stammend, ist oft schuld für die falsche Partnerwahl. Es ist das Resultat von Zurückweisung, von mangelnder Anerkennung, von dem Gefühl, nicht geachtet und respektiert zu werden. Kinder, die keine Wertschätzung von den Eltern erfahren, die nicht angenommen worden sind, wie sie sind, können kaum Selbstwert entwickeln. In der Lebensmitte, wenn es um Reifung und Erwachsenwerden geht, werden wir damit konfrontiert. Und wer mit den Werten und Vorstellungen von Partnerschaft in der ersten Lebenshälfte eine neue Beziehung eingeht, wird vermutlich wieder Schiffbruch erleiden. Der Preis: Leiden. Unser Erbe unhinterfragt zu übernehmen, bezahlen wir damit, daß wir uns un-

glücklich, unzufrieden, deprimiert fühlen. Wir fragen uns, warum wir immer an den Falschen geraten. Und wir verzichten darauf, uns zu reifen Persönlichkeiten zu entwickeln.

Wer dauerhaft unter einem niedrigen Selbstwertgefühl leidet, sollte sich entschließen, eine Therapie zu machen. Wer sich chronisch wertlos findet, braucht professionelle Hilfe. Denn keiner muß so bleiben, wie er geprägt wurde. Wir sollten uns darüber klarwerden, daß wir unser Erbe ändern können. Nicht, um die »Schuld« bei den Eltern zu suchen oder sie für alle Zeit zu verdammen. Wir sollten uns immer darüber im klaren sein, daß wir selber für unser Leben verantwortlich sind. Wir können jederzeit den Vater oder die Mutter in uns verändern und ablegen. Wir selbst sind es, die sich entscheiden, so zu bleiben, wie wir sind, oder aus uns zu machen, was noch in uns steckt. Es lohnt sich, sich dieser Auseinandersetzung zu stellen.

Wir können die Sicht der Eltern, ihre Emotionen, Einstellungen, Werte und Normen, ihre Anschauungen und ihr Weltbild

- erkennen und identifizieren;
- überprüfen, ob ihr Weltbild heute noch in unser Leben paßt;
- ändern, wenn es uns als erwachsener Mensch behindert.

Sie können versuchen, den Eltern in Ihnen, die auf Ihre Partnerschaft einwirken, auf die Schliche zu kommen: Tauschen Sie einmal die Rollen. Versetzen Sie sich in Ihr Gegenüber, Ihren Partner, Ihr Kind. Übernehmen Sie für ein paar Minuten seine Rolle. Sagen Sie laut die Argumente, die Sie von Ihrem Partner/Kind kennen. Hören Sie dann Ihre Erwiderungen. Könnte es sein, daß Sie diese Auseinandersetzung schon als Kind oder Jugendliche geführt haben? Vielleicht mit Ihrem Vater oder Ihrer Mutter?

Wir übertragen oft Verhalten, das wir als Kinder selbst bekämpft haben, unter dem wir sogar gelitten haben. Erst wenn eigene Kinder da sind, stellen viele Mütter erschrocken fest, daß sie sich genauso verhalten wie ihre Mutter, obwohl sie das nie wollten. Diese Erkenntnis kann aber dazu beitragen, unser bis dahin unbewußtes Verhalten zu verändern, anders miteinander umzugehen.

Beispielsweise Ihr Sohn beschwert sich: »Immer muß ich *sofort* alles erledigen!« Wenn Sie sich erinnern, fällt Ihnen vielleicht ein, daß Ihre Mutter Ihnen immer im Nacken saß, alles auf der Stelle zu erledigen. Sie zwang Ihnen ihren eigenen Perfektionismus, ihren eigenen engen Zeitplan auf. Das ist Ihnen vertraut. Wenn Sie erkennen, daß Sie dieses Verhalten, unter dem Sie selbst als Kind gelitten haben, als Erwachsene übernommen haben (Projektion), können Sie sich ändern. Sie könnten Ihr Kind fragen, was es heute zu erledigen hat, und ihm dabei *aktiv* zuhören.

Fragen Sie sich auch einmal, was Sie mit dem Wort Elternhaus / Liebe verbinden. Geht Ihre Assoziation in Richtung Vertrauen, Verbindlichkeit, Aufrichtigkeit, Geborgenheit oder schlägt das Barometer eher in Richtung Drama, Streit, keine Stabilität, Unsicherheit, Lieblosigkeit? War Ihr Elternhaus beispielsweise nicht stabil, wurden Sie nicht beachtet, weil Vater, Mutter oder beide zu sehr mit dem Beruf beschäftigt waren, oder zog die dominante Mutter alle Aufmerksamkeit auf sich? Dann laufen Sie Gefahr, sich später Partner zu suchen, bei denen Sie auch wieder fürchten müssen, nicht gesehen oder gar verlassen zu werden. Ein Verhaltensmuster aus der Kindheit, das sich unbewußt wiederholt, ermöglicht natürlich keine zufriedenstellende Partnerschaft. Wenn Sie dieses Muster erkannt haben, sind Sie durchaus in der Lage, es zu verändern, neue Partner zu suchen, die zu Ihnen passen.

Dieser Weg der Hinterfragung und Bearbeitung der Vergangenheit ist auch aus dem Grunde wichtig, daß wir Frauen uns nicht immer wieder die Schuld am Scheitern von Beziehungen geben. Gerade Frauen neigen dazu, die Schuld bei sich zu suchen. Sie denken oft: Hätte ich nur dies und jenes gelassen, dann wäre er vielleicht geblieben. Hätte ich mich damals

nicht so heftig durchgesetzt, hätte er mich nicht verlassen. Frauen sind immer sehr schnell bereit, ihr eigenes Verhalten in Zweifel zu ziehen. Es geht aber meist gar nicht um die Schuldfrage, sondern darum, genau hinzusehen. Was hat nicht geklappt und was will ich in einer neuen Beziehung vermeiden? Sich zu malträtieren, indem man sich zu Schuldbekenntnissen hinreißen läßt, ist keine Lösung.
Es geht also kein Weg daran vorbei: Ich muß lernen, mich selbst zu erkennen. Ich muß meine Vergangenheit analysieren und erkennen, worunter ich gelitten habe. Und wenn ich das herausgefunden habe, dann sollte ich daraufhin vergangene Beziehungen überprüfen. Nur dann schaffe ich die Voraussetzungen für eine neue Partnerschaft, in der alte Verhaltensmuster die Beziehung nicht belasten.

Was bringt eine Therapie?

Manche Menschen brauchen professionelle Hilfe, um sich weiterentwickeln zu können. Als Kinder haben wir Verhaltensmuster unhinterfragt von unseren Eltern übernommen. Wir haben ein bestimmtes Weltbild entwickelt und Verhaltensweisen als Normen verinnerlicht. In der ersten Lebensphase können wir uns meist nicht unserer Persönlichkeit entsprechend entwickeln, sondern müssen uns an den von unseren Eltern, der Schule, dem Freundeskreis und den Medien vorgegebenen Rahmen halten. Irgendwann stellen wir fest, daß viele Verhaltensmuster unserer Kindheit in unserem späteren Leben nicht mehr zweckmäßig sind. Sie haben ihren Dienst erfüllt. Beispielsweise immer freundlich und hilfsbereit sein, nicht nein sagen dürfen, die Rolle der fleißigen und erfolgreichen Tochter zu spielen oder die fröhliche Dicke zu sein.

Hinter jedem Selbstboykott können ein falsches Selbstbild, ein unhinterfragter Vertrag stecken, die uns zwingen, auf eine bestimmte, eingeengte Art zu leben und einen Teil unserer Persönlichkeit zu verleugnen.

In der Kindheit ging es um Anpassung an die Umgebung, in die wir hineingeboren wurden. Aber statt die Verhaltensmuster abzulegen, wenn wir sie als Erwachsene nicht mehr brauchen, verstärken wir sie paradoxerweise im Laufe unseres Lebens. Auch an unsere Partnerschaften in der ersten Lebenshälfte legen wir oft unbewußt die Maßstäbe unserer einengenden Normen an.

Als kleines Mädchen kann es überlebenswichtig sein, den Eltern zu gehorchen, keine eigenen Bedürfnisse zu äußern, keine Widerworte zu geben und sich anzupassen. Aber um eine befriedigende Partnerschaft eingehen zu können, brauchen wir das Gegenteil. Doch wir bleiben brav, lieb, angepaßt – und verstärken dies noch. Wir denken, wie früher unsere Eltern, so akzeptiert auch unser Partner uns nur, wenn wir uns bemühen, diese Eigenschaften hervorzukehren. Und wenn das nicht funktioniert, bemühen wir uns noch mehr. Die unangemessene Verstärkung nennt man neurotisch. Weil die frühere Verhaltensweise nicht mehr greift, wenden wir sie um so stärker an, statt sie durch anderes Verhalten zu ersetzen.

Hinter vielen Partnerschaftsproblemen stecken psychische Ursachen, ausgelöst durch überholte Verhaltensmuster. Heute weiß man, Probleme, die wir mit anderen zu haben meinen, haben wir in Wirklichkeit mit uns selbst. Wir haben die Tendenz, uns bei der Partnerwahl Beziehungsmuster zu suchen, die uns wohlvertraut sind. Wir sind geleitet von den Eindrücken und Erfahrungen unserer Kindheit. Wir versuchen unbewußt, Vertrautes, Bekanntes weiterzuleben, sogar, wenn wir darunter gelitten haben. Insgeheim erhoffen wir vom Partner die Erlösung.

Aber der Partner tilgt nicht die Kränkungen aus der Kindheit. Im Gegenteil, durch unsere unbewußte Partnerwahl werden sie wieder belebt. Oft sind wir enttäuscht, denken, der Partner sei schuld. Würde er geduldiger auf uns eingehen, einfühlsamer sein, mehr aus sich herausgehen, nicht dauernd zu spät kommen, nicht ständig schweigen, dann käme alles ins Lot. Wir fangen an, am Partner herumzuschrauben und umzuerziehen. Wir zählen ihm auf, wo überall er sein Verhalten ändern muß.

Wenn wir weiterkommen wollen, müssen wir aber sehen, daß das Problem mit dem Partner in erster Linie in uns selbst liegt. Solange ich nicht einsehe, daß ich selbst es bin, die sich ändern muß, wird eine Beziehung früher oder später zum Kriegsschauplatz oder schläft ein. Dabei muß ich mich fragen, warum ich mir einen geizigen, dominanten, jähzornigen, selbstgerechten, unzuverlässigen oder lieblosen Mann gesucht habe. Es hat mir ja keiner den Mann aufgezwungen, ich selbst habe ihn mir aus gutem (unbewußten) Grund gewählt. Und diesen Grund sollte ich herausfinden, bevor ich eine neue Beziehung ansteuere. Ich muß bei allen Krisen beachten, was mein eigener Anteil ist.

Die Psychologin Dr. Anna Schoch schreibt in ihrem Buch »40 als Chance«: »Die Auseinandersetzung mit sich selbst ist unangenehm und mühselig. Leider kommt sie auch nie zu einem richtigen Ende. Zu den schwierigsten Aufgaben, die das Leben stellt, gehört es, die Einsicht zu erlangen, daß wir nicht andere für unsere Befindlichkeit verantwortlich machen können, sondern uns in erster Linie mit uns selbst beschäftigen müssen. In der Therapie ist es schmerzlich, die eigenen Projektionen, den Teil, mit dem man das eigene Leid verursacht, anzuerkennen. Gerade, wenn man aus einer Partnerschaftskrise herauszufinden versucht, ist es besonders hart, die eigenen Fehler zu sehen, zu begreifen, wie viele Verletzungen man dem anderen zugefügt hat. Man hat immer – geradezu zwingend – den Eindruck, daß der andere schuld ist. Man glaubt ganz fest, daß die Welt in Ordnung wäre, wenn die anderen Menschen so wären wie man selbst.«[15]

Therapie ist eine große Hilfe beim Finden der eigenen Anteile. Die Therapie gewährt einen Schonraum, in dem ein Mensch seinen Schmerz über eine zerbrochene Partnerschaft offen zeigen und bearbeiten kann. Ein guter Therapeut kann Wut und Schmerz – und seien sie noch so heftig – aushalten. Es darf also alles heraus, was man vielleicht schon jahrelang angesammelt und immer unterdrückt hat, und was inzwischen zu einem explosiven Gemisch angestaut wurde.

Der Therapeut gibt Trost und Halt. Er ist gefühlvoller, einfühlsamer Zuhörer. Er gibt Haß, Selbstvorwürfen und Kummer Raum und schafft die Möglichkeit, Weichen neu zu stellen, neue Verhaltensweisen für sich zu entdecken, an die man vielleicht nie gedacht hat, und sich neu zu orientieren. In der Therapie lernen wir uns selbst richtig kennen. Die eigene Kindheitsgeschichte kann aufgearbeitet werden. Der Klient sieht, warum er sich immer auf eine bestimmte Art und Weise verhalten hat. Therapie ist manchmal die einzige Möglichkeit, bei dem wichtigen Prozeß der Selbsterkenntnis weiterzukommen. Viele Störungen können mit einer Psychotherapie ergründet und behoben werden. Tiefsitzende Wünsche und Ängste kommen ans Tageslicht. Alte, nutzlos gewordene Verhaltensmuster werden aufgespürt, und der Klient lernt, sie durch neue, angemessene zu ersetzen. Bisherige Gewohnheiten werden abgelegt, es werden neue Wege gesucht. Innen und Außen werden in Übereinstimmung gebracht. Auf der Suche nach Authentizität müssen wir uns nicht selten in einzelne Teile zerlegen und sie zu einem neuen Ganzen zusammensetzen. Wir können eine eigene Identität entwickeln. Wir lernen, unsere guten und schlechten Seiten zu akzeptieren und auszuleben, unserer eigenen inneren Autorität entsprechend zu handeln.

Therapieziele sind: persönliche Autonomie zu erlangen, seine Bedürfnisse und Gefühle anzuerkennen und sich gemäß zu verhalten, Konflikte als zum Leben gehörig zu betrachten. Veränderungen sind – das muß man wissen – mühsam und schmerzhaft. Im Schonraum der Therapie werden manchmal belastende Lebenssituationen erneut durchlebt. Dabei kann es im Extremfall zu Auflösung von Familie und Partnerschaft kommen. Wer es wagt, sich auf eine Therapie einzulassen, hat die Chance, am Ende die Persönlichkeit zu entwickeln, die versteckt war, statt die Person zu bleiben, die einst notwendig war, um überleben zu können. Wer seine Persönlichkeit entwickelt hat, ist in der Lage, sich einen Partner zu suchen, der wirklich zu ihm paßt.

Wenn in einer bestehenden Partnerschaft der eine Partner sich weigert, einen Therapeuten aufzusuchen, kann eine Einzeltherapie dem anderen trotzdem für die Beziehung helfen. Denn es geht ja nicht darum, den Partner zu verändern. Korrigiert ein Partner seinen Umgang mit dem anderen, verhält sich oft auch der Partner anders.

Haben wir einen neuen für eine Beziehung in Frage kommenden Menschen kennengelernt, hilft Therapie, aufmerksam unsere Wahrnehmung zu gebrauchen, zu sehen, ob dieser Mensch zu meinen Bedürfnissen paßt, was ich überhaupt brauche und was nicht so wichtig für mich ist. Oft verstellen bestimmte Erwartungen den Blick. Sieht der neue vielleicht überaus gut aus, kann das zu Anfang blenden, obwohl es nur eine Äußerlichkeit ist. Therapie hilft, den ganzen Menschen zu sehen und nicht Teile von ihm, während andere Teile einfach weggeblendet werden.

Cornelia (38): »Mein Mann hat mich verlassen«

Nach 13 Jahren Ehe ließ mein Mann unsere Tochter und mich sitzen. Affären hatte er während der ganzen Zeit unserer Ehe, aber dann traf er eine Frau, mit der er es ernst meinte. Ich war fassungslos. Und innerlich völlig leer. Ich konnte mir nicht vorstellen, mein Leben allein mit meiner Tochter zu bewältigen. Ich fühlte mich hilflos wie ein verlassenes Kind.

Nachdem ich wochenlang wie versteinert war, machte mir eine Freundin den Vorschlag, mir Hilfe durch eine Therapie zu holen. Sie kannte eine gute Therapeutin, und nachdem ich Kontakt aufgenommen hatte, bekam ich auch schnell einen Therapieplatz. In den ersten Stunden habe ich nur geweint. Sturzbäche von Tränen strömten aus mir heraus.

Als ich genug getrauert hatte, konnten wir anfangen zu arbeiten. Ich entdeckte, daß ich in meiner Ehe viele Verhaltensweisen zeigte, die mir aus meinem Elternhaus vertraut waren. Meine Eltern stritten viel und laut, was mich verunsichert und geängstigt hat. Ihre Reaktion auf meine Verstörung: Ich sollte nicht so empfindlich reagieren, ich sehe das zu eng und solle mich nicht so anstellen. Meine Mutter, die sehr dominant war, sagte ständig: »Du nimmst dich viel zu wichtig. Das hast du von deinem Vater.« Irgendwann hatte ich verinnerlicht, daß ich falsch fühle, daß meine Empfindungen nicht stimmen. Und daraus ergab sich: Sei pflegeleicht und passe dich an! Behalte deine Überempfindlichkeit für dich. Dadurch habe ich, wie man sich leicht denken kann, überhaupt kein

Selbstwertgefühl entwickelt. Im Gegenteil, ich hatte das Gefühl, ich bin verkehrt.
Es war wie ein Wunder für mich, daß mein Mann sich damals für mich interessierte. War er doch attraktiv, intelligent, sprühend und voller Pläne für die Zukunft. Er hätte viel tollere Frauen als mich haben können, dachte ich. Aber nein, er wollte mich. Und so wurde ich, das häßliche Entlein, durch einen wunderbaren Mann zum Schwan. Dafür nahm ich mich selbst in dieser Beziehung nicht wichtig. Wie zu Hause. Ich war duldsam, hingebungsvoll, paßte mich an, steckte zurück. Ich himmelte diesen Mann an und bemühte mich, aufmerksam seine Wünsche zu erfüllen. Ich versuchte zu erahnen, was er will, und funktionierte in der ersten Zeit perfekt. Ich sonnte mich in dem beruflichen Erfolg meines Mannes, der uns Prestige und Wohlstand bescherte. Mein Job war es, für ein gemütliches Heim zu sorgen und unserer Tochter eine gute Mutter zu sein. Mein Mann gab mir, was ich selbst nicht hatte: Das Gefühl, eine Bedeutung zu haben. Durch den schönen Schein und unsere gesellschaftliche Stellung nach außen wurden meine Defizite wunderbar überdeckt.
Daß mein Mann offensichtlich nichts anbrennen ließ, ignorierte ich. Ich sagte mir die vertrauten Sätze: Das siehst du verkehrt. Übertreib nicht so. Stell dich nicht an. Trotzdem war von Anfang an tief in mir die Angst, ihn eines Tages zu verlieren. Weil ich mich im Grunde nicht gleichwertig fühlte. Alles, was ich war, war ich durch ihn. Je öfter ich wahrnahm, daß mein Mann fremdging, um so häufiger verfiel ich in depressive Phasen, versuchte aber immer, mich zu disziplinieren. Nicht »überempfindlich« zu sein. Aber meine Angst ließ sich weder unterdrücken noch beherrschen.
In meiner Verzweiflung fing ich an, meinen Mann zu kontrollieren. Ich klammerte. Seine beruflichen Erfolge machten mich neidisch. Das und die Expansion seiner Geschäfte führten dazu, daß mein Mann nur noch selten zu Hause war. Manchmal war er über Wochen auf einer Dienstreise. Er

wurde von mir immer unabhängiger, ich klammerte immer stärker. Es kam, wie es kommen mußte. Als mein Mann ging, brach meine Scheinwelt zusammen.

In der Therapie lernte ich, die Zusammenhänge zu sehen. Und mir nach und nach zu geben, was mir bis dahin mein Mann geben sollte. Als alle Tränen herausgeweint waren, begann ich mein Leben neu zu organisieren. Meine erste Aktion: Ich räumte unser Haus um und richtete mir – zum erstenmal in meinem Leben – ein eigenes Zimmer ein. Was für ein Gefühl! Herrlich.

Der zweite Schritt: Nachdem ich aus Scham, eine verlassene Ehefrau zu sein, Kontakte gemieden hatte, nahm ich sie wieder auf. Ich meldete mich bei Freunden und Nachbarn zurück, und die Resonanz war unerwartet positiv. Ich entdeckte, daß ich Humor habe. Bis dahin hatte ich mich für verzagt und depressiv gehalten. Plötzlich konnte ich lachen! Und selber lustig sein. Eine wunderbare Entdeckung.

Der dritte Schritt war, daß ich in meinen Beruf als Erzieherin zurückkehrte. Ich hatte sehr viel Glück, sofort eine Stelle zu bekommen. Damit waren zwei Dinge verbunden. Einmal, daß ich eigenes Geld verdiente und mich dadurch von meinem Mann unabhängig machte. Zweitens lernte ich, meinen Beruf wieder zu schätzen, was ich im Schatten des beruflichen Erfolges meines Mannes nicht konnte. Da schien mir mein Beruf minderwertig, nichtig, nicht erwähnenswert.

Mit Erstaunen stellte ich plötzlich fest, daß ich lernte, meine Meinung zu äußern und, was noch wichtiger war, wie sehr meine Meinung im Kollegium geschätzt wurde. Man hörte mir zu und nahm mich ernst! Zudem bekam ich große Wertschätzung von seiten der Elternschaft. Das tat gut.

Im Zuge der Therapie lernte ich, mich zu schätzen und mein Selbstwertgefühl aufzubauen. Ich sah, wie wenig ich mich wert gefühlt hatte. Wie abhängig ich mich gemacht hatte. Ich wurde richtig mutig. So mutig, daß ich auch meinen Eltern nicht mehr erlaubte, sich in mein Leben einzumischen. Meinem Noch-Ehemann machte ich klar, daß ich für seine beruflichen Sorgen nicht mehr die richtige Ansprechpartnerin war. Ich entdeckte meine Leidenschaft für Tanz. Ich ging in eine Jazzdance-Gruppe und verbrachte dort mit Gleichgesinnten meine Freizeit. Meine Gefühle der Einsamkeit und Leere waren wie weggeblasen. Und langsam konnte ich auch an eine neue Partnerschaft denken. Während ich noch überlegte, wo und wie man am besten einen Mann kennenlernen könnte, begegnete ich auf einer Tanzveranstaltung Norbert. Er war ein attraktiver und intelligenter Mann. Er ging auf mich zu. Mit meinem neuerworbenen Selbstbewußtsein konnte ich es genießen, von ihm als begehrenswerte Frau betrachtet zu werden. Ich machte mich nicht mehr klein. Zum erstenmal in meinem Leben ließ ich mich aufmerksam und bewußt auf eine Beziehung ein. Ich erlebte eine leidenschaftliche Sexualität mit Norbert. Ich konnte mich richtig fallenlassen.

Unser Glück dauerte eine ganze Weile. Wir planten unseren ersten Urlaub. Während des ständigen Zusammenseins entdeckte ich bei mir Gereiztheit und Verstimmung. Diesmal überging ich meine Gefühle nicht. Ich ließ sie zu und dachte über ihre Bedeutung nach. In meiner Ehe hatte ich genau das Gegenteil perfektioniert. Dadurch, daß ich meine Wahrnehmung nicht mehr beiseite drückte, bemerkte ich eine große Unzufriedenheit in meiner neuen Beziehung. In meiner Therapie arbeitete ich heraus, daß Norbert zwar neue Erfahrungen ermöglicht hatte, aber nicht der Mann für eine beständige neue Partnerschaft war. Ich entdeckte, welche Bedürfnisse ich mit einer Partnerschaft verband. Ich wollte eine Familie. Das war ein richtiger Lebenswunsch. Norbert war jedoch begeisterter Single, der mich gerne als Freundin hatte. Punkt. Nicht mehr. Ich aber sehnte mich nach einer »richtigen« Familie, die ich ja auch mit meinem Mann nicht hatte. Und zu Hause schon gar nicht. Ich lebte von meiner Kindheit an in emotional unsicheren Verhältnissen. So flog ich auf Männer,

die nach außen hin selbstbewußt auftraten, allerdings kein Familiennest zu bauen gedachten. Ich entdeckte bei Norbert, daß nur eine Wiederholung dessen mit ihm möglich war, was ich schon kannte. Ich war froh, daß meine Antennen inzwischen so gut funktionierten.
Ich besprach meine Bedürfnisse ganz offen mit Norbert. Wir trennten uns ziemlich traurig, aber in dem Bewußtsein, daß wir nicht zueinander passen. Ich konnte ihm aber dankbar sein, denn wir hatten uns gegenseitig nichts vorgemacht, und Norbert hatte mir das Gefühl gegeben, eine attraktive Frau zu sein.
Nun war ich wieder alleine. Diesmal länger. In diese Zeit fiel meine Scheidung. Ich hatte ihr mit Bangen entgegengefiebert und stellte beim Verlassen des Gerichtsgebäudes fest, daß ich nur erleichtert war. Erleichtert und froh, den ganzen Ballast, diese Scheinwelt hinter mir gelassen zu haben und nun mit beiden Beinen im Leben stehen zu können.
Aus beiden Trennungen bin ich stärker hervorgegangen. Mit dem Bewußtsein: wenn Partnerschaft, dann eine, in der wirkliche Nähe und Nestbau möglich ist. Ich wollte eine gleichgewichtige Beziehung, in der meine Persönlichkeit nicht wieder eingeengt wurde. Ich dachte, ganz schön viel verlangt. Da ich mit mir inzwischen ganz gut zurechtkam und nicht mehr das Gefühl hatte, nur durch einen Partner aufgewertet zu werden, konnte ich mir Zeit lassen. Ich ging aktiv raus, besuchte Tanzveranstaltungen, antwortete auf einige von mir als sympathisch empfundene Kontaktanzeigen. Das brachte mir zwar nicht den Traumpartner, aber ich betrachtete es als Übung, meine Wahrnehmung weiter zu schärfen. Ich konnte es locker sehen und gelassen angehen. Ich lernte – immer noch mit meiner Therapeutin im Rücken –, angemessen auf Männer zuzugehen. Mit Selbstbewußtsein und ohne zu klammern oder etwas erzwingen zu wollen. Ich blieb mir treu. Eine gute neue Erfahrung. So vergingen fast zwei Jahre. Ich hatte immer mal wieder einen Mann kennengelernt, aber

wieder und wieder festgestellt, daß es nicht der Richtige war.
Bei einer von unserer Gemeinde organisierten Gruppen-Skireise lernte ich Wolfgang näher kennen. Er war der Vater der besten Schulfreundin meiner inzwischen großen Tochter. Ich kannte ihn von diversen Schulveranstaltungen. Wir hatten immer nette Gespräche miteinander geführt. Auf dieser Reise wurden die Gespräche vertrauter, und er erzählte mir, daß er in einer zerrütteten Ehe lebte und sehr unglücklich sei. Daß er eine Trennung aber wegen der Tochter immer wieder hinausgeschoben habe. Unsere Gespräche wurden immer vertraulicher, und ich stellte fest, daß unser Wertesystem gut miteinander harmonierte. Wir empfanden ähnlich. Das war sehr angenehm.
Wir setzten unseren Kontakt zu Hause fort. Eines Tages gestand mir Wolfgang, daß er sich in mich verliebt hatte. Natürlich hatte ich es schon gemerkt, doch ich war sehr vorsichtig. Einerseits fühlte ich mich auch zu ihm hingezogen, andererseits wollte ich keinen Mann, der noch mit einem Bein in einer anderen Beziehung stand. Unsere Zuneigung war so stark, daß wir leidenschaftlich übereinander herfielen. Aber als er danach zu seiner Frau fuhr, merkte ich, daß es eine tiefe Frustration in mir auslöste. Ich bat ihn bei unserem nächsten Treffen um Distanz. Bis er eine Entscheidung gefällt und seine Situation geklärt hatte. Das fiel uns beiden sehr schwer. Aber Wolfgang akzeptierte mein Bedürfnis. Er sah ein, daß er seine Beziehung allein klären mußte. Und daß er erst dann bereit sein konnte für eine konsequente neue Partnerschaft. Wir beide konnten diese vorübergehende Distanzphase als Chance sehen.
Unsere Trennung dauerte ein Jahr. In dieser Zeit begann auch Wolfgang eine Therapie und konnte sich aus seiner Beziehung lösen. Ein Jahr brauchte er, um sagen zu können, jetzt bin ich innerlich bereit und frei, eine neue Beziehung einzugehen. Heute leben wir zusammen. Wir haben so etwas wie

eine »richtige« Familie, obwohl beide Töchter ihre eigenen Wege gehen. Mir zeigt das, daß es richtig war, trotz der starken Gefühle für Wolfgang, keine faulen Kompromisse zu machen. Und daß man keinen Mann nehmen muß, der nicht zu einem paßt, nur weil man denkt, man trifft keinen besseren.

Wenn der alte Partner gegangen ist

Zwar beenden heute zwei Drittel der Frauen eine Beziehung, doch kommt es auch immer wieder vor, daß sich ein langjähriger Partner Knall auf Fall verabschiedet, aussteigt und eine Frau mit Kindern zurückläßt. Das ist für die Betroffene meist ein Schock. Ihr schlimmster Alptraum ist Realität geworden. Von einem Tag auf den anderen ist der Mensch, mit dem sie vielleicht ihr halbes Leben geteilt hat, fort. Der passive Partner spürt den Schmerz am meisten, ist er doch überrumpelt worden und konnte sich nicht auf die neue Situation vorbereiten. Und er fragt sich, wie das passieren konnte. Die Verlassene grübelt und grübelt, um zu begreifen, was da abgelaufen ist, was in ihrem Expartner vor sich gegangen ist. Sie leidet, denn häufig hat der Gegangene verbrannte Erde hinterlassen. Besonders schwer ist es, wenn die Frau weder berufstätig ist noch Erspartes hat, was ihr eine Weile über die Runden hilft. Es kann also in jeder Hinsicht ein Hineingestoßenwerden ins kalte Wasser bedeuten.

Haben wir eine Beziehung dadurch verloren, daß wir verlassen wurden, hilft es nichts, sich kopfüber und blindwütig auf den Heiratsmarkt zu werfen. Bisweilen denken Frauen, jetzt oder nie. Ich habe keine Lust, hier am Boden zerstört zu liegen, ich suche mir jetzt den Mann meines Lebens. Sie wollen ihrem alten Mann und sich beweisen, wie attraktiv sie sind. Seien Sie sicher, das geht immer schief.

So unangenehm das klingt, wenn Sie irgendwann wieder frei sein wollen für eine neue Beziehung, müssen Sie wohl oder übel die alte Beziehung innerlich verarbeiten. Dazu gehört, daß Sie zuerst verschiedene Trauerphasen, die jeder durchmacht, der einen Verlust zu beklagen hat, hinter sich bringen. Wichtig ist, daß Sie nicht verdrängen. Es holt Sie doch wieder ein. Zunächst wird die Situation turbulent sein. Verschiedene Gefühle wechseln sich ab. Heute so, morgen so.

- Die erste Reaktion ist Schock.
- Dann kommen Gedanken wie: Das darf doch nicht wahr sein. Er wird das rückgängig machen. Die Trauernde verharrt in Ungläubigkeit, will den Verlust nicht wahrhaben.
- Irgendwann beginnt man, sich zu schämen. Man ist verlegen, daß einem das passiert ist, und zieht sich von seiner Umwelt zurück.
- Haben sich die Gedanken ein wenig geordnet, kommt die Wut. Das ist schon ein Zeichen der Gesundung.
- Vielleicht machen Sie dem Partner noch ein paar illusorische Angebote, wie man die Beziehung doch noch retten kann.
- Wenn der Partner bei seinem Rückzug bleibt, entsteht Deprimiertheit, man fühlt sich noch mal mutlos und niedergeschlagen. Manche Menschen rutschen in eine echte Depression.
- Nach Ablauf dieser verschiedenen Gefühlsphasen, deren Reihenfolge auch anders sein kann, kommt die Gewißheit, daß er gegangen ist. Wenn wir das Ende akzeptieren, versetzen wir uns damit in die Lage, einen Schlußstrich zu ziehen. Jetzt können wir trauern, den Tränen freien Lauf lassen, sagen: Ich kann es nicht ändern, er ist fort und kommt nicht zurück. Ich muß es akzeptieren. Jetzt können wir mit der Beziehung abschließen. Es behindert uns nicht weiter darin, unser eigenes Leben zu leben.

Die Trauer tut zwar einerseits weh, ist aber andererseits Erleichterung. Zu weinen bedeutet auch, nicht mehr in Depression erstarrt sein, wieder beweglich zu werden und aus der passiven Rolle herauszutreten. Jetzt kann die Verlassene loslassen. Loslassen heißt, dazu zu stehen, daß diese Beziehung beendet ist. Das äußert sich darin, daß wir Freunde, Bekannte, Verwandte, Kollegen davon in Kenntnis setzen. Und auch, daß wir dem Expartner gegenüber klar vertreten, daß unsere eigene Entscheidung so weit gereift ist, daß wir zu der Situation stehen.

Das vor sich selbst eingestandene Ende bedeutet, daß man keine Phantasien mehr davon hat, ob und wie man sich noch mal versöhnen könnte. Es heißt, daß wir nicht mehr auf eine Rückkehr des Ex hoffen. Daß wir unsere Gedanken in unsere eigene Zukunft richten und nicht mehr daran herumdenken, was wäre wenn …

Es bringt Ihnen auch nichts, wenn Sie grübeln, wie konnte er das tun? Wieso kann er jahrelang behaupten mich zu lieben, und plötzlich gilt alles nichts mehr? Wie kann er mich und unsere Gefühle so mit Füßen treten? Es geht darum, daß Ihre Gedanken wieder Ihnen selbst gelten. Schützen Sie sich. Denken Sie nur an sich. Stecken Sie keine Energie darein, die Psyche Ihres Partners zu deuten und zu verstehen. Es geht darum, Ihre eigenen Reaktionen, Ihr eigenes Verhalten zu verstehen. Für das Verhalten Ihres Partners können Sie nichts. Sie können auch nicht seine Probleme lösen. Sie sind nur für sich verantwortlich. Dafür, daß auch Sie einen Schlußstrich ziehen können. Und tun Sie vor allem eines nicht: Geben Sie sich nicht selbst die Schuld. Sagen Sie nicht, hätte ich mich da und da anders verhalten, wäre er geblieben. Das stimmt nicht. Daß er gegangen ist, statt sich mit Ihnen auseinanderzusetzen, ist sein Problem. Darauf haben Sie keinen Einfluß. Sie können ihn nicht ändern.

Es ist gut und berechtigt, wenn Sie jetzt richtig wütend werden und auch Tränen fließen. Machen Sie sich deutlich, wie verletzt Sie sind. Es ist wichtig, sich über den eigenen Zorn klarzuwerden. Wenn Sie Ihre Wut unterdrücken, behindern

Sie Ihren Selbstheilungsprozeß. Nehmen Sie Ihre Verletzung wahr. Und weinen Sie, wenn Ihnen danach zumute ist. Falls Sie Angst bekommen, sagen Sie, ja, es ist auch beängstigend. Bei der Wahrnehmung Ihrer echten Gefühle kann Ihnen Aufschreiben helfen. Schreiben Sie auf, wo auch Ihnen die Beziehung nicht gut tat und wo Sie immer nur geschluckt und hingenommen haben.

Ihnen fallen bestimmt mit der Zeit eine Reihe von Dingen ein, die auch Ihnen an der Beziehung nicht gefallen haben. Schreiben Sie Ihre Bedürfnisse auf, die Ihr Partner ignoriert hat. Schreiben Sie Ihre Bemühungen und Ihre positiven Seiten auf, die Ihr Partner nicht zu schätzen wußte. Machen Sie sich klar, daß er nicht der tolle Typ war, zu dem Sie ihn gemacht haben. Sie haben seine Fehler auch gesehen, Sie haben sie nur immer ausgeblendet.

Sorgen Sie dafür, daß alles, was Sie an ihn erinnert, verschwindet. Räumen Sie äußerlich und innerlich auf. Es hilft, sich von vielen Dingen zu trennen, die eng mit der Beziehung verknüpft waren und immer wieder Erinnerungen wecken. Nicht alles muß gleich in den Müll. Vielleicht haben Sie einen Speicher oder Keller, wo Sie die Sachen lagern können. Es geht erst mal darum, daß Sie nicht dauernd drüber stolpern und Ihnen dann sofort Ihr Expartner einfällt.

Schreiben Sie einen langen und ausführlichen Abschiedsbrief. Schreiben Sie alles hinein, was Sie ihm schon immer sagen wollten. Egal, ob er es hören wollte oder nicht. Sie schicken den Brief nicht ab, Sie schreiben ihn nur für sich. Begraben Sie in diesem Brief die Beziehung. Nehmen Sie wirklich Abschied.

Und machen Sie sich schließlich klar, daß Ihr Selbstwertgefühl nicht von dieser Beziehung abhängt. Beginnen Sie, an Ihrem eigenen Selbstbewußtsein zu arbeiten. Kümmern Sie sich um Ihre eigenen Probleme. Denken Sie zuerst an sich. Fragen Sie sich: Was ist los mit mir, daß ich mich auf eine so unzuverlässige, wackelige Partnerschaft eingelassen und so lange daran geklebt habe. Finden Sie Ihre eigenen Anteile heraus. Nur wenn Sie sich über Ihre eigenen Defizite Klarheit verschaffen, können Sie innerlich wachsen. Wenn Sie durch die Krise gereifter sind, werden Sie die alten Fehler nicht wiederholen.

Falls Sie merken, daß Sie in einer der oben beschriebenen Phasen steckenbleiben, zögern Sie nicht, sich professionelle Hilfe zu holen. Warten Sie nicht zu lange damit, es ist Ihre Lebenszeit, die glücklicher werden soll.

Jutta (41): »Ich habe die ganz große Liebe gesucht«

Emanzen fand ich immer schrecklich. Unweiblich, keifend, missionierend. Ich bin zwar emanzipiert, und es wird mir oft gesagt, ich sei eine Powerfrau, aber ich habe da nie eine Ideologie draus gemacht. Frauenbewegt war ich nie. Dennoch bezeichne ich mich durchaus als erfolgreiche selbstbewußte Karrierefrau. Karriere zu machen war ein Lebensziel von mir. Ich habe von jungen Jahren an hart dafür gearbeitet und leite heute in einem großen Verlag das Sachbuchlektorat. Mein Beweggrund: Ich wollte unabhängig sein. Auch von Männern. Ich habe immer großen Wert darauf gelegt, eigenständig und von keinem abhängig zu sein. Das hatte nichts mit der Frauenbewegung zu tun, sondern mit meinem Elternhaus, mit meiner Erfahrung als Kind. Meine Mutter war von meinem Vater total abhängig, nicht nur finanziell, sondern auch emotional. Das habe ich als furchtbar erlebt. Meine Mutter hat sehr darunter gelitten. Ich habe das früh beobachtet und wollte das nie selbst erleben. Die Beziehung meiner Eltern war sehr kompliziert. Mein Vater war ein erfolgloser Lebemann, ein Blender. Er sah umwerfend aus, brachte es aber zu nichts im Leben. Außerdem war er Alkoholiker. Er machte, was er wollte. Meine Mutter hat er regelrecht mißachtet. Daran liegt es wohl auch, daß ich nie geheiratet habe. Ich habe bis heute nicht den Wunsch. Ein Ehemann gehört nicht zu meinem Lebensziel.

Die Frage nach dem Kinderwunsch konnte ich sehr früh mit einem klaren Nein beantworten. Die Begründung liegt auch da im Elternhaus. Meine Mutter hat mit über 40 noch zwei Nachkömmlinge kurz hintereinander bekommen. Ich war 14, als das zweite Kind kam, ein Mädchen, und 15, als mein Bruder kam. Und da meine Mutter immer arbeiten gehen mußte – sie kellnerte in einem Lokal, weil wir sonst überhaupt nicht über die Runden gekommen wären –, mußte ich praktisch die Betreuung dieser beiden Kinder übernehmen. Bevor ich richtig erwachsen war, habe ich schon zwei Kinder großgezogen. Ich wußte also, was es bedeutet, zwei kleine Kinder zu versorgen. Nebenher ging ich zur Schule. Als ich Abitur machte, hatte ich ein vier Jahre altes Mädchen und einen dreijährigen Jungen an der Hacke. So habe ich später nie den Wunsch entwickelt, selbst ein Kind zu bekommen. Ich hatte nie diese romantischen Vorstellungen davon, wie schön es ist, Kinder zu haben. Ich wußte ja, was da auf mich zugekommen wäre.

Ich studierte nach dem Abitur – trotz der Kinder – Germanistik und schloß mein Studium in der Regelstudienzeit ab. Ich war sehr ehrgeizig, weil ich beseelt davon war, meinem Milieu zu entkommen. Ich habe meine Karriere bewußt geplant und habe mein Ziel erreicht.

Ich brauchte, weil ich selbst erfolgreich war, nie einen Versorger. Dennoch hatte ich immer langjährige Männerbeziehungen. Ich habe Männer nie für One-Night-Stands benutzt. Ich hatte immer große Sehnsucht nach enger Beziehung und ausschließlicher Zweisamkeit. Ich hatte vier langjährige große Lieben. Heute frage ich mich oft, was ich bei diesen Männern gesucht habe.

Ich bin jeweils von einer ganz großen Liebe zur nächsten gewandert. Ich habe nie zwischendurch allein gelebt und hatte auch nie kurzfristige Beziehungen dazwischen. Wenn ich mit meinen großen Lieben zusammen war, hatte das etwas Absolutes. An meinem Absolutheitsanspruch ist schließlich jede Beziehung gescheitert. Dem waren alle Männer nicht gewachsen. Mein Absolutheitsanspruch bezog sich auf bedingungslose Treue, der Mann sollte mit Haut und Haaren mir gehören, freiwillig, ich wollte den Mann ganz, mit seinen ganzen Gefühlen. Aber nicht nur das, ich wollte ihn auch als Partner ganz. Ich hatte den Anspruch, mit dieser ganz großen Liebe immer alles gemeinsam machen zu wollen. Ich wollte, daß der Mann den gleichen Spaß wie ich am Reisen hat, die gleichen Länder bevorzugt wie ich, die gleichen Interessen hat, am liebsten noch das gleiche Essen mag und den gleichen Film gerne sieht wie ich. Ich hatte den Anspruch, mit ihm alles zu teilen bis dahin, daß, wenn der Mann ein Buch lesen wollte, ich forderte, daß wir es dann beide lesen, und zwar nebeneinander im Bett. Ich wollte immer die großen Gefühle, das ganz große Kino sozusagen.

Heute, nachdem ich eine Therapie angefangen habe, weiß ich, daß ich nicht diese Männer geliebt habe, sondern das Bild, das ich mir von ihnen gemacht habe. Das, was ich in sie hineininterpretiert habe. Ich habe Phantasiegestalten geliebt, die ich idealisiert habe. Ich hatte in alle Männer sehr viel hineinprojiziert, und so existierten sie gar nicht. Die Beziehungen sind – aber immer erst nach Jahren – an meinen Ansprüchen gescheitert. Ich habe mir jeweils lange etwas vorgemacht. Wenn etwas so, wie ich es wollte, nicht funktioniert hat, habe ich es vor mir selbst entschuldigt und schöngeredet.

Mein letzter Freund hat beispielsweise gleich mit offenen Karten gespielt. Er hat mir von Anfang an offen gesagt, er sei nicht beziehungsfähig. Er könne meinen Absolutheitsanspruch nicht erfüllen. Er sei jemand, der ganz gerne mit sich alleine sei, ganz gerne auch Dinge alleine tue. Daß es ihm gefällt, allein in seiner Wohnung ein Buch zu lesen. Und er müsse nicht das Gefühl haben, daß ich dabeisitze und auch ein Buch lese. Ich habe ihn trotzdem idealisiert. Und das, was nicht in mein Schema paßte, habe ich einfach ausgeblendet. Ich wollte es nicht wahrhaben, und ich wollte den Mann trotzdem. Ich habe entweder versucht, mir die Realität so hinzudrehen, daß ich mir seine Reaktionen erklären und interpretieren konnte, oder ich habe es verdrängt und weggeblendet. Ich habe beispielsweise gedacht, ach, der verhält sich jetzt so, weil er Angst vor großer Nähe hat, aber in Wirklichkeit sehnt er sich danach. Oder, er sagt mir zwar, er möchte gerne alleine sein, aber in Wirklichkeit hält er es ohne mich nicht eine Stunde aus.

Eine dritte Möglichkeit war, wenn es überhaupt nicht hinhaute, daß ich meine Wünsche zurückgestellt habe. Ich habe dann verzichtet. Wenn ich unbedingt gemeinsam einen Urlaub in den Tropen verbringen wollte, und mein Partner signalisierte keine Lust, habe ich, statt alleine oder mit einer Freundin zu fahren, verzichtet. Wenn ich gemeinsam ins Kino wollte, und mein Partner wollte lieber vorm Fernseher hocken, habe ich mich zu ihm vor den Fernseher gesetzt, statt zu sagen, okay, dann gehe ich allein und sehe mir den Kinofilm an. Ich hätte keine Lust gehabt, allein etwas zu unternehmen. Alles sollte gefälligst mit meinem jeweiligen Partner sein.

Ich war mir der Gefühle meiner Partner immer sehr sicher. Ich war mir in allen Beziehungen sicher, als tolle Frau gesehen zu werden. Ich habe mir immer Männer gesucht, die mir das widergespiegelt haben. Die mich auf einen Sockel gehoben haben. Sie mußten mich vergöttern und anbeten, und das haben sie alle eine Weile lang getan. Mein Bild von mir war zum einen die erfolgreiche Superkarrierefrau, aber auch die Verständnisvolle, die Anschmiegsame, die Unbürgerliche, die tut, was sie will. So eine Mischung aus kapriziöser Femme fatale, die sich Sonntag morgens statt den Braten in den Herd zu schieben im Bett räkelt und Champagner trinkt, und aus Kumpel. Meine Männer hat immer an mir fasziniert, daß in meinem Leben keine spießig-bürgerliche Ordnung herrschte.

Seit meiner letzten Trennung – der Mann hat mich verlassen, weil er sich von mir total eingeengt fühlte – hat sich bei mir eine Menge geändert. Monatelang habe ich gedacht, ich sterbe. Bei mir war es nämlich immer noch ganz große Liebe.

Das war auch der Beweggrund, warum ich meine Therapie angefangen habe.
Und da bin ich auf ein merkwürdiges Muster in meinen Beziehungen gestoßen, wo ich mich gefragt habe, was will es mir sagen? Ich habe meine erste große Liebe, mit der ich acht Jahre zusammen war und die eine erfreuliche helle Beziehung war, verlassen für eine dunkle Beziehung. Obwohl ich mir damals wieder die große Liebe vorgegaukelt habe, gestehe ich mir heute ein, daß ich Gold gegen Pech eingetauscht habe. Das habe ich später noch ein zweites Mal getan. Ich hatte nach dieser dunklen Beziehung wieder eine helle. Auch ihn habe ich für eine weitere dunkle Beziehung verlassen. In meiner Therapie bin ich drauf gekommen.
Das Helle an den hellen Beziehungen war, daß ich mich in diesen Partnerschaften geliebt, geborgen, geschützt gefühlt habe. Diese Männer waren loyal, treu, umsorgend und unendlich liebevoll. Sie trugen mich auf Händen. Trotzdem habe ich sie verlassen. Die Männer meiner dunklen Beziehungen sahen zwar gut aus, waren aber beziehungsunfähig, langweilig, sie tranken, überschätzten sich total, sie standen nicht zu mir, steckten voller Minderwertigkeitskomplexe, waren verstört und dumm. Und sie haben mich verlassen. Jeweils auf gemeine Art und Weise.
Ich hätte meine dunklen Beziehungen sehr schnell wieder verlassen müssen, weil ich spürte, daß sie mir nicht guttaten. Ich kam bald dahinter, daß er nicht der ist, den ich mir in meiner Phantasie aufgebaut habe. Das wollte ich aber nicht wahrhaben. Ich spielte wieder große Liebe und habe diese Männer jahrelang getragen und schöngeredet. Ich erkläre mir das so: Ich habe mich in meinen hellen Beziehungen überwiegend wohl gefühlt. Plötzlich begegnete mir jemand mit Ecken und Kanten, jemand Kompliziertes, Schwieriges. Und der begehrt dich. Das war ein Reiz für mich. Heute weiß ich, daß auch dieses Muster mit meiner Kindheitsgeschichte zu tun hat. Die dunklen Männer hatten sehr viel von meinem Vater,

der gut aussah, immer einen Schlag bei Frauen hatte, leichtlebig, verantwortungslos und undiszipliniert war und mich als Kind überhaupt nicht beachtet hat. Ich bin im Grunde immer der Liebe meines Vaters hinterhergelaufen. Unbewußt fremdbestimmt durch meinen Vater haben mich die dunklen Beziehungen angezogen wie Motten das Licht. Ich habe dieses Verhalten ständig wiederholt.

Auch meine Therapeutin habe ich gefragt, wieso ich zwei phantastische Männer für dunkle Gestalten, für bindungsunfähige Blender eintausche, und sie hat mir bestätigt, die Blender verkörpern meinen Vater. Den Vater, der mich nie geliebt hat, Alkoholiker war, von sich überzeugt, charmant, viel Wert auf den äußeren Schein gelegt hat. Die dunklen Männer haben alte Kindheitswünsche ausgelöst. Und was konnte es Schöneres und Größeres geben, als von solchen Männern beachtet und angehimmelt zu werden. Ich hatte bei diesen Männern auch immer Angst. Wie bei meinem Vater. Ich habe also ein altbekanntes Kindheitsschema wiederholt. Die hellen Männer dagegen haben meine Bedürfnisse wirklich erfüllt. Sie gaben mir die ersehnte Sicherheit, die Geborgenheit. Aber die konnte ich nicht annehmen, weil mein Vater noch in mir herumspukte. Sie waren auf Dauer uninteressant. Sie entsprachen nicht dem Muster, das tief in mir steckte, das ich gewohnt war.

Heute brauche ich keinen Blender mehr. Ich habe auch diesen Absolutheitsanspruch nicht mehr. Irgendwann fragte mich eine Freundin: »Wer sagt denn, daß man alles nur mit einem Menschen machen muß? Es macht doch genausoviel Spaß, mit einer Freundin etwas zu unternehmen. Ein einziger Partner kann gar nicht alle Bedürfnisse abdecken. Und er muß es auch gar nicht. Du solltest akzeptieren, daß dein Partner nicht alles genauso gerne tut wie du.« Das fiel zu dem Zeitpunkt bei mir auf fruchtbaren Boden. Es fiel der Groschen bei mir: Wenn ich nun Lust auf einen Hamburger bei McDonald's habe, kann ich mir den Wunsch erfüllen, ohne daß mein Partner auch gleichzeitig einen Hamburger von McDonald's essen möchte. Wenn ich jetzt Roller Blades fahren möchte, kann ich das auch allein. Plötzlich fiel es mir wie Schuppen von den Augen.

Ich bin zur Zeit in einem Stadium, in dem ich lerne, was ich nie konnte und auch nie mußte, nämlich mit mir allein zu sein. Zum erstenmal in meinem Leben wohne ich alleine. Früher bin ich von einer Beziehung in die nächste geschlittert. Nahtlos. In der Therapie lerne ich, die alten Mechanismen zu erkennen und zu begreifen, daß man auch alleine ganz gut leben kann. Daß man auch mit sich allein sein kann, daß man Wärme, Geborgenheit, sich gut fühlen nicht immer von außen einfordern muß. Ich weiß heute, daß jeder Mensch und jeder Mann mit meinem Anspruch völlig überfordert war. Mir Vater, Freund, Geliebter, Begleiter, Versorger und Vertrauter sein, ist absolut unrealistisch.

Ich möchte momentan in mir selbst Frieden finden und ihn nicht mehr außen suchen. Ich möchte Ruhe und Zufriedenheit von mir bekommen. Wenn ich mir einen Traumpartner backen könnte, dann möchte ich einen Menschen, der wie ich unabhängig ist, reif, erwachsen, selbstbewußt. Er soll seine eigenen Interessen haben und verfolgen. So wie ich das in Zukunft auch tun werde. Und zwar unabhängig von einem Partner. Gemeinsam oder allein. Und ich hätte – was bei mir als Fortschritt zu sehen ist, weil es bedeutet, daß ich mich fallenlassen kann – zum erstenmal in meinem Leben nichts dagegen, versorgt zu werden. Denn ich finde es jetzt mit 41 total anstrengend, ständig die Karrierefrau geben zu müssen. Ich konnte mich noch nie fallenlassen. In meiner Kindheit mußte ich immer viel mehr geben, als ich bekommen habe. Ich hatte immer Probleme, etwas anzunehmen. Es fiel mir immer leichter, etwas zu schenken als ein Geschenk zu bekommen. Deshalb wäre es für mich nie in Frage gekommen, daß mich irgend jemand versorgt. Ein Mann schon überhaupt nicht. Das war für mich in all den Jahren komplett absurd, ich hätte

es nicht annehmen können. Heute bin ich so weit zu sagen, warum eigentlich nicht?
Im Moment habe ich allerdings das Gefühl, ich muß erst mal weiter zu mir finden. Ich habe zum erstenmal angefangen, ohne daß ich die große Liebe aufbauen will, Beziehungen zu Männern zu haben, die unverbindlich sind. Ohne diesen Absolutheitsanspruch. Ich kann heute, ohne daß ich wieder ein Zukunftsprojet aufbaue, mit einem Mann zwei Wochen in Urlaub fahren, mich erholen und mit ihm schlafen, ohne daß ich ihn ganz besitzen will.
Und wenn ich mit einem Freund ein Wochenende verbracht habe, bin ich auch froh, wenn er am Sonntag wieder nach Hause fährt. Weil ich dann den Sonntagabend wieder für mich allein habe, was ich heute schätzen kann. Ich muß nicht mehr klammern, und das macht mich innerlich frei. Das ist ein schönes Gefühl.
Natürlich habe ich manchmal Einbrüche. Dann denke ich, Mist, ich bin allein zu Hause, ich habe nichts vor, ich treffe keinen, oder keiner nimmt mich in den Arm. Die Haustür, die ich abgeschlossen habe, wird von niemandem mehr geöffnet, und wenn ich morgen früh aufwache, bin ich allein. Es läuft ja keine Entwicklung ganz glatt und ohne Rückschläge. Es gibt Momente, da fliegt es mich noch an. Ich kann aber genausogut inzwischen in Ruhe auf meinem Sofa sitzen, Tee trinken und es genießen, mit mir allein zu sein.
Mein Männerbild ist leider sehr negativ. Ich denke, die meisten Männer sind emotional extrem unterentwickelt. Ich habe nur Männer erlebt, die ängstlich, unreif, emotional flachbrüstig, Drückeberger, ungerade, verbogen und verstört sind. Für mich kommen Männer noch aus dem Busch. Die können ein bißchen »Ugga Ugga« machen, oder sie sind so durchtherapiert, daß es schon wieder auf eine andere Weise eklig ist. Männer, die trommeln und den Urschrei ausstoßen, sind auch nicht mein Fall. Genausowenig wie Weicheier. Dennoch gebe ich die Hoffnung nicht auf, daß mir noch mal

jemand begegnet, mit dem ich eine gute Partnerschaft haben könnte. Aber ich sage heute, wenn es nicht der Fall ist, ist es eben nicht der Fall. Die große Liebe habe ich mehr als genug erlebt. Diese Gefühle habe ich gehabt. Ich kann mir im Moment nicht vorstellen, daß da noch mal die große Liebe nachkommt, weil ich ja kritischer hingucke und mich von meinen Illusionen freigemacht habe.
Ich habe nach dem Ende meiner letzten Beziehung sehr aktiv einen neuen Mann gesucht, um die Beziehung zu vergessen. Ich habe eine Annonce aufgegeben, habe Veranstaltungen besucht, wo man Männer trifft. Das war eine Phase. Durch diese Aktivitäten habe ich eine schwere Zeit überbrückt und mich abgelenkt. Ich habe dabei neue Erkenntnisse über Männer gewonnen. Nämlich, daß Männer überhaupt nicht allein sein können. Die meisten, die mir begegnet sind, kamen gerade frisch aus einer Beziehung. Die wollten ganz schnell in die nächste. Die wollten die vorherige überhaupt nicht bearbeiten. Die wollten am liebsten das, was sie vorher hatten, ganz schnell mit einer Neuen weiterleben. Die waren zum Teil extrem verstört. Ich habe auf meine Annonce in der »Zeit« immerhin 62 Zeitschriften bekommen. Und ich bin zu dem Schluß gekommen, dieses aktive Suchen bringt mir überhaupt nichts. Entweder, es begegnet mir noch jemand. Der läuft mir dann irgendwie über den Weg. Oder es begegnet mir keiner mehr, dann ist es auch okay. Ich bin jedenfalls nicht mehr gewillt, faule Kompromisse zu machen. Entweder ich treffe genau den, der meinen Vorstellungen entspricht, ohne Wenn und Aber. Wenn der Mann meine Kriterien nicht erfüllt, sage ich heute, tut mir leid, aber Abstriche mache ich nicht mehr.

Aufbau der eigenen Identität

Die beste Voraussetzung, auf Partnersuche zu gehen, ist die Fähigkeit, autark leben zu können. Das heißt nichts anderes, als auch ohne eine Partnerschaft ein zufriedenes Leben führen zu können. Dazu gehören ein intakter Freundeskreis, Engagement für eine berufliche Entwicklung, ein gesundes Selbstbewußtsein. Damit ist der Grundstein der Unabhängigkeit gelegt, der für jede neue Partnerschaft wichtig ist.
Wer möchte schon ständig gezwungen sein, für einen anderen Menschen das Lebenselixir zu sein, ohne das der andere nicht leben kann. Kein Mensch möchte von einem anderen aufgesogen oder ausgelaugt werden. Es ist sehr anstrengend, wenn ein Partner wie eine Klette am anderen hängt. Man liest oft über Künstler und deren Ehefrauen, daß sie in 20 Jahren nur drei Nächte ohne einander verbracht haben. Das wird als Beweis für die gut funktionierende enge Partnerschaft angesehen. Die Erfahrung zeigt aber, daß es besser ist, gelegentlich ohne den anderen auskommen zu können. Und daß solch ausschließliche Nähe auch erdrückend sein kann, weil sie die eigene Entfaltung auch behindert.
Es geht um den Aufbau eines starken Ich. Denn nur mit einem starken Ich können wir wirkliche Nähe aufbauen. Ein schwaches Ich ist nur zur Abhängigkeit fähig. Seine eigene Identität aufzubauen und zu entwickeln ist eine lebenslange Aufgabe. Aber sie ist wichtig, damit wir in der Lage sind, in einer Beziehung zufrieden zu werden. Sein Ich zu entwickeln heißt lernen, uns selbst zu mögen, uns zu vergeben, wenn wir

anders reagiert haben, als wir von uns erwartet haben, ein von den Eltern und von früheren Beziehungen unabhängiger Mensch zu werden. Es heißt, Verantwortung für uns und unser Handeln zu übernehmen, uns abzugrenzen und zu entscheiden, was man braucht und worauf man verzichten kann. Es bedeutet auch, unsere Vergangenheit zu verstehen.

Wer noch keine klare Vorstellung von seinem eigenen Wert, von seinen Vorlieben, Bedürfnissen, Wünschen hat, der wird nur auf einen neuen Partner reagieren, aber nicht bewußt wählen. Wer sich vor einer Trennung fürchtet, wird sich vielleicht zu stark anpassen. Wer Angst davor hat, von anderen abgelehnt zu werden, Widerspruch zu erregen oder nein zu sagen, wird sich übermäßig klein machen und darunter leiden. Wer schon ein entwickeltes Gefühl für seine Identität hat, für den ist eine Partnerschaft eine Chance, zu wachsen und zu reifen. Wer sich an einen anderen hängt und erwartet, daß der Partner sein Leben abwechslungsreich macht, das eigene Bedürfnis nach seelischer Unterstützung oder nach Gesellschaft erfüllt, wird früher oder später Schiffbruch erleiden oder zumindest sehr unglücklich und unzufrieden leben. Kein Partner kann es leisten, uns glücklich zu machen.

Natürlich ist niemand je perfekt. Aber wir haben auch das Bedürfnis, uns weiterzuentwickeln, dazuzulernen, uns selbst kennenzulernen. Und heute haben wir eine Menge Möglichkeiten, Selbsterfahrung zu machen und uns dabei helfen zu lassen. Wohin es gehen muß: die Verantwortung dafür zu übernehmen, daß es unsere eigene Aufgabe ist, für uns zu sorgen. Ob es das Bedürfnis nach Abwechslung ist, nach Alleinsein, nach Ruhe, nach Geborgenheit, nach Geselligkeit: In erster Linie bin ich es, die dafür verantwortlich ist, lebendig, neugierig, offen, interessiert und interessant zu sein. Dafür brauche ich nicht nur den Partner, sondern auch ein stabiles, weitgespanntes Netz von Freunden, Bekannten, eine Interessengemeinschaft wie einen Sport- oder Kulturverein. Nicht nur mein Partner ist mein Weggefährte.

Wer zuviel vom Partner erwartet, statt sein Leben selbst in die Hand zu nehmen, behindert nicht nur sich selbst, sondern auch den Lebengefährten. In wie vielen alten Ehen ist es so, daß einer der beiden das Zepter in der Hand hat und den anderen reglementiert, gängelt und kontrolliert bis dahin, wieviel Geld im Portemonnaie er dem anderen zugesteht. Leider gibt es viele Beispiele dafür, wie zwei unreife Menschen in Abhängigkeit aneinander hängen und im Grunde leiden. Aber sie haben zuviel Angst davor, sich loszulassen.
In einer Partnerschaft zweier ichstarker Menschen unterstützen und ermutigen sich die Partner gegenseitig, ihre Ziele anzugehen, sich neugierig Herausforderungen zu stellen, statt sich ängstlich gegenseitig zurückzuzerren. Wenn wir unsere eigene Identität entwickeln, haben wir uns gegenseitig einfach mehr zu bieten und eine größere Chance, die Partnerschaft wach und lebendig zu halten.

Es könnte ja noch ein Besserer kommen

Der Paartherapeut Jürg Willi stellte fest, daß die Gesellschaft sich in Richtung »narzißtischer« Wertvorstellung entwickelt hat.[16] Die Gut-drauf-Gesellschaft mit ihrer Betonung des schönen Scheins macht aus allen Menschen mehr oder weniger große Narzißten. Die Paarbeziehung in der heutigen Gesellschaft hat häufig funktionalen Charakter. Sie hat der Selbstverwirklichung nicht im Wege zu stehen, ihr im besten Fall zu dienen. Nur, solange der Partner unsere Entwicklung fördert, wird er akzeptiert. Bei den meisten Menschen fallen heute die Aspekte Konflikte aushalten und austragen, sich gegenseitig stützen und tragen, sich auf den anderen einstellen aus der Partnerschaft heraus. In der Leistungsgesellschaft wachsen wir alle damit auf, von uns und von anderen perfektes Funktionieren zu erwarten.

Ein kleiner Narziß steckt also in jedem von uns. In manchen Menschen aber auch ein größerer. Deshalb werden Sozialkontakte manchmal so ausgesucht, daß sie den eigenen Wert erhöhen, um letztendlich das eigene Selbstbewußtsein zu steigern. Bei der Partnerwahl spielt es eine große Rolle, ob das Gegenüber »etwas hermacht«. Ob man den Partner vorzeigen kann. Der Partner sollte möglichst viele gesellschaftlich hochbewertete Attribute vorweisen können.

Gerade das weibliche Selbstwertgefühl ist oft sehr abhängig davon, was für ein Bild nach außen ein Partner abgibt. Frauen bekommen in unserer Gesellschaft gesagt, daß es wichtig ist, daß das Telefon klingelt und ein Mann um ein Treffen bittet.

Sie bekommen beigebracht, daß sie einen Begleiter zum Ausgehen brauchen, einen Partner für geselliges Zusammensein und einen Ehemann, der sie aufwertet. Die Frau lernt immer noch, daß Frauen in der Gesellschaft mehr zählen, wenn sie einen Mann an ihrer Seite vorweisen können. Frauen ohne Mann werden bedauert. Auch wenn man das heute nicht mehr so offen ausspricht. Gedacht wird es. Und nur wenige Frauen haben so viel Selbstbewußtsein, daß sie sich darüber hinwegsetzen können.

Diese Vorstellungen wurden in der Familie angelegt und später durch Werbung, Medien und Gesellschaft erhärtet. So haben viele Frauen verinnerlicht, daß sie ohne Mann nichts sind. Wenn dagegen ein Mann an mir Interesse zeigt, bin ich eine begehrenswerte, gesellschaftlich anerkannte Frau. Oft akzeptieren Frauen sogar eine fragwürdige Beziehung, die sie eigentlich unter ihrem Niveau finden, um nicht mannlos zu sein. Manche Frauen sind dem Gefühl, von einem Mann toll gefunden zu werden, so ausgeliefert, daß sie ihren Verstand und ihre innere Stimme ausschalten. Das kann so weit gehen, daß die Selbstachtung über Bord geworfen wird, nur, um die Aufmerksamkeit eines bestimmten Mannes zu halten.

Viele Frauen kennen das: Sie fühlen sich einfach grandios, wenn ein Mann sie begehrt. Das Selbstwertgefühl macht Sprünge. Es tut so gut, wenn sie im Bekanntenkreis von einem Mann berichten kann, der ihr den Hof macht. Nur, wie schrecklich, wenn der Mann plötzlich das Interesse verliert, die Bestätigung ausbleibt, etwas ganz Besonderes für ihn zu sein. Man geht auf dem Zahnfleisch. Hat man sein Selbstwertgefühl doch völlig von der Aufmerksamkeit des Mannes abhängig gemacht.

Eine Frau, auf die das zutrifft, ist anfällig für Verhältnisse mit Männern, die überhaupt nicht zu ihr passen oder auch gar nicht frei sind. Betrachten wir, was passieren kann, wenn ein bindungsunfähiger Mann, dem es reicht, Frauen zu erobern, und deshalb Beziehungen nach kurzer Zeit abbricht, sein

Auge auf solch eine Frau wirft. Ihre Reaktion auf seine stürmischem Annäherungsversuche fällt extremer aus als bei einer selbstsicheren Frau, die in sich ruht und im reinen mit sich ist. Er erzählt ihr, sie sei wunderbar, und sie glaubt ihm, da seine Worte ihr das Gefühl geben, wirklich wunderbar zu sein. Dann gerät er in Panik und flieht, während sie zurückbleibt, ohne in sich Halt zu finden.

In diesem Fall haben narzißtisch geprägte Beweggründe die Oberhand gewonnen über den gesunden Menschenverstand und das sichere Urteilsvermögen. Wer narzißtisch geprägt ist, neigt dazu, sich in äußere Merkmale zu verlieben, statt zu sehen, was für ein Mensch hinter der Fassade steckt. Es gibt zwei grundlegende narzißtische Bindungsprobleme: Einmal die Sorge, ob der gegenwärtige oder zukünftige Partner wirklich erste Wahl ist. Oder werden wir zu viele Kompromisse machen müssen? Dahinter steckt der Traum vom optimalen, ja perfekten Partner. Jede hat sich schon einmal gefragt: »Könnte ich es nicht noch besser treffen? Eigentlich sieht er ja nicht so super aus, verdient auch nicht genug. Und vielleicht läuft mir demnächst einer über den Weg, mit dem ich noch mehr Staat machen kann.« Schließlich soll der Partner widerspiegeln, wie wir selbst uns sehen und wie wir gerne von anderen gesehen werden möchten. Am besten, der Partner wertet uns auf, erhöht unseren Stellenwert in der Gesellschaft und poliert unser Selbstwertgefühl auf.

Es gibt auch Menschen, die sich mit einem Gegenüber einlassen in dem Bewußtsein: Wenn mir etwas Besseres über den Weg läuft, verlasse ich diesen. Die erste Frage, die ich mir stellen muß, lautet in diesem Zusammenhang: Bin ich zu kritisch? Gerade Frauen in der Lebensmitte sind nach einer Reihe von Erfahrungen oft überkritisch. Sie wollen auf keinen Fall alte Erfahrungen wiederholen. Deshalb hängt die Meßlatte, an der ein neuer möglicher Partner gemessen wird, unendlich hoch.

Das zweite narzißtische Bindungsproblem ist die Frage:

Kann ich selbst dem Partner genügen? Bin ich intelligent, hübsch, repräsentativ genug für den anderen? Kurz, bin ich in meinen Augen wertvoll genug, einer kritischen Betrachtung durch einen Partner standzuhalten? Kann ich seinen Erwartungen genügen? Der Narzißt pendelt zwischen zwei extremen Neigungen: Ich bin der Größte / ich bin ein Versager. Dazwischen gibt es nichts. Beide Neigungen sabotieren eine befriedigende Partnerschaft. Beiden Neigungen liegt ein mangelndes Selbstwertgefühl zugrunde. Bei der Partnerwahl achtet der Narzißt darauf, einen Partner zu finden, der seinen Idealvorstellungen entspricht.

Narzißmus hängt immer mit Perfektion zusammen. Während die einen ständig selbst nach Perfektion streben, leiden die anderen permanent unter der Furcht, die eigenen Unvollkommenheiten könnten ans Licht kommen. Die Kehrseite ein und derselben Medaille. Gemeinsam ist beiden, »daß man seinem Bild, beziehungsweise dem Image, das man anderen präsentiert, nähersteht als dem eigenen Wesen ... Diese Menschen sind in der Vergangenheit durch eine lange Kette falscher Botschaften und Signale von ihren echten Werten und Gefühlen derart abgeschnitten worden, daß ihnen nur noch das bleibt, was an der Oberfläche ist.«[17] Sie funktionieren fremdbestimmt nach einem äußeren Bild, dem sie gerne entsprechen möchten. Weil sie ihren Gefühlen nicht trauen und ihre Bedürfnisse nicht wahrnehmen, können Narzißten auch nie ein Gefühl für den eigenen Wert entwickeln. Sie können sich nicht als Persönlichkeit mit Stärken und Schwächen akzeptieren. Deshalb sind sie nicht in der Lage, andere in ihren Eigenschaften und ihrem Wesen zu akzeptieren. »Nobody is perfect« gibt es für sie nicht.

Einem Narzißten kann man es nie recht machen. Er steht Tag und Nacht unter dem Druck, Vollkommenheit anzustreben. Das ständige Überdenken, wie er und seine Partnerin wohl gerade auf andere wirken, macht das Leben an seiner Seite schwierig. Ihr eigenes Image wird ständig gesellschaftlich überprüft, ja mit banger Sorge betrachtet. Denn Sie dürfen nicht weniger attraktiv oder perfekt sein, wenn Sie zu seinem Umfeld gehören wollen.

Ein narzißtisch geprägter Mensch möchte idealisiert und angebetet werden. Bedingungslos und ohne Wenn und Aber. So wie er selbst auch jemanden sucht, den er auf einen Sockel stellen kann, und begeistert ist, was für einen tollen Fang er gemacht hat. Elemente davon stecken in jedem von uns. Natürlich suchen wir alle einen Partner, auf den wir stolz sein können. Eine leise narzißtische Stimme in uns fragt immer: Ist er zu klein, zu dumm, zu schweigsam, zu arm, zu faul, zu wenig gebildet, hat er den falschen Beruf? Vielleicht sind das Stimmen aus der Vergangenheit, von unseren Eltern, die womöglich kein gutes Haar an unseren Freunden ließen und auch uns selbst ständig kritisierten. Diese Stimmen können dazu führen, daß wir das Bedürfnis haben, frei und ungebunden zu leben. Die innere Stimme untersagt es, einen wirklich gut geeigneten Partner zu akzeptieren. So kann es passieren, daß Sie die Möglichkeit einer phantastischen Beziehung ausschlagen aus falschen, oberflächlichen, nicht haltbaren Gründen.

Typisch für die narzißtische Partnerwahl ist: Es wird die hundertprozentige Symbiose angestrebt. Der eine Partner soll im anderen aufgehen, keine eigenen Bedürfnisse haben und nur für den anderen leben. Der Partner, der das mitmacht, erfährt durch den, der idealisiert wird, ebenfalls einen enormen Selbstwertzuwachs. Wird doch das Gefühl bestärkt: Weil ich Glückspilz es geschafft habe, solch einen grandiosen Menschen an mich zu binden. Meistens scheitern aber solche Beziehungen, weil der Partner überfordert und ohne eigenen Freiraum erstickt wird.

Andrea (47): »Ich glaube, den Mann, den ich brauche, gibt es nicht«

Ich war 23 Jahre mit meinem Mann zusammen. Wir haben einen Sohn, der inzwischen die Schule hinter sich hat und eine Lehre macht. Meine Ehe war die Hölle, und ich bin ziemlich mutlos und enttäuscht, was das männliche Geschlecht angeht. Ich habe große Bedenken, ob ich jemals einen Partner finden kann, mit dem ich harmoniere. Ein tiefes Grundmißtrauen ist bei mir da.

Ich hatte immer schon Probleme, jemanden an mich heranzulassen, also ein Näheproblem. Mit diesem Problem bin ich in meine Ehe gegangen. Und ich habe mir den passenden Mann gesucht. Nicht etwa einen, der mir hilft, dieses zu überbrükken, sondern einen, der durch sein Verhalten meine Distanz noch vergrößert hat. Mein Mann ist unzuverlässig und dazu ein notorischer Fremdgänger. Das wollte ich lange Zeit nicht wahrhaben. Ich habe immer nur gedacht, das könne einfach nicht sein. Meine Wahrnehmung wollte das immer ausblenden.

In jungen Jahren – so kann ich mich erinnern – hatte ich große Ansprüche an meine Partner. Sie sollten für alles sorgen. Der Mann war nach meinem Verständnis zuständig dafür, mir ein sicheres Netz zu schaffen. Mein Traummann entsprach dem Klischee der alten Rollenverteilung. Er hatte stark zu sein, sich um mich zu sorgen und zu kümmern, er sollte für meine Zufriedenheit sorgen und dafür, daß ich mich geborgen fühle. Heute denke ich manchmal, vielleicht sollte er der Vater sein, den ich nie hatte. Mein Vater hatte sich immer einen Jungen gewünscht. Und als ich geboren wurde, beschloß er, mich überhaupt nicht wahrzunehmen. Deshalb kann ich mich heute an nichts erinnern, was mit meinem Vater zu tun hat. Er starb, als ich 15 war, und ich war immer Luft für ihn. Ich habe kaum Erinnerungen an ihn, weil er mit mir nie etwas unternommen hat. Das prägt natürlich.

Heute kann ich sagen, meine Ansprüche an einen Partner waren viel zu anspruchsvoll. Ich war treu, lieb und nett. Ich dachte, das reicht. Ich wollte für meinen Mann das Wichtigste sein. Vor meiner Ehe hatte ich einen Freund, der eine Familie hatte. Er lebte getrennt von Frau und Kind. Seine Familie spielte in unsere Beziehung mit hinein. Natürlich kümmerte er sich um sein Kind. Das konnte ich nicht aushalten. Ich habe Schluß gemacht, weil ich ihn nicht teilen konnte. Das Kind war eine ständige unterschwellige Konkurrenz.

Meinen späteren Mann wollte ich auch für mich alleine. Wir waren schon verheiratet, als ich ahnte, daß es andere Frauen neben mir gab. Da ich ihn nie in flagranti erwischt habe, war ich nie ganz sicher. Ich hab mir entweder eingeredet, es sei eine einmalige Sache und käme in Zukunft nicht mehr vor, oder ich habe an meiner Wahrnehmung gezweifelt und gedacht, ich spinne. Dafür hat mein Mann gesorgt. Er war ein Meister im Verunsichern. Nach zehn Jahren habe ich ihn einmal verlassen. Da hat er mich so bekniet, alles abgestritten und mit Engelszungen geredet – das konnte er gut –, daß ich total an mir zweifelte und das Gefühl bekam, ich übertreibe meine Eifersucht maßlos. Es ist gar nicht so, wie ich denke. Ich lebte 23 Jahre in emotionaler Unsicherheit. 23 Jahre hat mein Mann immer wieder erfolgreich gesagt, du siehst das zu eng, das ist alles ganz anders. Und irgendwann habe ich ihm geglaubt. Und schämte mich, daß ich ständig etwas vermutete, was wohl gar nicht stimmte.

In den ersten Jahren habe ich ihm meine Unzufriedenheit manchmal noch mitgeteilt. Ich bekam immer zur Antwort: »Was du schon wieder hast! So ist es gar nicht!« Ein geflügelter Satz von ihm war: »Du meinst das nur. Es stimmt aber nicht.« Oder: »Wenn du kein Problem hast, suchst du eins.« Er hat damit dafür gesorgt, daß ich meiner Wahrnehmung immer weniger getraut habe. Er hat es immer geschafft, daß ich an mir gezweifelt habe und dachte, vielleicht habe ich ja wirklich nicht recht. Er hatte das Talent – übrigens auch bei anderen –, einen überzeugen zu können, daß man mit seiner Meinung schiefliegt. Und in mir hatte er natürlich eine Person, die leicht umgekippt ist.
Inzwischen sind wir getrennt. Nicht ich habe ihn verlassen. Er ist gegangen. So wie der Mann, der sagt, ich gehe mal eben Zigaretten holen, und dann nicht wiederkommt. Bei Nacht und Nebel hat er sich aus dem Staub gemacht. Hat mich mit Kind auf einem Schuldenberg sitzenlassen, und ich bin völlig zusammengebrochen. Ich mußte aus unserem Haus in eine Zweizimmerwohnung umziehen, ich mußte mir eine Stelle suchen – ich verdiene gerade über dem Sozialhilfesatz. Und ich weiß inzwischen, ich habe mir genau den Mann gesucht, der das Gegenteil von dem verkörperte, was ich mir gewünscht habe. Statt zuverlässig unzuverlässig, statt mir Sicherheit zu geben, fühlte ich mich ohne Netz und doppelten Boden.

Ich denke heute, das hat mit meinem Vater zu tun. Für den existierte ich ja nicht. Und so gesehen existierte ich für meinen Mann auch nicht. Ich war zwar physisch anwesend, aber ich zählte nicht. Ich hatte keine Bedeutung. Ich war da und überhaupt nicht wichtig. Heute frage ich mich, wie ich das 23 Jahre lang ausgehalten habe. Anfangs haben wir noch den Alltag miteinander geteilt, indem wir mal zusammen einkaufen gingen. Aber es lief darauf hinaus, daß wir immer weniger gemeinsam taten. Mein Mann ging mehr und mehr eigene

Wege. Zum Schluß haben wir nichts mehr miteinander gemacht. Nicht einmal mehr im Ehebett. Auch ich habe mich natürlich immer mehr zurückgezogen. Innerlich und äußerlich.
Das jähe Ende war ein Schock für mich, obwohl ich so ein Ende immer befürchtet habe. Also hat meine Eingebung, meine Wahrnehmung, wie ich heute weiß, funktioniert. Ich hatte oft Angst vor solch einem Ende und habe gedacht, du spinnst, Andrea, denk doch nicht an so was. Mein Kopf hat immer gesagt: So ist er nicht, das würde er dir nie antun. Mein Gefühl kam immer wieder. Und eines Tages war er weg. Inzwischen lebe ich allein. Ich habe einen gewissen Abstand dazu. Ich habe auch eine Therapie angefangen. Aber ich bin innerlich noch tief erschüttert. Wenn ich heute einen Mann kennenlerne, brennt bei mir schnell ein rotes Lämpchen. Das geht schon los bei einer kleineren Unzuverlässigkeit, wie eine Viertelstunde zu spät kommen, Verabredungen absagen. Ich bin noch sehr verletzbar.
Ich wünsche mir einen neuen Partner. Er sollte absolut zuverlässig sein und das, was er sagt, auch meinen und in die Tat umsetzen. Mein Mann redete ja immer so und handelte anders. Das will ich nie wieder erleben. Ich habe inzwischen auch den einen oder anderen Mann kennengelernt. Aber es kam immer schnell der Punkt, wo ich sagte, nein, das machst du nicht mehr mit. Mein Männerbild insgesamt ist sehr negativ. Obwohl ich mich oft tief einsam fühle und mich nach einem Partner sehne, kommt immer wieder der Gedanke: Männer sind vom Mars, Frauen von der Venus. Ich bin da gespalten. Ich lebe nicht gern allein, obwohl ich es gut kann. Aber die Einsamkeit ist schon sehr schwierig. Ich habe dann immer das Gefühl, es fehlt etwas sehr Wichtiges in meinem Leben. Ich stelle mir eine Partnerschaft als Bereicherung vor. Aber ich bin fast mutlos, einen Mann zu finden, und frage mich auch, ob es ihn überhaupt gibt. Den, mit dem ich zufrieden und glücklich leben kann.

Ich finde meine Ansprüche nicht zu hoch geschraubt. Ich wünsche mir einen Mann, mit dem ich den Alltag teilen kann, mit dem ich mich austauschen kann, der mir nah sein kann und will, der ehrlich ist zu mir. Er sollte kein Spießer sein. Der Mann muß mich nicht ernähren können, er muß nicht nachmittags um fünf Uhr auf der Matte stehen, der kann sein Eigenleben haben. Ich finde es selbstverständlich, daß ein anderer Mensch andere Interessen hat. Und das Materielle finde ich sekundär. Er könnte ruhig Künstler sein und Ebbe in der Kasse haben. Ich suche keinen, der mich versorgt. Und auf Statussymbole kann ich ganz pfeifen. Hauptsache dieses Grundgefühl, daß da jemand ist, der zu mir steht, ist da. Ich will nicht mehr diese emotionale Verunsicherung. Ich möchte mich wohl und geborgen fühlen. Ich frage mich auch, wo ich solch einen Mann kennenlerne. Ich bin überhaupt kein Typ, der über Kontaktanzeigen auf Männersuche gehen würde.
Über eine Annonce einen Mann suchen, hat etwas Beklemmendes für mich. Ich bin ruhig, introvertiert und zurückhaltend. Auf einen Mann zugehen oder gar aktiv einen suchen, wie auch immer, ist meine Sache nicht. Das macht es natürlich schwierig. Man kann sagen, ich habe den Wunsch, die Sehnsucht, einen Partner zu finden. Aber ich würde niemandem hinterherrennen.
Ich bin heute, auch durch meine Therapie, nicht mehr so fremdbestimmt wie früher. Ich weiß mehr, was ich will. Und ich würde heute mit einer Partnerschaft verantwortungsvoller umgehen. Ich glaube, ich würde heute genausoviel einbringen, wie ich erwarte. Früher sollte der Mann meine Defizite gutmachen. Heute kann ich mir vieles selbst geben. Die große Frage für mich ist, ob es den Mann, der zu mir paßt, gibt. Mir wäre an einem wirklich guten Freund gelegen, mit dem ich auch gerne schlafe. Es müßte sexuell durchaus knistern. So kann ich das vielleicht charakterisieren. Die Beziehung müßte verglichen mit anderen eine Sonderstellung ha-

ben. Das wäre mir wichtig. Aber so was hatte ich noch nie. Ich kenne auch keine Frau, die so eine Partnerschaft hat. Ich stelle mir natürlich die Frage, gibt es das mit einem Mann? Oder ist so wenig schon zuviel verlangt? Manchmal resigniere ich.

Die guten Männer stehen oft in der zweiten Reihe

Manche Frauen meinen, sie könnten auf den ersten Blick sehen, ob ein Mann für sie in Frage kommt oder nicht. Sie glauben, der erste Eindruck sei alles. Sie fragen sich sofort, ob sie den Mann küssen könnten, ob sie ihm körperlich nah sein möchten und mit ihm ins Bett gehen würden. Viele Frauen sind äußerlich auf einen bestimmten Typ festgelegt. Und sie lassen dieses äußere Bild nicht los, auch wenn sie mit diesem Typ Mann schon schlechte Erfahrungen gemacht haben.

Dabei sagen 90 Prozent aller glücklichen Paare, daß es zu Anfang der Beziehung überhaupt nicht gefunkt hat. Sie waren nicht vom Donner gerührt, als sie den Partner, mit dem sie inzwischen vielleicht seit zehn Jahren glücklich zusammenleben, zum erstenmal sahen. Keine Liebe auf den ersten Blick.

Eigentlich ist doch klar, daß man einen Menschen erst mal näher kennenlernen muß, um sich ein Urteil über ihn zu bilden. Trotzdem haben viele Frauen ein inneres Bild von einem Mann und eine lange Liste, was »unter keinen Umständen« für sie in Frage kommt. Er darf maximal zwei Jahre älter oder sieben Jahre jünger sein, er darf keinen Bart und keine weißen Socken tragen, er darf nicht im Jogginganzug herumlaufen. Er sollte keine Arnold-Schwarzenegger-Filme mögen, und er darf kein klappriges Auto fahren. Er darf nicht sächseln und keinen Pferdeschwanz haben. Je länger solch eine Liste ist, desto schlechter seine Chancen. Wer von vornherein Männer aufgrund dieser Äußerlichkeiten ausschließt, nimmt sich auch selbst die Chance, einem vielleicht sehr liebenswerten Menschen näherzukommen. Es ist wichtig, auch einen zweiten Blick zu riskieren.

Fragen Sie sich: Respektiert er mich, wie ich bin? Fühle ich mich wohl in seiner Gegenwart? Kann ich mit ihm lachen? Haben wir Spaß an gleichen Dingen? Decken sich unsere Interessen? Das sind tragende Säulen für eine Beziehung. Daß er lieber Currywurst ißt statt Grünkernlinge, damit kann man sich arrangieren. Mit Lieblosigkeit aber nicht. Da hilft auch nicht die perfekte äußere Fassade.

Und so kommt es immer wieder vor, daß man einen Mann schon länger kennt, sich der gewisse Blick, der ihn zum passenden Objekt unserer Begierde macht, aber erst nach ein paar Jahren einstellt. Plötzlich stellen wir fest, Klaus oder Sven oder Kai ist eigentlich der ideale Mann. Und dann fragen wir uns, warum uns das erst jetzt auffällt. Haben wir doch jahrelang gedacht, er ist zwar nett, ein guter Freund, aber für mehr ist er einfach zu langweilig, unauffällig, temperamentlos. Plötzlich entdecken wir, daß seine freundliche, ruhige Art, an Konflikte heranzugehen, seine positive Lebenseinstellung, seine ausgeglichene Art uns guttun. Um das zu bemerken mußten wir ihn aber erst gründlich kennenlernen. Es ist tatsächlich so: Die Männer, die richtig gut zu uns passen, sind oft die Männer für den zweiten Blick.

Was auch häufig passiert, ist, daß wir plötzlich einen Freund als Mann entdecken, der uns im Grunde schon ein Leben lang begleitet hat. Wir kennen ihn sozusagen aus dem Sandkasten, haben mit ihm die Schulbank gedrückt oder gemeinsam studiert. Er hat unsere diversen Freunde, unseren Liebeskummer, die erste Ehe und das erste Kind miterlebt. Er gehörte schon ewig zu unserer Clique. Aber wir haben nie mehr in ihm gesehen als einen guten Kumpel. Plötzlich entdecken wir den möglichen Partner in ihm. Auf einmal sehen wir ihn mit anderen Augen. Es knistert nicht nur ein bißchen, es packt uns richtig. Forscher wissen längst: Wer langsam Feuer fängt, hat gute Chancen auf das große Glück. Menschen, die sich schon seit Jahren in- und auswendig kennen, haben die besten Zukunftsaussichten als Paare. Denn sie machen sich wenig Illusionen voneinander. Sie wissen viel übereinander, haben sich schon in den unterschiedlichsten Lebenssituationen gesehen und erlebt.

Vielleicht sind wir in der ersten Lebenshälfte einem Phantom nachgejagt: dem Traummann in der Figur des strahlenden Prinzen oder Tarzan. In dieses Bild paßte der gute Freund überhaupt nicht. Reifer geworden, lassen wir unsere Illusionen, Vorurteile und unser Schubladendenken vom Märchenprinzen los. Partner, die sich gut kennen, bevor es funkt, erleben weitaus seltener böse Überraschungen als solche, die sich Hals über Kopf in eine Liebe stürzen.

Viele, die jahrelang gutes Aussehen oder umwerfenden Casanova-Charme auf ihrer Prioritätenliste ganz oben hatten, entdecken nach schlechten Erfahrungen, daß es mehr auf die inneren Werte ankommt. Und die zeigen sich nicht unbedingt beim allerersten Hinsehen. Sympathie entwickelt sich mit dem Kennenlernen. Ob wir einem Mann vertrauen können, ob wir ein Gefühl von Geborgenheit und Verständnis füreinander haben, bemerken wir nicht sofort.

Was auch immer wieder passiert: Im Bekanntenkreis trennen sich zwei Paare, die schon länger befreundet sind. Plötzlich treffen sich zwei von ihnen als Singles, und es funkt. Sie tauschen sich über ihr Singledasein aus und merken, wie gut sie über ihre Exbeziehungen reden können. Es treffen sich zwei verletzte Seelen und tun einander gut. Im Laufe der Ehen haben sich die Wertvorstellungen geändert. Was früher ungeheuer wichtig war, hat sich verändert. Und nach jahrelanger Bekanntschaft registriert man, daß der andere Qualitäten hat, auf die man heute großen Wert legt. Damals habe ich vielleicht nur den ungelenken, schlaksigen Typen in ihm gesehen. Jetzt fällt mir auf, wie gut wir uns in Krisenzeiten unterhalten konnten. Da hat er sich sehr einfühlsam gezeigt. Oder man entdeckt, daß er ein sehr humorvoller Mensch ist.

In der Lebensmitte kann man bestimmte Charaktereigenschaften erst richtig schätzen: Treue, Zuverlässigkeit, Optimismus, Reife, Verantwortung, Selbstwert und Respekt, Ernsthaftigkeit und Kommunikationsfähigkeit. Solche Eigenschaften haben wesentlich höhere Bedeutung als in jüngeren Jahren. Und Menschen, die uns früher begeistert haben, erscheinen plötzlich schal und leer.

Die Neuentdeckung eines alten Freundes kann durchaus spannend und sehr beglückend sein, denn Hemmschwellen sind niedriger, Unsicherheiten treten nicht so leicht auf. Die Erwartungshaltung ist realistisch, und das ist gut so.

Glück im zweiten oder dritten Anlauf

Die meisten Menschen über Vierzig haben eine oder mehr Ehen oder längere Partnerschaften hinter sich. Viele entscheiden sich, nicht allein zu bleiben, sondern wagen nach angemessener Zeit einen neuen Anlauf und steuern über kurz oder lang erneut den Ehehafen an. Die Neigung von Frauen (60 Prozent) zur Wiederheirat innerhalb der nächsten fünf Jahre nach ihrer Trennung ist etwas größer als die der Männer (55 Prozent). Eine Studie der Uni Köln fand heraus, daß 80 Prozent aller geschiedenen Männer innerhalb von zehn Monaten eine neue Beziehung eingehen. Bei den Frauen hat nur jede zweite nach 40 Monaten einen neuen Partner. Studien der Uni Frankfurt belegen, daß es Verheirateten seelisch und körperlich bessergeht als Singles. Und noch eins untermauern Untersuchungen: Weitere ernsthafte Partnerschaften werden mit größerer Sorgfalt und mehr Vorsicht ausgewählt. Männer wie Frauen bemühen sich, aus Fehlern zu lernen und sie nicht zu wiederholen. Die meisten, die eine neue Partnerschaft eingehen, sind partnerschaftlicher ausgerichtet, haben erkannt, daß man an einer Beziehung arbeiten, in sie investieren muß, und legen größeren Wert auf menschliche Qualitäten. Man ist bereits partnerschaftlich trainiert, hat Erfahrungen, hat sich Illusionen abgeschminkt und ist generell realistischer, was die Erwartungen an einen neuen Partner angeht. Man hat seine hohen Ansprüche zurückgeschraubt. Oft ist eine Trennung mit persönlichem Wachstum verbunden gewesen, so daß man eine neue Partnerschaft gereift eingeht.

Die größte Schwierigkeit, die eine Zweitehe mit sich bringt, sind bereits vorhandene Kinder. Die Bundesarbeitsgemeinschaft Stieffamilien schätzt die Zahl der »Patchwork-Familien« auf 2,6 Millionen. Mit steigender Tendenz. Demoskopen rechnen damit, daß die Zahl der in solchen Familien geborenen Kinder bald ein Drittel ausmacht. Um den Sprung aus einer Kern- in eine Stieffamilie zu machen, ist es – so wissen Experten – wichtig, sich nichts vorzumachen. Wer so tut, als sei die Stieffamilie die bessere Kernfamilie, hat die Probleme vorprogrammiert. Denn kein Stiefelternteil kann den leiblichen ersetzen. Man tut sich und den neuen Kindern keinen Gefallen, wenn man versucht, den verlassenen Elternteil zu spielen und gar mit ihm zu rivalisieren.
Wichtiger ist, sich Zeit für offene Gespräche zu nehmen mit dem Ziel, eine ganz eigene Beziehung miteinander aufzubauen. Wo das gelingt, erweisen sich Patchwork-Familien als sehr haltbar. Wenn Sie einen Mann mit Kind kennenlernen, machen Sie sich klar: Ein Kind braucht für seine gesunde Entwicklung die tiefe Überzeugung, von Vater und Mutter mehr als alles andere auf der Welt geliebt zu werden. Durch eine Trennung gerät der Glaube, immer auf sie zählen zu können, ins Wanken. Kinder brauchen sehr viel mehr Beweise für die Loyalität ihrer Eltern als Erwachsene. Sie brauchen die Sicherheit: Mein Vater bleibt mein Vater, meine Mutter bleibt meine Mutter. Wenn Sie selbst Kinder haben, können Sie das vielleicht eher nachempfinden. Wenn Ihr neuer Partner Kinder hat, machen Sie sich innerlich klar, daß diese Beziehungen seine wichtigsten sind. Versuchen Sie, sich mit Ihrer Eifersucht und Ihren Rivalitätsgefühlen oder dem Gedanken, ich komme zu kurz, auseinanderzusetzen. Rechnen Sie damit, daß es Macht- und Eifersuchtsspiele geben wird. Rechnen Sie auch damit, daß Sie sich immer wieder mit Ihrem Partner über die Kinder auseinandersetzen und austauschen müssen. Und daß das Zeit und Kraft kostet. Versuchen Sie auf keinen Fall, ihn vor die Wahl zu stellen: sie oder ich. Wenn er

ein guter Vater ist, wählt er die Kinder, und für Sie geht der Schuß nach hinten los.

Deshalb ist es realistisch, sich von Anfang an keine Illusionen zu machen, sondern sich auf die Tatsachen einzustellen. Sie können Kinder nicht ausklammern. Sie müssen sich mit ihnen arrangieren, indem Sie sie akzeptieren und die Tatsache hinnehmen, daß sie die wichtigste Bindung im Leben Ihres neuen Partners sind. Der Prozeß des Aushandelns hört nie auf. Und seien Sie sich im klaren darüber, daß Sie ein fremdes Kind nie so lieben werden wie Ihr eigenes. Viele Stiefeltern versuchen, einem falschen Harmoniebegriff gerecht zu werden, und bringen sich so in eine Situation, der sie nicht gewachsen sein können. Man kann nicht erwarten, ein Stiefkind in jeder Weise zu mögen. Es wird auch Verhaltensmuster haben, die Sie sogar ablehnen. Wenn Sie es mit ein bißchen Humor schaffen, es zu nehmen, wie es ist, haben Sie schon viel erreicht.

Über die Kinder hat Ihr neuer Partner wahrscheinlich bis an den Rest seines Lebens Kontakt mit der leiblichen Mutter. Auch das bringt eine Menge Konfliktstoff. Sie kann nicht einfach der Vergangenheit zugeordnet werden, sie spielt immer – und manchmal mit aller Kraft und absichtlich – in der neuen Familie eine Rolle. Sie läßt sich nicht ignorieren. Oft versuchen Expartner bewußt, von außen mitzuspielen und Einfluß zu nehmen. Ein schweres Unterfangen. Denn einerseits sollten Sie lernen, sich abzugrenzen und diese Grenze auch nach außen deutlich zu machen. Expartner können zuviel Einfluß nehmen und damit zum Killer der neuen Beziehung werden. Andererseits sollten Sie versuchen, dafür Verständnis zu haben, daß es dem alten Elternteil schwerfällt, sein Kind in eine neue Konstellation zu entlassen, auf die er keine oder wenig Zugriffsmöglichkeiten hat. Das tut natürlich weh und verlangt die Fähigkeit loszulassen.

Was immer hilft ist Aufrichtigkeit, Ehrlichkeit. Nicht einem Ideal von heiler Familie hinterherrennen. Das war ja schon in der Ursprungsfamilie nicht von Erfolg gekrönt. Sich eingestehen: Absolute Gerechtigkeit zwischen meinen und seinen Kindern bekomme ich nicht hin. Das ist illusorisch. Eine Faustregel für das gute Gelingen der Konfliktbewältigung in Stieffamilien rät Vera-Maria Langner in ihrem Buch »Die etwas andere Familie«: »Nie etwas überstülpen, was unnatürlich, künstlich oder erzwungen ist. Und Liebe niemals kaufen wollen. Große Kinder loslassen können, als Freund im Angebot bleiben und die Konfliktlösungen dem Elternteil überlassen, der mehr akzeptiert wird.«[18]

Nora (45): »Langsam gebe ich die Hoffnung auf«

Vor 15 Jahren habe ich mich von meinem Mann getrennt. Obwohl ich in der ganzen Zeit aktiv einen neuen Mann gesucht habe, habe ich bis heute keinen festen Partner. Ich habe mich auf Annoncen gemeldet und selbst welche aufgegeben. Die Männer, die ich getroffen habe – in den vielen Jahren waren das wohl an die 50 bis 60 Männer –, waren alle Schrott. Das letzte Erlebnis habe ich gerade hinter mir. Ein Lehrer. Der hatte eine sehr nette Heiratsanzeige aufgegeben. Ich gefiel ihm wohl auch, und so kam es zu einem Treffen. Optisch fand ich ihn ansprechend. Schlank, sportlich, ein nettes Gesicht. Wir gingen in ein Café. Was mich aber sofort gestört hat, war, daß er in den Gesprächen dauernd Härte demonstrierte. Indem er seinen Schülern reichlich Fünfen gebe, damit die spurten. Ich als Hobbypsychologin hatte sofort das Gefühl, daß er versucht, sich Achtung zu verschaffen. Des weiteren hat er dem Ober gesagt, wie schlecht der Kaffee sei. Stimmte gar nicht. Auf der Straße lief ein Mann mit seinem Handy herum und telefonierte. Da machte er ein Affentheater, wie blöd und angeberisch er Handys finde. Ich hatte schon nach der ersten halben Stunde die Nase voll und habe gesagt, so wie er an die Dinge gehe, das sei nicht mein Fall. Und er sei dann in der Beziehung sicherlich auch solch eine Dampfwalze.

Das hat er bestritten, in einer Beziehung sei er nur lieb und auf Harmonie bedacht. Er würde seine Frau verwöhnen. Das konnte schon mal nicht stimmen. Ich hatte ihm nämlich beispielsweise erzählt, daß ich am Samstag keine Zeit habe, weil dann mein Frauentag sei. Da sagte er: »Ach, du Scheiße.« Da fällt bei mir sofort die Klappe. Nur weil Frauen was mit Frauen machen, ist das gleich »Scheiße«. Ich schreie doch auch nicht sofort, wenn ein Mann zum Stammtisch gehen will: »Ach, du Schreck. Typisch Kerle. Saufen, Witze machen ...« Ich lasse ihm seine Männerrunde.

Und dann kam, was ich ganz typisch finde für mich: Der Mann war bereit, mit mir eine Beziehung einzugehen. Er wollte sich wieder mit mir treffen und hatte wohl keine Differenzen empfunden. Und ich dachte, so ein Mist, nun hätte ich, wie schon so oft davor, wieder eine Beziehung haben können. Aber ich kann sie nicht haben, weil mir in dieser einen Stunde am Nachmittag schon so viele Macken bei dem Mann aufgestoßen sind, daß ich mich sofort zurückgezogen habe. Ich sage sehr schnell, so einen will ich nicht, und gebe ihm keine Chance. Und dann frage ich mich, warum? Ich frage mich, laufen denn nur kaputte Männer herum? Oder liegt es an mir, daß ich immer sofort ein Haar in der Suppe finde?

Mit meinem Ehemann war ich fünf Jahre zusammen, wir haben eine Tochter. In meiner Ehe fehlte mir die Liebe und der Respekt von meinem Mann. Vor unserer Ehe hat er sich sehr um mich bemüht. Er hat Purzelbäume geschlagen, um mich zu bekommen. Kaum waren wir verheiratet, habe ich eine andere Person kennengelernt. Die Beziehung wurde Routine, ich war wie ein Gegenstand in der Familie. Mein Mann fing an, sich beruflich sehr zu engagieren – er ist Staatsanwalt –, und ich lief so nebenher. Ich war auch schnell schwanger. Plötzlich hatte ich mich völlig nach meinem Mann zu richten. Daß ich, als unsere Tochter da war, auch mal Freiraum gebraucht hätte, um aufzutanken, fand mein Mann abartig. Das hat er nicht gesehen. Ich hatte zu funktionieren und den Mund zu halten. Da kam ganz schnell bei mir die Idee, daß ich bestimmt einen besseren Mann finden kann.

Rückblickend kann ich heute sagen, daß ich auch in der Ehe hätte drinbleiben können. Ich habe keinen Besseren kennengelernt. Aber damals wollte ich die große wahre Liebe haben. Der Ehealltag gefiel mir nicht. Es genügte mir nicht, daß es lief. Es sah nach außen gut aus. Ich war gesellschaftlich akzeptiert als Frau eines Staatsanwaltes mit Kind. Wir waren nach außen das, was man unter einer glücklichen Familie versteht. Alles ideal. Was mir fehlte, merkte ja keiner: die Achtung und Liebe meines Mannes.

Als ich ihn kennenlernte, studierte er noch. Wir haben viel mehr zusammengehalten, waren auch ebenbürtig, denn ich studierte auch. Irgendwie war mehr Gleichgewicht da. Mein Mann hat mir in der Zeit das Gefühl gegeben, ich sei *die* Frau für ihn und nur mich wolle er haben. Ich fühlte mich als etwas ganz Besonderes. Er hat alles investiert, um mich zu bekommen. Er hat sich sogar gegen seine Mutter durchgesetzt, die mich nicht mochte, was für ihn phänomenal war, denn er ist irgendwo ein Muttersöhnchen geblieben. Und kaum hatte er mich qua Gesetz und unser Kind war da, hat er sich als anderer Mensch entpuppt. Ich gehörte sozusagen zum Inventar. Bei unserer Scheidung sagte meine Schwägerin noch zu mir: »Ich kann es nicht fassen, daß der dich so sang- und klanglos gehen läßt, so wie der hinter dir her war.« Ich wurde in der Ehe immer einsamer und unglücklicher. Und mein Mann entpuppte sich mehr und mehr als zwanghaftes Ekel. Der fing an, meine Tochter und mich zu terrorisieren. Der rastete aus, wenn in der Küche irgendeine Küchenutensilie nicht an ihrem Platz lag oder wenn ich im Auto ein Bonbonpapier übersehen hatte. Einmal stand ein Einkaufskorb auf der Hinterbank, und der fiel in einer Kurve um, da ist er so ausgeflippt, daß er das Auto fast in den Graben gesetzt hätte. So war er erst, seit wir verheiratet waren und unsere Tochter da war.

Als ich meinen Mann verlassen habe, habe ich ein Jahr lang Therapie gemacht. Da ist es mir wie Schuppen von den Augen gefallen: Mein Mann hatte sehr starke Züge meines Vaters. Der hat mir früher auch keine Freiheit gelassen. Ich wurde eingesperrt, hatte zu funktionieren und den Mund zu halten. Ich sollte mich zwar durch nichts bemerkbar machen, sollte aber immer dasein. Bloß nicht rausgehen oder wegfahren.

Das war in meiner Ehe auch das Komische: Du hast die ganze Zeit das Gefühl, der sieht dich nicht, der meint dich nicht, du hast keine Bedeutung, aber du mußt immer anwesend sein. Mein Mann konnte auch nicht ertragen, wenn ich wegfuhr. Er hat mich eingesperrt. Ich hatte zu Hause zu sein und zu bleiben, wenn er kam. Das war das absolute Besitzdenken, wie bei meinem Vater.

Ich habe in all diesen Jahren, in denen ich aktiv auf der Suche bin, keinen Mann kennengelernt, der mich mit meinen Bedürfnissen anerkannt hätte. Immer wurde ich in irgendeiner Weise schließlich doch unter Druck gesetzt. Ich hatte auch Bekanntschaften dazwischen, die durchaus mal ein paar Monate dauerten. Wenn ich aber meinen Interessen nachgehen wollte, meine Bedürfnisse anmeldete, wurde ich irgendwann immer behindert.

Zweimal in diesen Jahren war ich richtig verliebt und dachte, das ist er. Der erste gefiel mir rundum gut und ließ mir auch meine Freiheit. Er ließ mich machen, was ich wollte, und ermutigte mich sogar noch. Er hatte sehr viel Verständnis für mich, ist voll auf mich eingegangen. Der tat mir gut, und ich habe es genossen. Im großen und ganzen kamen wir sehr gut miteinander aus. Er war alleinerziehender Vater eines neun- und eines zwölfjährigen Mädchens. Nachdem wir uns drei Monate getroffen hatten, über beide Ohren verliebt und glücklich waren, und alles prima war, beschlossen wir, mit unseren Kindern einen Urlaub in Bayern zu machen. Wir hatten ein Ferienhaus gemietet.

Der Urlaub war nur schrecklich. Seine beiden Mädchen haben mich von der ersten Minute an gemobbt, und dieser Mann war nicht in der Lage, seinen Kindern Grenzen zu set-

zen. Auch an meiner Tochter wurde kein gutes Haar gelassen. Wir wurden komplett boykottiert, es gab Intrigen, und der Vater ging rückgratlos auf diese Mädchen ein. Egal, wie bösartig sie waren. Die drohten ständig, wenn die zwei nicht abhauen, fahren wir zu Mama. Sie hatten ein paarmal tatsächlich ihre Koffer gepackt. Um zu demonstrieren, daß sie uns in keinster Weise respektierten.
Die merkten wohl, daß ihr Vater mir sehr zugetan war und alles mit mir zusammen machen wollte. Vielleicht hat sie das überfordert. Er hat mich von Anfang an vor seinen Mädchen umarmt und geküßt, vielleicht hat er ihnen da zuviel zugemutet. Frisch Verliebte, die offen turteln, sind ja für Kinder auch harter Tobak. Meine Tochter war da ganz anders. Die freute sich für mich, daß ich endlich wieder einen Freund hatte. Die hat mir den Mann gegönnt und ihn auch gemocht. Meine Tochter hat sich wirklich gut verhalten, aber seine Kinder machten Terror. Trotzdem fing er im Urlaub davon an, daß ich mit zu ihm und seinen Kindern in sein Haus ziehen soll. Er wollte trotz aller Probleme gleich Nägel mit Köpfen machen. Wie Männer so sind. Sich schnell wieder binden. Einen Tag Scheidung, am nächsten wieder Hochzeit.
Als wir aus diesem anstrengenden Urlaub zurückkamen und ich sagte, wir müssen erst mal die Probleme mit deinen Kindern lösen, ehe ich bei dir einziehe, war der Mann tödlich beleidigt und hat Schluß gemacht. Kann man das verstehen? Ich nicht. Ich war wie vom Donner gerührt. Meine Weigerung, sofort bei ihm einzuziehen, war für ihn ein Grund, die Beziehung sang- und klanglos zu beenden. Das war für ihn der »große Vertrauensbruch«. Er sagte: »Du wärst die Frau meines Lebens gewesen.« Und das machte er daran fest, ob ich sofort bei ihm einziehe. Da kannten wir uns gerade vier Monate. Er weigerte sich dann auch noch, mich ohne die Kinder zu treffen. Er sagte, die gehören dazu. In Wirklichkeit konnte er sich nicht von ihnen abgrenzen. Der ließ sich von ihnen unter Druck setzen. Die Kinder hatten ihn voll im Griff. Er

fühlte sich zu mir hingezogen und wurde von seinen Kindern zurückgezerrt. Und das wollte er nicht mit Zeit, sondern mit der Hauruckmethode lösen. Daran ist diese Beziehung zerbrochen.
Eine zweite Beziehung, die sehr schön und eng geworden ist, ging auch nach einem Urlaub in die Brüche. Wir hatten einen Städtetrip nach London gemacht. In den Mann – auch über eine Annonce kennengelernt – hatte ich mich ebenfalls sehr verliebt, wir hatten gleiche Interessen und viel Spaß miteinander. Wir waren drei Monate zusammen, und es sah aus, als ob das eine feste längere Beziehung würde. Als wir nach London flogen, paßte meine Mutter auf meine Tochter auf. An dem Abend, als wir, immer noch heftig verliebt, aus London kamen, besuchten wir ein Konzert. Danach wollte ich nach Hause, um meine Mutter wieder zu entlasten. Er aber wollte, daß wir die Nacht noch zusammen bei ihm verbringen. Ich sagte, das können wir doch nächste Woche wieder tun, ich kann meine Mutter jetzt nicht noch eine Nacht mit meiner Tochter alleine lassen. Außerdem wollte ich auch meine Tochter begrüßen. Er hatte sich aber – obwohl wir ja schon diverse Liebesnächte in London hatten – auf noch eine Liebesnacht versteift. Er war tödlich beleidigt, daß ich nun nach Hause fuhr. Er hat mir aus dieser einen Ablehnung einen Riesenstrick gedreht. Das zeige ihm, daß ich überhaupt nicht sensibel sei, sagte er. Das war ein Grund für ihn, Knall auf Fall Schluß zu machen. Ich fiel wieder aus allen Wolken. Drei Monate hatte er gebalzt, sich um mich bemüht, es war schon von Zukunft die Rede. Und nur, weil ich meine Mutter entlasten und mein Kind wiedersehen wollte, wegen dieser einen einzigen Nacht, hat der die Beziehung beendet. Ich fasse das bis heute nicht.
Ich sehne mich trotz aller Erfahrungen nach einer Beziehung, aber ich treffe immer Männer, die mir nicht gefallen, oder Männer, die ich gerne will, die mich aber unter Druck setzen. Oder eben die, die anfangs den Eindruck machen, endlich ist

es der Richtige, und dann ist es aus irgendeinem unerfindlichen Grunde plötzlich zu Ende. Dann bist du erst mal eine ganze Weile frustriert und entmutigt. Bis du einen neuen Versuch wagst. Vielleicht engt man sich auch dadurch ein, daß man sich jeden Mann gleich unter dem Gesichtspunkt große Liebe, fester Partner ansieht. Das geht in Richtung Märchenprinz, und dann kann natürlich keiner bestehen. Vielleicht sollte ich da lockerer drangehen. Ich gehe mit großen Erwartungen an Männer und frage mich schon beim ersten Treffen: Kann ich mich von dem küssen lassen und mit ihm ins Bett gehen? Also immer schon sehr intime Phantasien.
Der Mann, der mir gefallen würde, müßte optisch ansprechend sein, nette Augen oder eine sympathische Mundpartie haben, geistig ebenbürtig sein, er sollte nicht so viele Altlasten haben, nicht noch mit einem Bein in einer alten Beziehung stecken, und er dürfte nicht gleich klammern. Er müßte locker und mit Zeit auf mich zugehen. Der sollte auch mal sagen können, okay, dieses Wochenende hast du keine Zeit, schade, aber trotzdem viel Vergnügen. Vielleicht sehen wir uns am nächsten Wochenende. Aber ich ziehe immer Männer an, die zwar so tun, als wären sie großzügig und innerlich frei genug. Sie sind es aber dann in der Praxis nicht.
Manchmal frage ich mich, ob ich mich überhaupt richtig von meinem Vater befreit habe. Ich komme immer wieder an den Punkt, an dem ich denke, ich muß meinen Vater endlich sterben lassen. In der Realität ist er tot. Aber er läßt mich nicht los. Ich habe zwar eine Therapie gemacht, aber mein Vater ist immer noch in mir drin. Ich habe meinen überstrengen, herrschsüchtigen Vater tief in mir, und manchmal glaube ich, er quält mich noch heute. Ich habe ihn immer noch nicht losgelassen.

Überstürzte Anfänge

Es gibt immer wieder Frauen und Männer, die sich verlieben, obwohl sie mit dem alten Partner noch zusammenleben. Kommt es zur Trennung, ziehen sie von einer gemeinsamen in die nächste gemeinsame Wohnung. Sie lassen sich keine Zeit, Abstand zu bekommen und wieder zu sich zu finden.
Oder aber man hat sich gerade getrennt, und nur, um nicht allein zu sein – das erscheint unerträglich –, bindet man sich so schnell es geht wieder neu. Wenn das so ist, ist die Wahrscheinlichkeit groß, daß die vergangene Beziehung weiterhin Einfluß ausübt und die neue Beziehung beeinträchtigt. Denn Menschen, die sich nicht die Zeit lassen, Abstand zu einer gescheiterten Beziehung zu bekommen, sind innerlich nicht wirklich frei für eine nächste Partnerschaft.
Oft ist die Entscheidung für einen neuen Partner dann nämlich eine Reaktion gegen den früheren oder Eigenschaften von ihm. Es ist oft der Versuch, in der alten Partnerschaft unbefriedigten Bedürfnissen gerecht zu werden. Lange hat man darunter gelitten, daß der alte diese oder jene Verhaltensweise hatte, die uns gequält und unzufrieden gemacht hat. Eine neue Beziehung wird instrumentalisiert, weil man hofft, Selbstachtung zurückzugewinnen oder sich gegen neue Verlustängste zu schützen. Häufig macht man sich vor, der neue Partner sei ganz anders als der alte, nur weil jetzt Bedürfnisse befriedigt werden, unter deren Nichterfüllung man lange Zeit gelitten hat. Das funktioniert aber nicht. Kei-

ner kann vor seinen Problemen davonlaufen. Ehe ich meine Probleme mit meinem alten Partner nicht gelöst und bearbeitet habe, kann ich nicht wirklich offen für einen neuen sein. Ich sehe ihn dann nicht wirklich, sondern mache ihn zum Objekt.

Ich sollte mich fragen, warum ich mir einen jähzornigen, geizigen, lieblosen, unaufmerksamen, herrschsüchtigen, selbstgerechten oder unzuverlässigen Mann ausgesucht habe. Heute bekommt niemand mehr einen Mann aufgezwungen. Ich selbst habe ihn einst aus gutem Grund gewählt. Diesen Grund sollte ich herausfinden, bevor ich die nächste Beziehung ansteuere. Es stimmt einfach nicht, wenn gesagt wird, er war früher ganz toll und ist in der Beziehung zum »Schwein« mutiert. Er hatte mit Sicherheit immer beide Seiten in sich. Solange mir nicht klar ist, warum ich die Seite, mit der ich heute nicht zurechtkomme, damals ausgeblendet habe, sollte ich nicht glauben, daß beim nächsten Mann alles anders wird. Lernen aus einer gescheiterten Beziehung kann ich nur, wenn ich meinen eigenen Anteil aus einer verfahrenen Situation herausfinde. Und nur das bringt mich weiter.

Was nach einer Kennenlernphase immer wieder festgestellt wird: Mein Liebster ist noch gar nicht von seiner alten Frau abgenabelt. Schuldgefühle, die er noch nicht abgelegt hat, führen dazu, daß er ständig bereit ist, bei ihr aufzukreuzen, wenn sie ihn ruft. Und zwar für die lächerlichsten Kleinigkeiten. Irgend etwas ist kaputt. Da ist der Heimwerker in ihm gefragt. Ständig ihre Stimme auf dem Anrufbeantworter, er soll dies mitbringen und dort nachsehen. Er springt. Auch Verletzungen und Wut können eine alte Verbindung aufrechterhalten. Irgendwie bleibt man geistig oder auch physisch und emotional in Kontakt mit dem früheren Partner, um die Trennung nachträglich zu begreifen. Man hofft, daß dadurch die alten Verletzungen heilen.

Woran kann ich feststellen, ob ich selbst oder mein neuer

Partner noch nicht richtig von einer alten Beziehung abgenabelt sind?

- Wenn jede Begegnung noch immer starke Gefühle weckt. Auch wenn es negative Emotionen und sogar Haßgefühle sind, ist das ein Zeichen, daß die alte Beziehung nicht verarbeitet ist.
- Ein weiteres Anzeichen ist, wenn durch alte Vertrautheit die Verbindung aufrechterhalten wird. Man kennt den anderen so gut, daß man genau weiß, wenn um 12 Uhr mittags das Telefon schellt, kann nur er es sein.
- Eine andere Art, mit einem Bein in der früheren Beziehung zu bleiben, ist, wenn man jeder Aufforderung, die Kinder, den Hund, die Katze zu hüten, die Telefonanlage zu reparieren, das Auto auszuleihen oder nach finanzieller Unterstützung nachgibt.
- Es gibt auch die Verhaltensweise, dem neuen Partner um jeden Preis und unter Aufgabe der eigenen Autonomie gefallen zu wollen. Auch das ist ein Zeichen dafür, daß das Stadium der Individuation versäumt wurde.

Hat man sich noch nicht wieder auf die eigenen Füße gestellt und sich innerlich vom alten Partner freigemacht, wird in der neuen Beziehung schnell Enttäuschung und Desillusionierung eintreten. Die Entdeckung, daß auch die neue Beziehung nicht makellos und problemlos ist, kann dann dazu führen, daß man sie überstürzt wieder aufgibt. Der Traum vom passenden Partner hat sich immer noch nicht erfüllt. Das kann auch passieren, obwohl die beiden neuen Partner ganz gut zueinander gepaßt hätten. Aber die Arbeit des Sichverabschiedens aus der alten Partnerschaft war noch nicht abgeschlossen. Die Fähigkeit zu einer dauerhaften stabilen Beziehung fordert also, daß man in der Lage ist, allein zurechtzukommen. Nur dann kann man unverblendet einen neuen Menschen sehen, ihn aus einer inneren Unabhängigkeit heraus beurteilen und auf ihn zugehen. Sonst schafft man neue Abhängigkeiten und unglückliche Verwicklungen, aus denen man sich wieder nach einiger Zeit herauswühlen muß. Nur aus einer inneren Freiheit heraus gibt man sich die Chance, aus einer starken und unabhängigen Position heraus zu wählen.

Versorgungsaspekt

In jedem steckt der natürliche Wunsch, so versorgt zu werden wie in der Ursprungsfamilie bei den Eltern. Zum Erwachsenwerden gehört aber dazu, daß jeder Mensch in der Lage ist, finanziell auf eigenen Beinen zu stehen. Denn das gehört zu der Autonomie bei Männern und Frauen, ohne die niemand in der Lage ist, eine reife Beziehung einzugehen. Es ist sicherlich gesund, wenn Sie in Ihrer Beziehung in einer ausgewogenen Balance leben. Das bedeutet, sich ruhig mal umsorgen und verwöhnen lassen, sich vertrauensvoll dem Partner überlassen und sich anvertrauen können. Es ist wichtig, die innere Sicherheit zu haben, daß der Partner mich im Notfall stützt. Ich kann auf ihn bauen. Die Seele baumeln lassen. Andererseits muß ich auch die Möglichkeit haben, mit meinen starken Seiten, autonom, selbstentfaltend in einer Beziehung zu leben. Nur so kann Identität bestehenbleiben und gefördert werden.

Es gab und gibt die Frauen, die ausdrücklich einen Versorger suchen und einen Mann nach der Höhe seines Kontostandes beurteilen. Bei ihnen herrscht in erster Linie der Wunsch vor, umhegt, beschützt vor allen Anforderungen und auch begehrt zu werden. Das heißt aber, daß sie nicht gerade ein ausgeprägtes Selbstbewußtsein besitzen. Sie suchen vielleicht einen Vater- oder Muttersatz. Daher laufen sie Gefahr, an autoritäre, selbstsüchtige, manchmal auch destruktive, unreife Männer zu geraten. Diese Form der Abhängigkeit bringt weder Zufriedenheit noch die erhoffte Selbstwertsteigerung.

Zum anderen gibt es heute im Zuge der Emanzipation auch eine neue Variante. Die Frau, die in der Lebensmitte auf eine beachtliche Karriere zurückblickt, wegen der sie bisher auf Mann und Kinder verzichtet hat, und die in der Lebensmitte feststellt, daß sie sich nicht länger im Beruf abrackern will. Fröhlich und mit hohen finanziellen Erwartungen macht sie sich auf die Suche nach einem wohlhabenden Versorger, der bereit ist, eine Frau um Vierzig zu heiraten, ihr einen gehobenen Lebensstandard zu bieten und sich auf eine Kinderschar zu freuen. Die Chance, einen Gleichaltrigen in dieser Situation zu finden, ist allerdings ziemlich klein. Denn entweder haben die in Frage kommenden Männer schon Kinder. Oder sie trifft auf ein Heer von geschiedenen Vätern, die jede Menge Unterhaltszahlungen leisten müssen. Die gesetzliche Situation ist so, daß der Mann im Grunde nicht in der Lage ist, eine zweite Beziehung einzugehen, ohne daß die neue Partnerin mitarbeitet. Denn bis auf sein Existenzminimum wandert alles zur ersten Frau und seinen Kindern.
Zu Recht – wie wir meinen – fordern Männer heute ihrerseits Gleichberechtigung in Sorgerechtsprozessen und daß Frauen ebenso abverlangt wird, für ihren Lebensunterhalt arbeiten zu gehen. Denn es kann nicht sein, daß Frauen Gleichberechtigung nur da einfordern, wo sie ihnen genehm ist.
Doch da sind bei Frauen eigentümliche Ansichten anzutreffen. Frauen, die in einer Partnerschaft leben und arbeiten gehen, tun dies nicht, um die Miete, das Auto, die Urlaubsreisen mitzubezahlen. Das selbstverdiente Geld wird, wie in Untersuchungen herausgefunden wurde, als persönliches Taschengeld betrachtet, mit dem die Frau tun und lassen kann, was sie will, und auf keinen Fall Rechenschaft darüber ablegen möchte. Soll sie davon das fällige Heizöl, den Gärtner oder die Reparatur der Waschmaschine berappen, sinkt das Stimmungsbarometer auf den Nullpunkt. Ja es ist sogar so: Sinkt die finanzielle Potenz des Mannes, so fassen viele Frauen das als unerträgliche Verletzung ihrer sozialen Geltung auf. Der

Gatte darf sich bei Einschränkung seiner pekuniären Leistungsfähigkeit einer Wucht der Entrüstung und Verachtung sicher sein. Und so ist nicht verwunderlich, daß auch umgekehrt gilt: Der Mann empfindet sich, wenn er nicht genug verdient, als Niete. Wenig zu verdienen oder gar gänzlich ohne Arbeit zu sein ist für die Selbstachtung des Mannes weitaus schwieriger als für die der Frau. Des weiteren gibt es Familien, wo Geld eingesetzt wird statt Zuwendung, Liebe und Gefühlsnahrung. Das ist ein großes Problem in unserer Leistungsgesellschaft, in der Geld mit Macht gleichgesetzt wird und sich der soziale Status und die gesellschaftliche Wertschätzung am Kontostand orientieren. Es existiert eine direkte Wechselwirkung von Selbstachtung und Geld. Für viele ist das Einkommen (des Mannes) ein Synonym für ihren Status. Auch in Beziehungen wird Geld als Machtmittel eingesetzt oder muß Wärme in der Partnerschaft ersetzen.

Seit unserer Kindheit sind Begriffe wie Geld, Macht und Abhängigkeit eng miteinander verstrickt. Die Eltern entschieden, was Sie brauchten und auf was Sie zu verzichten hatten. Ob Sie gerade das Notwendigste bekamen oder im Luxus lebten, bestimmte die finanzielle Situation Ihrer Herkunftsfamilie. Ebenso die Einstellung, für was Geld auszugeben sei.

Als Kind ist jeder abhängig von der emotionalen und materiellen Unterstützung der Eltern. Sie geben Liebe und entziehen sie, belohnen und tadeln auch durch Geld. Darum ist es wichtig , sich die Frage zu stellen, ob Ihr Vater seine Liebe zu Ihnen und sein Interesse an Ihnen durch Geldzuwendung gezeigt hat. Aufgrund solch einer Erfahrung kann sich leicht im Erwachsenenleben die Meinung bilden, ein Partner könne nur Fürsorge übernehmen, wenn er mehr Geld verdient oder besitzt als Sie. Eine ungute Position, da Sie einem Partner, der Geld besitzt, Macht über sich geben. Gerade Geld ist ein geeignetes Mittel dazu.

Die Einstellung, die wir zu Geld haben und dazu, wer es verdient, ist Ausdruck der Entwicklung unserer Persönlichkeit. Es zeigt, wie erwachsen wir sind. Die Frauenbewegung hat eine juristisch gefestigte Abzockermentalität den Männern gegenüber mit sich gebracht, die einerseits unterstützt, daß Frauen Beziehungsunfähigkeit ungestraft ausleben können. »Fast drei Viertel aller Scheidungen werden heutzutage nach relativ kurzer Ehedauer (und ohne Rücksicht auf das Vorhandensein von Kindern) von Frauen eingereicht, was ihnen entsprechend leichtfällt, denn die Zeche bezahlt in der Regel der Mann.«[19] Andererseits verhindert eine solche Mentalität eine gleichberechtigte Partnerschaft, in der beide gleiche Rechte und Pflichten und Verantwortlichkeit tragen.

Reife und das eigene Selbstbild

Viele Frauen bemängeln an Männern, daß sie »nicht erwachsen« seien und es ihnen an nötiger Reife mangele. In der Lebensmitte sollten wir eine gewisse Reife erreicht haben. Aber wir können natürlich nicht automatisch davon ausgehen, daß jeder, der die 40 überschritten hat, tatsächlich reif ist. Es gibt alte Männer, die verhalten sich wie Babys. Sie wollen, daß die Partnerin sich um sie kümmert, wenig Ansprüche stellt, schlechte Gewohnheiten ohne Klagen hinnimmt, immer und überall für sie da ist und miserables Benehmen toleriert. Natürlich gibt es ebensolche Frauen.

Für eine dauerhafte ernsthafte Beziehung ist es aber von großem Vorteil, wenn beide Partner reif sind oder sich zumindest das Ziel stecken, immer reifer zu reagieren. Um so mehr, wenn sie nicht mehr die Jüngsten sind. Wir wollen an dieser Stelle einmal genau darauf eingehen, was Reife bedeutet, was es heißt, erwachsen zu sein und Verantwortung tragen zu können.

Ein Mensch, der das kann, besitzt persönliches Profil. Er strahlt aus, daß er weiß, was er will, und sagt, was er denkt. Er versucht nicht, sich vorgegebenen Normen und Mustern anzupassen, sondern ist authentisch. Reife Menschen entscheiden, reden, handeln angemessen. Sie können sich abgrenzen, sind aber auch in der Lage, Verständnis für den anderen aufzubringen. Sie kennen ihre Bedürfnisse und verhalten sich entsprechend. Sie müssen weder trotzig sein noch Druck machen, meckern, nörgeln oder toben. Ein erwachsener Mensch ist im großen und ganzen mit sich im reinen und fühlt sich stimmig. Er kennt seine Stärken und Schwächen und weiß damit umzugehen. Reifen ist ein Entwicklungs- und Erfahrungsprozeß. Die Lebensmitte ist eine Reifezeit. Wir haben eine Reifecheckliste zusammengestellt, die Ihnen helfen kann, festzustellen, ob Sie selbst erwachsen sind:

- Leben Sie gesund und sind in der Lage Ihren eigenen Haushalt zu führen?
- Können Sie Ihren Lebensunterhalt verdienen?
- Planen Sie die Zukunft, indem Sie sparen, Versicherungen abschließen, verhüten?
- Zahlen Sie rechtzeitig Ihre Rechnungen und sorgen Sie dafür, daß Sie sich nicht verschulden?
- Sind Sie in der Lage, sich in Krisen Hilfe zu suchen?
- Haben Sie einen Freundes- und Bekanntenkreis, den Sie pflegen?
- Können Sie allein sein?
- Sind Sie in der Lage, mit Gefühlen so umzugehen, daß Sie weder explodieren noch in unreife asoziale Verhaltensweisen fallen?
- Sind Sie frei von Süchten?
- Haben Sie genug Willensstärke, Versuchungen standzuhalten?
- Sind Sie zuverlässig?
- Können Sie Fehler zugeben, sich entschuldigen?
- Haben Sie Einfühlungsvermögen, wenn der Partner Probleme hat?
- Stehen Sie zu Ihrem Handeln, ohne die Schuld bei anderen oder in der Vergangenheit zu suchen?
- Sind Sie bereit, an sich zu arbeiten?
- Können Sie Teilnahme zeigen?
- Können Sie zurückstecken?
- Können Sie Wärme und Zuneigung auch ohne sexuelle Annäherung zeigen?

- Gehen Sie aufmerksam mit Ihrem Partner um?
- Sind Sie in der Lage, »nein« zu sagen?
- Nehmen Sie Ihre Bedürfnisse und Gefühle wahr und gehen Sie angemessen mit ihnen um?

Es geht natürlich nicht darum, Tag für Tag ein Ausbund an Reife zu sein. Niemand ist perfekt. Aber wir können diese Entwicklung als Richtung im Auge behalten und an uns arbeiten. Es hilft unserer Beziehung, wenn wir Reife und Erwachsensein anstreben wollen. Das Ziel zu erreichen ist eine lebenslange Aufgabe.

Wenn wir an den Aufbau einer neuen Beziehung denken, fragen wir uns: Wer ist der richtige Partner für mich und wie finde ich ihn? Das ist aber nur ein Aspekt. Ein weiterer, genauso wichtiger ist: Wer bin ich eigentlich? Wie hoch schätze ich mich? Mag ich mich? Bin ich zufrieden mit mir? Kann ich mich positiv sehen? Ehe ich einen Partner suche, sollte ich unbedingt mein eigenes Selbstbild geklärt haben. Stimmt meine eigene Wahrnehmung mit der Wahrnehmung anderer, die mich sehen und kennenlernen, überein?

Allzu häufig passiert es – gerade Frauen neigen dazu –, daß man sich selbst zu negativ bewertet. Das Selbstwertgefühl ist eher gering. Besonders Frauen glauben nicht, wenn andere ihnen sagen, wie sympathisch, humorvoll, witzig, hübsch, klug oder liebenswert sie sind. Sie mißtrauen positiven Rückmeldungen. Stets bleiben Zweifel zurück. Die Gründe dafür sind nur zu oft in der Sozialisation eines Menschen, in seinen frühen Erfahrungen in Kindheit, Schule, Freundes- und Bekanntenkreis und im Elternhaus zu suchen. So können Kinder, die Aufmerksamkeit, Anerkennung, Liebe, Lob und Zuwendung immer nur für bestimmte Leistungen bekommen haben, als Erwachsene kaum glauben, daß ein anderer sie liebt, ohne Anforderungen an sie zu stellen. Machen Sie sich klar, wie sehr Sie solch ein Verhalten bei der Partnersuche behindert. Für einen potentiellen Partner ist es schwer oder

sogar unerfüllbar, solche Selbstzweifel bei Ihnen auszuräumen. Zudem leidet die Ausstrahlung unter mangelndem Selbstwertgefühl. Gerade, wenn Sie in der Lebensmitte sind, sollten Sie sich jedoch nicht mehr ausschließlich an physischer Attraktivität und Leistung orientieren. Machen Sie sich deutlich, wie ein Mensch gerade durch positive Ausstrahlung gewinnt. Sie werden für sich selbst und andere dadurch attraktiver. Und das ist es, was Ihre Anziehung in der Lebensmitte ausmacht. Deshalb suchen Sie sich Quellen, die Ihnen Zufriedenheit geben. Das können Sportarten, Singen, Schreiben, handwerkliche Tätigkeiten, Kultur und angenehme Kontakte bewirken.
Nehmen Sie sich Zeit herauszufinden, was Ihre Stimmung positiv verändert. Vielleicht wissen Sie es auch schon. Dann sorgen Sie gut für sich. Der erste Weg zur Verbesserung ist immer die Erkenntnis Ihrer Strukturen. Dann erfolgt eine Übungsphase, in der Sie Ihre Erkenntnis in die Praxis umsetzen. Sie können beispielsweise Ihrer inneren negativen Stimme, die Ihnen ständig sagt, wie unzulänglich Sie sind, eine positive Stimme entgegensetzen, die Sie lobt. Verknüpfen Sie mit dem Lob einen geschätzten lieben Menschen. Sie werden staunen, wenn Sie sich bewußt mit Ihren negativen Stimmen befassen, wie häufig sie sich im Alltag melden. Arbeiten Sie daran, sich positiv einzuschätzen, Ihre Stärken und Vorzüge zu erkennen, statt vor allem auf Ihre Nachteile zu sehen. Nur Mut! Eine solche Umprogrammierung ist sehr erfolgreich und verändert den störenden Blick auf sich.
Sie können sich auch ein heimliches oder öffentliches Vorbild suchen. Schauen Sie, welches Verhalten Ihnen gefällt, und prüfen Sie, ob es für Sie ebenso in Frage kommt. Trauen Sie Ihrer Intuition. Beide Vorschläge sind ein lohnenswerter Weg, Selbstwertgefühl aufzubauen, der allerdings auch Geduld und Beharrlichkeit erfordert. Denn das Verhalten, welches jahrzehntelang in uns gewachsen ist, wischen wir nicht von heute auf morgen vom Tisch. Doch dadurch, daß Sie Ver-

halten an die bewußte Oberfläche transportieren, statt es unbewußt und unreflektiert zu halten, können Sie lernen, besser damit umzugehen. Sie können neue Verhaltensmöglichkeiten entwickeln, ausprobieren und alte uneffektive verbannen.
Seien Sie nicht enttäuscht, wenn Rückschläge oder Ängste auftreten. Auch das gehört zu jedem neuen Verhalten dazu und ist natürlich und menschlich. Schließlich verabschieden Sie sich auch von einem Teil Ihrer Persönlichkeit, der Sie nicht nur jahrelang begleitet hat, sondern vielleicht einmal notwendig und nützlich für Sie war.
Die Verhaltensänderung ist ein Prozeß, der ein größeres Maß an Lebensqualität mit sich bringt. Falls Sie aber dauerhaft und stark an mangelnden Selbstwertgefühlen leiden, sollten Sie in Erwägung ziehen, sich fachliche Hilfe zu suchen.

Ladehemmung beim ersten Kontakt

Wer kennt das nicht: Man erblickt ein männliches Wesen an der Käsetheke, im Flugzeug, im Eis-Café und denkt, was für ein Bild von Mann. Der könnte mir gefallen. Und dieser Mann schaut zurück, Blicke begegnen sich. Traumhaft. Man sieht in seinen Augen, daß es ihm genauso geht. Es funkt. Doch in diesem Moment durchfährt uns ein Schauer. Kein wohliger, sondern ein lähmender. Anstatt den Blickkontakt zu halten und freundlich ein passendes Wort fallenzulassen, werden wir rot wie ein Teenager und blicken krampfhaft aus dem Fenster. Oder Sie erstarren zur Salzsäule. Verharren in diesem angespannten Zustand und wünschen sich gleichzeitig nichts sehnlicher, als daß er Manns genug ist, nicht genauso gehemmt zu reagieren, sondern beherzt die Zügel in die Hand zu nehmen und Sie anzusprechen. Schließlich hat der Mann die Initiative zu ergreifen. Tut er aber nicht. Traut er sich etwa auch nicht? Minuten vergehen. Man ist voller unerträglicher Spannung. Atmet kaum. Man möchte so gerne Kontakt aufnehmen und kann doch nicht. Welche Qual. Die Zeit verstreicht, man ist wie stigmatisiert und unfähig, nur noch einmal locker hinüberzulächeln, geschweige denn, ein Wort zu sagen. Man fühlt sich wie ein Kaninchen vor der Schlange. Irgendwann wenn das Flugzeug gelandet, der Einkauf bezahlt oder der Espresso getrunken ist, steht er wortlos auf und geht. Ohne einen weiteren Blick. Man bleibt zurück und hadert. Warum kann ich – eine gestandene Frau – in solchen Momenten nicht meine Schüchternheit überwinden?

Warum war ich nicht in der Lage, einen unverfänglichen Dialog zu beginnen? Oder nur einen unbefangenen Blick hinüberzuschicken? Warum bin ich ausgerechnet bei den Männern, die mir auf Anhieb gut gefallen, verklemmt wie ein pubertierendes Schulmädchen? Laufe knallrot an und bringe kein vernünftiges Wort mehr heraus? Im Berufsleben eine gestandene Frau, aber solch einer Situation überhaupt nicht gewachsen.

Diese Ladehemmung im ersten Kontakt haben viele Frauen und auch Männer. Das hat verschiedene Gründe. Zum einen hat es sicherlich damit zu tun, daß wir alte Rollenbilder noch nicht gänzlich abgestreift haben: Mann hat Frau anzusprechen. Nicht umgekehrt. Vielleicht stehen uns alte Muster aus der Kindheit im Wege. Das können Moralvorstellungen der Eltern sein: »Eine Frau wirft sich keinem Mann an den Hals.« »Eine Frau beweist ihren Wert dadurch, daß sie erwählt wird.« »Eine anständige Frau hält sich zurück.«

Diese verinnerlichten Botschaften unserer Eltern, auch »Eltern-Ich« genannt, werden unbewußt noch befolgt. Um sie aufzulösen, machen Sie sich bewußt, welche Moralvorstellungen und Verhaltensanweisungen Sie mit auf den Weg bekommen haben. Forschen Sie nach, ob Sie sich noch an Ge- oder Verbote Ihrer Eltern halten. Und vergessen Sie nicht, daß sich nicht nur die Frauenrolle verändert hat. Auch Männer haben umgelernt und wagen es heute nicht mehr so ohne weiteres, eine Frau »anzumachen«. Schließlich haben sie Jahrzehnte von uns Frauen einen auf den Deckel bekommen, wenn sie allzu forsch waren. Haben wir sie nicht unsere geballte Verachtung spüren lassen für ihr »Gockelverhalten«, ihr »Machotum«? Da können wir kaum erwarten, daß sie plötzlich, ganz Kavalier, das Ruder an sich reißen. Dreißig Jahre Frauenbewegung haben auch bei den Männern Spuren hinterlassen.

Jeder hat verständlicherweise Angst, sich zu zeigen. Frauen denken vielleicht bei einem begehrlichen Männerblick verunsichert: »Bin ich wirklich so eine tolle Frau?« Begegnen wir einem interessanten Mann an einem neutralen Ort, stehen wir ihm ja rein als Frau gegenüber. Nicht als Karrierefrau, als Vorgesetzte, als gute Malerin, Sportlerin oder engagierte Journalistin, sondern »nur« als Frau. Der Mann, dessen Blick Sie fasziniert, weiß ja nichts über Sie. Er sieht Ihr Erscheinungsbild und Ihre Ausstrahlung. Sonst nichts. Er sieht Sie sozusagen »nackt«. Es geht darum, gefallen ihm Ihre langen blonden Haare, der Ausdruck Ihrer Augen, wie Sie gekleidet sind, wie Sie sich geben? Ihr Erfolg, was Sie sind und erreicht haben, ist ja zunächst nicht bekannt. Sie werden im ersten Augenblick »nur« als Frau gesehen und bewertet. Mit diesem bloßen Anschauen haben sehr viele Frauen Probleme, es verunsichert sie. Plötzlich fällt ihnen ein, Hilfe, mein Bauch ist heute so dick, die Hose zwickt und ich habe meine unvorteilhafte Bollerjacke an. Die letzte Diät hat nichts gebracht. Außerdem hätte ich mir heute morgen eigentlich die Haare waschen müssen. Es geht um die Frage: Bin ich wirklich schön und attraktiv genug, um diesen tollen Mann zu faszinieren und zu beeindrucken.

Männer empfinden das nicht so. Sie stehen über ihren dicken Bierbäuchen. Männer haben ein anderes Selbstbewußtsein, wenn es um ihr Äußeres geht. Frauen sind leicht zu verunsichern und wenden sich ab, obwohl es sie hinterher ärgert. Umgekehrt weiß auch jede Frau, daß es Tage gibt, an denen sie sich bombig fühlt. Der Mann im Flugzeug neben mir wirkt zwar gut, aber im Grunde ist er heute nicht so wichtig. In solch einer Stimmung macht man dann eben doch Bekanntschaften mit Männern. Weil man einfach eine sichere Ausstrahlung hat. Und das Aussehen nicht so auf die Goldwaage legt.

Sexualität

Sexualität, Intimität und Treue sind ein wesentlicher Bestandteil, eine Beziehung zu festigen. Während finanzielle Absicherung, religiöse Überzeugungen, gesellschaftliche Normen oder Elternpflichten nicht mehr unbedingt Beziehungsfundamente bilden, ist sexuelle Exklusivität häufig ein wesentlicher Baustein, eine Beziehung zusammenzuhalten. Die sexuelle Chemie in der Partnerschaft muß stimmen, wenn man mehr als gute Kameraden füreinander sein will.
Viele Menschen leben mit dem Konflikt des Anspruchs der sexuellen Treue einerseits und dem Bedürfnis nach sexueller Freiheit andererseits. Wir vereinen das Bedürfnis nach Nähe und Unabhängigkeit, nach Monogamie und Abwechslung in uns. Die Wurzeln liegen nach heutigen Erkenntnissen sowohl in unserer biologischen als auch in unserer psychologischen Natur. Es gilt als natürlich, daß der Mensch beides will. Untreue ist also weder ein modernes Phänomen – es gab sie immer schon – noch Ergebnis der sexuellen Revolution. Man geht heute nur offener damit um. Es geht darum, sich bewußt mit seinen unvereinbaren Trieben auseinanderzusetzen, wenn wir eine dauerhafte, tiefe, vertrauensvolle Partnerschaft eingehen wollen. Und klar sein sollte auch: Konstant bleibt die sexuelle Chemie innerhalb einer Partnerschaft nie. Es ist natürlich, daß sie Schwankungen unterliegt. Sie wächst, je näher man sich einander fühlt, und vergeht, wenn beide emotionale Mauern um sich herum aufbauen. Sind die Mauern zu starr, kann die Lust auf Sex erlöschen.

Grundbedingung einer Partnerschaft ist Vertrauen. Treuebruch wird mit Vertrauensbruch gleichgesetzt. Verständlich, denn die körperliche Vereinigung schweißt zwei Menschen auf eine Weise zusammen, wie sie anders überhaupt nicht erlebt werden kann. Das macht einen Teil der Einzigartigkeit der Beziehung aus, die durch eine dritte Person zum Einsturz gebracht wird. Oft geht der Partner, der betrogen wurde, weil er sich so tief verletzt fühlt und deshalb die Beziehung nicht weiter aufrechterhalten will. Es gibt aber auch gerade in der Lebensmitte Männer wie Frauen, die sagen, für mich ist ein Seitensprung – vorausgesetzt, es handelt sich um eine einmalige und emotional unbedeutende Sache – kein Grund mehr, meine Beziehung zu beenden. Meist sagen das Partner, die selbst Erfahrung mit einem Seitensprung haben und die Bedeutung einer einmaligen »Entgleisung« einschätzen können. Tatsache ist aber auch, daß dem, der betrogen wird, immer weh getan wird. Es gibt wohl niemanden, an dem so eine Erfahrung einfach abperlt. Zu einer festen tragfähigen Beziehung gehören auch Eifersucht und ein gewisses Besitzdenken.

Wenn wir eine Beziehung eingehen, fragen wir uns: Ist es möglich, sich lange Zeit treu zu sein, Angezogensein vom anderen Geschlecht zu widerstehen und spontane Gefühle unter Kontrolle zu halten? Für reife Menschen sollte die Antwort »ja« sein. Wir sind unseren Trieben ja nicht hilflos ausgeliefert. Wir haben inzwischen Lebenserfahrung gesammelt und nicht mehr das Gefühl, etwas zu versäumen, wenn wir darauf verzichten, mit einem sexuell anziehenden Menschen ins Bett zu steigen. Und schließlich zeigt sich die Bereitschaft für eine zuverlässige feste Partnerschaft nicht zuletzt darin, den Wunsch nach Abwechslung zugunsten Stabilität aufzugeben. Reife äußert sich auch darin, mit einem Menschen zusammenleben zu können, ohne sich dabei wie im Käfig oder abhängig zu fühlen.

Andererseits ist die körperliche Anziehung nur eines der

Grundelemente einer funktionierenden Beziehung. Um eine Partnerschaft einzugehen, muß noch mehr stimmen. Sie sollten sich auch mental, emotional und spirituell angezogen fühlen. Vielen – auch das fortgeschrittene Alter schützt davor nicht – passiert es, daß sie momentane sexuelle Anziehungskraft mit Liebe verwechseln. Sie lernen jemanden kennen, zu dem sie sich auf Anhieb hingezogen fühlen, der Funke springt sofort über. Sie landen auch ziemlich schnell im Bett und merken erst, wenn sie ihre sexuelle Begierde ausgelebt haben, daß der Mensch ansonsten überhaupt nicht zu ihnen paßt. Sex ist nicht der Weg, um Intimität aufzubauen.

Vielleicht gehen Sie ganz selbstsicher damit um, akzeptieren oder suchen Sex ohne Bindung und stellen den sexuellen Genuß an die erste Stelle. Es kann aber auch sein, daß ein schaler Geschmack zurückbleibt, Sie eventuell wiederholt enttäuscht, einsam und verletzt sind, weil Sie mehr von einer Begegnung erwartet haben. Machen Sie sich deutlich, welches persönliche Risiko Sie eingehen, wenn Sie schnell mit einem Mann Sex haben. Ihr persönlicher Schutz sollte immer an erster Stelle stehen. Beispielsweise ein Mann, der gerade eine Trennung hinter sich gebracht hat, kann sehr an Sex mit Ihnen interessiert sein. Das allerdings eher aus dem Grund, zu vergessen und seine eigenen Gefühle zu vermeiden.

Besser und erfolgversprechender ist es umgekehrt: Daß Sie sich nicht auf Anhieb zu jemandem hingezogen fühlen heißt ja noch lange nicht, daß Sie nicht mit der Zeit Gemeinsamkeiten entwickeln. Sie haben sicher mehr davon – vorausgesetzt Sie wünschen sich eine Partnerschaft –, wenn der sexuelle Funke überspringt, nachdem Sie schon eine Beziehung auf mentaler und emotionaler Ebene aufgebaut haben und die Partnerschaft schon eine Weile langsam gewachsen ist und sich entwickeln konnte. Langlebiger ist sicher ein allmählicher Aufbau als die Lust auf den ersten Blick. Natürlich ist es immer eine Frage der persönlichen Entscheidung. Wichtig ist einfach, sich nichts vorzumachen.

Auch für das fortgeschrittene Alter gilt: Es gibt keinen Grund, auf den Genuß eines erfüllenden Sexuallebens zu verzichten. Frauen über Vierzig sind auf der Höhe ihrer sexuellen Empfindungsfähigkeit, wissen, was sie wollen und was sie nicht wollen. Die Angst davor, für Männer unattraktiver zu sein als eine 20- oder 30jährige, ist völlig unbegründet und befällt vor allem Frauen, die sich vom Jugendwahn in unserer Gesellschaft nicht freimachen können.

Hirnforscher haben festgestellt, daß Frauen in der zweiten Lebenshälfte ihre männlichen und Männer ihre weiblichen Anteile entwickeln. Das hängt mit der veränderten Hormonproduktion zusammen, die sich auch auf die sexuellen Bedürfnisse auswirkt. Das Gehirn wird sowohl von dem Hormon Östrogen als auch von dem Hormon Testosteron beeinflußt. Bei Frauen läßt in der zweiten Lebenshälfte die Produktion des »weiblichen« Hormons Östrogen nach, es kommt zu einer größeren Wirkung des »männlichen« Testosterons. Beim Mann bewegt sich das Verhältnis in die andere Richtung, weil sein Testosteronspiegel fällt. Damit erklären Hirnforscher auch die Tatsache, daß Frauen in der Lebensmitte unabhängiger und anspruchsvoller werden, Männer dagegen offener und emotional empfänglicher. Im sexuellen Bereich bedeutet das eine Annäherung der Bedürfnisse. Während Männer eher mit größerer Einfühlsamkeit reagieren, sagt die Frau deutlicher, was sie will.

Männer jenseits der 45 zeigen ein wachsendes Bewußtsein und Interesse an Nähe und Verständigung mit ihrer Partnerin. Intimität und Vertrauen stehen in ihrer Werteskala ganz oben. Sie schätzen plötzlich menschliche Nähe, emotionale Wärme, Freundlichkeit, Zärtlichkeit und Toleranz. Daraus entsteht nicht selten eine neue Chemie zwischen zwei Partnern. Es kann sich eine subtilere Form der Sexualität entwickeln. Frauen dagegen sind nicht länger die »Duldenden«, »Empfangenden« und »Passiven«. Sie können endlich ausleben, was sie sich bis dahin vielleicht nur gewünscht oder in ihrer Phantasie ausgemalt haben. »Das bestgehütete Geheimnis der älteren Frauen von heute: Sie können sich ihre Lust leisten. Wenn die Frauen um die Taille herum dikker werden, machen sie sich auf Männerjagd.«[20] Damit ist nichts anderes gesagt als: Frauen in der Lebensmitte sind sexuell selbstbewußter als junge Frauen.

Sabrina (43): »Ich habe mich von meinem Kinderwunsch verabschiedet«

Ich wurde 36, als mir klarwurde, daß ich gerne ein Kind haben möchte. Ich habe damals einen Mann kennengelernt und mich sehr in ihn verliebt. Ich erzählte ihm relativ schnell von meinem Wunsch, weil ich mir gut vorstellen konnte, ein Kind mit ihm zu haben. Grundsätzlich hatte er nichts dagegen. Er war nur überrascht, weil ihm das noch nie eine Frau so konkret gesagt hat. Er sagte ja, aber nicht sofort, wir müssen uns erst einmal richtig kennenlernen. Das war auch in meinem Sinne.

Unsere Beziehung wurde fester. Mein Freund, der in einer anderen Stadt wohnte, zog zu mir. Als er hier war, bekam er eine sehr schwere Psychose. Vielleicht war der Umzug der Auslöser, ich weiß es nicht. Da waren wir seit einem Jahr zusammen. Er hatte keine Einsicht in die Krankheit, sagte, er sei gesund. Was er erlebe, daß er verfolgt werde und Stimmen höre, daß Leute versuchen, ihn zu vergiften, sei real. Ich hätte ihn gerne in einer Klinik gesehen, damit er medikamentös eingestellt wird. Er wollte nicht und blieb krank. Er konnte nicht mehr arbeiten. Ich habe lange mit und um ihn gekämpft, aber ich habe den Kampf verloren. Nach zwei Jahren Kampf um jeden Preis mit dieser Krankheit habe ich aufgegeben. Meine Liebe war vergangen. Ich habe ihn verlassen. Ich hatte zu der Zeit schon die Pille abgesetzt, bin aber nicht schwanger geworden. Heute sage ich, Gott sei Dank.

Nachdem ich ihn verlassen hatte, ging es mir psychisch sehr schlecht. Ich bin durch ein tiefes Tal gegangen. Das Tal war nicht nur wegen der gestorbenen Liebe so tief, sondern auch, weil ich damit meinen Kinderwunsch endgültig begraben mußte. Ich war inzwischen 40, die Wahrscheinlichkeit, noch einen Mann zu treffen, mit dem ich ein Kind haben konnte, war gleich Null. Ich bin ein Mensch, der nicht schnell Männer kennenlernt. Es lagen immer große Pausen zwischen meinen Beziehungen. Es gab noch ein kurzes Aufbäumen von eineinhalb Jahren. Als es mir etwas besser ging, habe ich noch einmal mit aller Intensität unter Ausnutzung aller Möglichkeiten, wie Anzeigen oder Singletreffs, versucht einen Mann zu finden.

Ich habe mich in Annoncen versucht zu beschreiben. Ich habe geschrieben, daß ich freiberuflich arbeite, wie alt ich bin, daß ich gerne Musik höre, Nichtraucherin bin, gerne koche, daß ich kreativ bin und daß ich einen Mann in meinem Alter suche. Einen viel älteren oder viel jüngeren wollte ich nicht. Ich suchte einen Mann um Vierzig plus minus fünf Jahre, der berufstätig ist. Sonst habe ich keine weiteren Wünsche geäußert. Es haben sich immer sehr wenige gemeldet. Ich bekam den Eindruck, die Gleichaltrigen, die Kinder wollen, suchen sich eine 30jährige. Aber keine Frau über Vierzig.

Ich habe mich nur mit drei Männern verabredet. Einer hat mich sitzenlassen, er kam gar nicht erst zu unserem Treffen. Der zweite war ein Grafiker, der mal ganz oben war, jetzt kurz vorm Konkurs stand, die Ehe gerade auseinander gebrochen. Er war noch gar nicht richtig abgenabelt und hatte seine zwei pubertierenden Kinder bei sich. Er hatte nichts geklärt. Ich fragte mich, wie er in der Situation schon gleich wieder eine neue Partnerin suchen konnte. Das war mir ein Buch mit sieben Siegeln.

Der dritte war ein Künstler. Ein bißchen depressiv, auch eine völlig verkrachte Existenz. Er rechnete jeden Moment damit, aus seiner Wohnung zu fliegen. Seine ganze Lebenssituation war total unklar. Ich habe noch mit mehreren telefoniert, bei denen aber gleich am Telefon klarwurde, daß wir uns nichts

zu sagen haben. Es ist bei keinem ein Funken übergesprungen. Ich fand diese ganze Prozedur wahnsinnig anstrengend. Ich habe privat und persönlich sowieso schon Schwierigkeiten, auf Männer zuzugehen. Ich bin schüchtern, ängstlich, ich sehe viel weg. Das habe ich versucht zu verändern, und es ist besser geworden. Ich habe gelernt, den Blicken der Männer nicht auszuweichen. Und mir die Männer auch anzusehen, zu gucken, wer ist das überhaupt, wie wirkt der auf mich? Ich war beseelt von dem Gedanken, sofort einen Mann zu finden. Ich war völlig verkrampft. Gar nicht mehr locker. Wenn ich morgens aufwachte, dachte ich daran, wenn ich abends ins Bett ging, dachte ich immer noch daran. Die Idee, einen Mann zu finden und noch eine Familie zu gründen, hat mich eineinhalb Jahre beherrscht. Es hat mich unfrei gemacht. Ich habe an diesem Gedanken festgeklammert. Es hat auch meinen Blick getrübt. Ich war weder frei für Hobbys, Spaß, ich war nur in die Richtung gelenkt, einen Partner zu finden. Es ging mir in erster Linie um den Partner, das Kind war zwar noch stark da, aber wegen meines Alters auch wieder ein bißchen zur Seite gerückt. Ich merkte zunehmend, daß mich diese verkrampfte Sucherei quälte und behinderte.
Nachdem ich mich lange unter Druck gesetzt habe, wuchs der Entschluß praktisch über Nacht: Ich will mich nicht mehr quälen. Ich habe das meinen Freunden mitgeteilt, und sie verstanden mich. Keiner hat gesagt, das muß man jahrelang machen, gib doch nicht auf. Zu der Zeit habe ich mich dann endgültig von meinem Kinderwunsch verabschiedet. Vorher hatte ich es schon zurückgedrängt, mir aber gedanklich noch ein Türchen offengelassen. Als mir klarwurde, mit wieviel Anstrengung ich einen Partner suchte, und wieviel Zeit und Kraft das kostete, wieviel gebundene Gedanken, da dachte ich, ich muß mich jetzt verabschieden, sonst verläuft mein Leben so, wie ich es nicht will. Als ich damit durch war, war es ganz einfach. Wie eine Befreiung. Erleichtert dachte ich, wie gut, daß du keine Kontaktanzeige mehr zu schalten

brauchst. Ich kann jetzt in Ruhe den Immobilienteil studieren und mir eine neue Wohnung suchen. Es war, als fiele eine Last von mir ab. Innerhalb einer Woche wußte ich, daß ich Klavier spielen will. Ich bin in einen Laden gegangen und habe ein Klavier gekauft, wie andere ein Brot oder eine Kiste Mineralwasser. Es war ganz leicht. In mir war eine tiefe Gewißheit, daß ein Klavier mich ab da lange begleiten wird. Seitdem spiele ich. 25 Jahre lang habe ich nicht gespielt, obwohl ich es als Kind gut konnte. Alle waren wie vom Donner gerührt, weil sie dachten, ich spiele nie wieder. Seit diesem Entschluß bin ich viel freier und kontaktfreudiger geworden.

Heute würde ich sagen, ich will einen Mann, aber ich suche keinen mehr. Ich kann gut so leben. Ich habe durchaus Vorteile, im Gegensatz zu Frauen, die in Beziehungen leben. Ich empfinde es als Vorteil, daß ich mich nicht anpassen muß. Ich kann spontan tun und lassen, was ich will. Ich kann die schlechtesten Gewohnheiten pflegen, wenn ich zu Hause bin. Das gefällt mir.

Die Verabschiedung von meinem Kinderwunsch war schmerzlich und ist es heute noch. Ich hätte mir ja beispielsweise einen gutaussehenden Mann suchen und sagen können, ich will ein Kind von ihm und sonst nichts. Das machen ja einige Frauen. Das stand für mich aber nie zur Debatte. Ich finde, daß ein Kind ein Recht auf einen Vater hat, und ich möchte auch nicht alleinerziehende Mutter sein. Ich habe natürlich immer noch Wehmut, wenn ich Babys von Frauen sehe, denen ich ein bißchen näherstehe. Da bin ich dann auch traurig, aber ich verdränge es schnell. Es ist ja eine sehr grundsätzliche Entscheidung, mit Familie oder allein zu leben. Wenn ich heute Phantasien im Zusammenhang mit Beziehung habe, sind diese Phantasien ohne Kind. Es schmerzt nicht mehr so.

Am allerschmerzlichsten war der Gedanke an das Kind, das ich nie haben werde zu der Zeit, als mein Freund krank wurde. Selbst wenn es nur ein Schub gewesen wäre, stand ja die Tatsache dieser Krankheit an sich gegen den Kinderwunsch. Das war sehr endgültig. Die Zeit der Krankheit und ein Jahr danach war eine große harte Krise. Es ging mir richtig schlecht. Ich habe beispielsweise in der schweren Zeit sehr viel geweint. Ich kam oft an Punkte, wo ich stehenbleiben mußte, weil ich nicht wußte, wie es weitergeht. Ich war oft verzweifelt. Der schwere Weg war ziemlich lang. Ich dachte damals, daß er nie endet.

Mit der Zeit jedoch sind andere Dinge für mich bedeutend geworden. Ich habe nach der Verabschiedung von meinem Kinderwunsch neue Wege für mich gefunden, bei denen meine Bedürfnisse befriedigt werden. Beschäftigungen, die mich wirklich erfüllen. Ich baue mir auf meine Weise ein Nest. Dazu gehört nicht zwingend eine Familie. Erfüllung gibt mir heute die Musik. Ich möchte Kammermusik machen mit Freunden. Ich habe einen sehr guten Freundeskreis, Freunde, die ich schon seit vielen Jahren habe. Mein Freundeskreis hat während dieser Krise fest zu mir gehalten und mich gestärkt. Das war eine gute Erfahrung und hat mir gezeigt, wie wichtig gute Freunde sind. Sie haben sich rührend um mich gekümmert. Sie gaben mir Halt und Hilfe. Freunde haben ja heute einen großen Stellenwert bekommen. Sie sind fast wichtiger als Familie. Im Moment versuche ich, meine Geschwister in meinen Freundeskreis zu integrieren. Ich versuche, meine Schwester, mit der ich ja eine lange Vergangenheit habe, als Freundin in meinen Kreis zu nehmen. Das macht den Umgang einfacher.

Um meine Freunde bemühe ich mich bewußt. Für einen intakten Freundeskreis möchte ich etwas tun, ihn pflegen. Ich sage heute, Freunde sind beständiger als Partnerschaften. Sie überdauern manche Liebesbeziehung. Freunde sind für mich so etwas wie Ersatzfamilie. Ich habe in der Zeit, als ich mit Scheuklappen und unbedingt einen Mann gesucht hatte, meine Freunde vernachlässigt. Dieses händeringende Suchen mußte aber mal sein. Und meine Freunde haben es verstanden.

Ich bin in dieser Zeit auch wieder sehr bewußt in die Kirche eingetreten. Ich singe im Chor und baue einen bestimmten Kreis und ein Umfeld. Früher wäre ich nie allein in ein Konzert gegangen. Das war für mich wie: »Die hat keinen, der sie begleitet.« Heute gehe ich allein ins Konzert und bin dabei selbstbewußt. Es macht mir auch allein Freude. Ich kann genießen ohne störende Nebengedanken. Und das ist toll. Dann habe ich mit Sport angefangen. Das gibt mir viel. Ich jogge. Mitten durch Felder und Wälder. Hätte mir das jemand vorher gesagt, hätte ich ihm einen Vogel gezeigt. Manchmal denke ich, nach diesem dornigen Weg fange ich an, in mir selbst zu ruhen.

Inzwischen kann ich sagen, daß ich mir durch diese Tiefphase ein Stückchen näher gekommen bin. Wenn ich heute einen Mann treffe, bin ich nicht mehr wie angestochen, sondern ich denke, aha, ein Mann. Ich könnte mir, wenn ich mit meiner Phantasie spiele, inzwischen gut vorstellen, daß der Mann woanders wohnt. Ich müßte nicht mehr zusammenwohnen. Ich habe auch Illusionen verloren, und mir ist klargeworden, wie wichtig es ist, daß man sein eigenes Leben nicht aufgibt. Mein Eigenleben ist mir heute sehr wichtig. Damals habe ich mich fast aufgegeben für meinen Freund. Ich habe mich völlig reingehängt, ich bin sozusagen seine Mama geworden. Das ist tödlich für jede Beziehung.

Rückblickend kann ich sagen, daß ich mit der Zeit gereift bin. Ich bin autark geworden, habe zu mir selbst gefunden. Früher bin ich zusammengebrochen, wenn ich gefragt wurde, was, du hast keine Kinder? Das war sehr schwer für mich. Es tut mir heute nicht mehr weh. Ich kann sagen, so ist es. Es hat sich nicht ergeben.

Das einzige, was mich im Zusammenhang mit Alleinsein noch bewegt, ist das Alter. Ich denke, daß ich eine arme Alte sein werde. Ich verdiene ja nicht die Welt. Ich könnte mir aber vorstellen, mit Freundinnen eine Alten-WG zu gründen. Das habe ich noch nicht geklärt, andererseits muß ich das auch noch nicht. Es steht am Horizont. Das einzige, was ich angefangen habe, ist, fürs Alter zu sparen. Den Gedanken hätte ich früher nie so gehabt. Zum Glück gehöre ich zu einer Generation, die bis ins Alter hinein Chancen hat und sie auch wahrnimmt. Egal, ob mit oder ohne Partner, und das ist schön.

Späte Mütter

Immer mehr Frauen entscheiden sich heute relativ spät, zum ersten Mal Mutter zu werden. Jede dritte ist bereits über 35 beim ersten Kind. Und manche Frau wird gar mit 40 Jahren oder darüber noch Mutter. Die Fortschritte der Reproduktionsmedizin führen dazu, daß immer mehr Frauen ihren Kinderwunsch verschieben, bis sie jenseits der 40 sind. Denn die Zahl der prominenten Vorbilder, die mit 42 oder 45 ihr erstes Kind geboren haben, ja mit 47 noch Zwillinge bekommen haben, ist groß. Und manche Frau verschiebt die Entscheidung, ob Kind oder kein Kind, sorglos, bis sie fast vierzig ist.

Doch Frauen jenseits der Vierzig, die unbedingt noch Mutter werden wollen, sollten sich keinen Illusionen hingeben. Die Fruchtbarkeit bei Frauen ist nun mal im Alter von 20 Jahren am höchsten. Schon nach dem 25. Lebensjahr nimmt sie extrem ab. Nach den Ergebnissen der »Europäischen Studie zu Unfruchtbarkeit und verzögerter Fruchtbarkeit«, in der Forscher über 10 000 Frauen zwischen 25 und 45 in sechs Ländern befragt haben, muß zwischen 32 und 37 Jahren bereits jede dritte Frau länger als ein Jahr warten, bis sie schwanger wird. Bei den 38- bis 42jährigen sind es schon 70 Prozent. Eines ist auch sicher: Zum Kinderkriegen gehört Entspannung. Einen Kinderwunsch nicht erzwingen wollen, sondern sich seinem Wunsch hingeben. Das geschieht bei vielen jüngeren Frauen unbewußt, denn sie haben Zeit. Passiert es nicht dieses Jahr, dann eben im nächsten. Frauen, die jedoch mit aller Macht ein Kind wollen, weil die biologische Uhr tickt, sind nicht entspannt. Sie sind verspannt, verschlossen, verkrampft, weil sie starr auf die Erfüllung ihres Kinderwunsches fixiert sind. Die Hirnbereiche jedoch, die die Fortpflanzung steuern, und die Zentren, die Gefühle verarbeiten, stehen in enger Wechselwirkung zueinander. Der Körper schüttet je nach Gefühlslage bestimmte Hormone aus oder blockiert die Produktion von anderen Hormonen. Wenn durch Streß und Verkrampfung das anfällige hormonelle Gleichgewicht gestört ist, können Eisprung und Samenbildung nicht so stattfinden, daß ein Kind entstehen und wachsen kann.

Millionen von älteren Frauen schlucken Hormone, um die Wechseljahre zu umgehen. Ihre Regel funktioniert wie der normale Zyklus, sie bekommen ihre Periode wie immer. Das führt zu der irrigen Annahme, sie seien unbegrenzt fruchtbar, ein Glaube, der durch die High-Tech-Medizin genährt wird.

Die Schwangerschaft älterer Frauen – sofern sie gelungen ist – ist heute rein medizinisch gesehen kein Problem mehr. Zwar werden Frauen über 35 in der Schwangerschaft stärker überwacht, weil sie eher als jüngere Frauen dazu neigen, Blutungen zu bekommen. Ihr Blutdruck steigt schneller, die Gefahr einer Gestose (Erkrankung in der Schwangerschaft, bei der der Stoffwechsel zusammenbricht) ist größer, sie werden schneller zuckerkrank, und auch die Gefahr, daß die Plazenta ungünstig liegt, ist größer. Aber Frauen, die mit über 35 ihr erstes Baby bekommen, haben sich meist sehr bewußt dafür entschieden und gehen entsprechend sorgsam mit sich und dem Ungeborenen um. Viele Frauen über 35 entscheiden sich auch für eine Amniozentese (Fruchtwasseruntersuchung), weil sie Angst haben, ein Kind mit Down-Syndrom zu bekommen. Bei 35- bis 40jährigen Frauen liegt die Wahrscheinlichkeit, ein derartig behindertes Kind zu bekommen, bei 0,9 bis 2,3 Prozent. Bei 41- bis 46jährigen Frauen bei bis zu 7,7 Prozent.

Eines muß man aber deutlich sagen: Die Chance, mit über 40

schwanger zu werden, ist sehr viel geringer als in jüngeren Jahren. Auch die Möglichkeiten der Fruchtbarkeitsmedizin sind viel begrenzter, als man annimmt. Als In-Vitro-Fertilisation bezeichnet man die Befruchtung außerhalb des Körpers im Reagenzglas. Zunächst wird der Frau eine Eizelle entnommen. Der Mann muß eine frische Samenprobe abgeben. Der Samen wird aufbereitet und zu dem Ei ins Reagenzglas gegeben. Hier soll möglichst die Befruchtung stattfinden. Nach 48 Stunden wird die in zwei bis drei Zellen geteilte Eizelle in die Gebärmutter gespült, wo sie sich einnisten soll. Eine Zeit bangen Wartens, wie Betroffene immer wieder erzählen. Das Einnisten der befruchteten Eizelle in die Gebärmutter ist schon bei normalen Schwangerschaften eine Hürde und durch nichts von außen zu beeinflussen. Bereits bei der natürlichen Empfängnis liegt die Wahrscheinlichkeit, daß das befruchtete Ei sich tatsächlich einnistet, lediglich bei 25 Prozent. Bei der künstlichen Befruchtung ist – und das weiß kaum jemand – die Wahrscheinlichkeit sehr viel geringer. Einige Quellen sprechen von höchstens 13 Prozent. Was sich so leicht anhört, ist für die betroffenen Paare eine Tortur. Denn es bedeutet ein streng geregeltes Leben nach Plan und Uhrzeit. Meistens bleiben Lust, Liebe und Erotik dabei auf der Strecke.

Immer wieder sind Ärzte gezwungen, Frauen zu desillusionieren, wenn sie ihnen sagen müssen, daß eine In-Vitro-Fertilisation jenseits der 43 keinen Sinn mehr hat. Wenn es in diesem Alter nicht von selbst klappt, sollten Frauen sich vom Kinderwunsch verabschieden. Mit medizinischer Hilfe geht es nur noch über eine künstlich befruchtete Eispende. So gesehen ist es rein medizinisch gesehen kein Problem, bis 60 und drüber ein Kind auszutragen. Das ist in Deutschland allerdings nach dem Embryonenschutzgesetz verboten.

Nach Beendigung einer erfolglosen reproduktionsmedizinischen Behandlung leiden viele Betroffene unter Depressionen, Selbstzweifeln, Versagensgefühlen und Angstzuständen.

Die Gefahr von Trennungen ist dann besonders hoch. Es gibt psychische Zusammenbrüche bis hin zu psychotischen Zuständen. Psychotherapeutische Hilfe ist in solchen Fällen dringend angesagt.
Die erfolgreiche Behandlung eines Fruchtbarkeitsmediziners muß im Zweifelsfall auch bedeuten, darauf hinzuwirken, daß eine Frau inneren Frieden mit der Tatsache ihrer Kinderlosigkeit schließt. Daß ein Paar einen anderen Sinn im Leben findet. Es muß der Druck von den Paaren genommen werden, nur mit Kind vollwertig zu sein. Gerade Frauen haben damit ein Problem. Euphorie und Absturz liegen häufig nah beieinander. Eine Frage, die Frauen für sich beantworten müssen: »Bin ich eine wertvolle Frau, wenn ich keine Kinder habe?« Das ist oft nicht leicht. Denn ein Kind zu empfangen ist für die meisten Frauen ein wichtiger Teil ihrer Identität. Der ganze vermeintliche Wert, den eine Frau für sich definiert, kann auf dem Spiel stehen, wenn sie scheinbar unfähig ist, ein Kind zu empfangen.
Wenn eine Frau in den mittleren Jahren an den Punkt kommt, sich sagen zu müssen, daß für sie der Zug abgefahren sei, ist das oft schmerzvoll und bitter. Manchmal ist der Schmerz sogar so groß, daß nur eine Therapie helfen kann, ein neues Selbstverständnis zu finden. Frauen brauchen manchmal in ihrer Verzweiflung Hilfe von außen, um eine neue Distanz zu dieser Sache und eine weniger verzweifelte Haltung zu erreichen. Sie dürfen ihr Leben nicht von ihrem unerfüllten Kinderwunsch diktieren lassen.
Wir kommen nicht an der Tatsache vorbei, daß immer mehr Frauen ihren Kinderwunsch zu spät einplanen. In dem Glauben, alles ist machbar. Dieser Glaube wird genährt von geschäftstüchtigen Medizinern, die eine gute Geldquelle im Geschäft mit der Fruchtbarkeit gefunden haben. Gail Sheehy schreibt dazu: »Eine enorme Industrie entsteht, um der Fruchtbarkeit den Charakter einer Ware zu verleihen, die überall erhältlich werden soll.«[21] Die Konsequenz sei, daß

dies immer mehr jüngere Frauen dazu verleite, noch länger mit dem ersten Kind zu warten, um die Karriere voranzutreiben.

Ein weiterer Aspekt: Immer mehr Frauen um Vierzig wollen ein Kind, um ihren Alterungsprozeß aufzuhalten. Sheehy: »Schließlich ist eine Schwangerschaft ein unwiderlegbarer Beweis, daß man jünger ist, als die Geburtsurkunde besagt.«[22]

Zwar sei keine Frau Herrin über ihre Eierstöcke, und wer diesen falschen Anspruch nicht aufgebe, verleite andere Frauen dazu, sich unnötigerweise als Versagerin zu fühlen, und mache die mittleren Lebensjahre zur Tortur. Letztlich sei der Satz, daß eine Frau bis Mitte Vierzig locker Kinder bekommen könne, genauso ein verlogener Mythos wie das Ideal der magersüchtigen weiblichen Schönheit.

Zudem sollten sich Frauen mit spätem Kinderwunsch fragen, wie sich ein Kind mit den Anforderungen und Aufgaben der mittleren Lebensjahre verträgt, in denen andere in ihrem Alter ihre Kinder längst großgezogen haben oder sogar schon Großmütter sind.

Lena (44): »Die meisten Männer werden nie richtig erwachsen«

Ich habe mir gerade einen sehr wertvollen Ring gekauft. Seit Jahren wünsche ich mir solch einen Ring. Daß ich ihn mir nun geleistet habe, kann man auch symbolisch sehen. Es ist ein Abschied. Ein Abschied von der Vorstellung, einen Mann zu treffen, der zu mir paßt und dem ich es wert bin, mir einen solchen Ring zu schenken. Also auch jemand, der in solchen Verhältnissen lebt, daß er das könnte und der spendabel genug wäre. Einmal war ich verheiratet. Warum ich geheiratet habe, weiß ich bis heute nicht. Ich wußte von Anfang an, daß er nicht der Richtige ist. Er war es nie. Unsere Beziehung hat trotzdem 14 Jahre gedauert und war meine längste. Er war unheimlich darauf erpicht, zu heiraten. Er war in mich verliebt. Ich wollte ihn nicht verlieren, und so habe ich schließlich eingewilligt. Wir sind immer noch Freunde. Unsere Ehe ist daran gescheitert, daß ich einen Mann wollte, der weiß, was er will. Der erwachsen ist. Mein Exmann ist ein charmanter, kluger, interessanter Träumer, der nichts geregelt kriegt. Der im Grunde eine Mama wollte. Eine Frau, die ihn bewundert und ihm alles durchgehen läßt. Davon hatte ich irgendwann die Nase voll. Er hat beruflich nie richtig Fuß gefaßt, obwohl er mit viel Druck irgendwann sein Examen geschafft hat. Endgültig den Schlußstrich gezogen habe ich, als er fremdging.

Ich habe nie aktiv einen Mann gesucht. Einer der Gründe dafür ist sicher, daß ich schüchtern bin. An Verehrern mangelt es nicht. Ich scheine für Männer begehrenswert zu sein. Ich bin groß, schlank, habe braune Augen und lange schwarze Haare. Männer scheinen das zu mögen. Daß ich immer auf einen bestimmten Männertyp geflogen wäre, kann ich nicht sagen. Geld war nie eine Bedingung für eine Beziehung. Im Gegenteil, die meisten Männer hatten eher wenig. Ich habe die Tendenz zu Typen, die nichts zustandebringen. Ich bin Creative Directorin in einer großen Werbeagentur, wollte immer Karriere machen und verdiene selbst recht gut. Ich habe von den letzten Halodris bis zu wunderbaren, sehr ernsthaften, gestandenen Männern alles ausprobiert. Älter, jünger, gleichaltrig, arm, reich, groß, klein, dick, dünn. Ich bin nicht festgelegt. Eine Zeitlang habe ich geglaubt, man könne nur eine haltbare Partnerschaft aufbauen, wenn man erst mal mit jemandem befreundet ist, ihn sehr gut kennt. Ich fand diese Einstellung vernünftig, habe aber festgestellt, daß das nicht auf Dauer funktioniert. Ich brauche eine gewisse erotische Spannung, und ich habe die Erfahrung gemacht, daß die abflaut. Ich habe immer wieder Beziehungen, in denen ich mich wohl und heimisch fühle, aber irgendwann ist die Erotik futsch.

Viele Männer sind vor allem beschäftigt mit ihrem Job, und alles, was darüber hinausgeht, interessiert sie nicht. Ich finde das langweilig. Ich erwarte geistige Beweglichkeit von einem Mann. Ich brauche geistige Auseinandersetzungen. Ich könnte nie mit einem Mann zusammensein, der dumm ist. Aber ich habe festgestellt, daß auch intelligente Männer oft eng im Denken sind, und das ist öde. Ich finde, Männer haben häufig das, was ich als »vorzeitigen Altersstarrsinn« bezeichne.

Meine Ansprüche an einen Mann: Er muß klug sein, großzügig, Humor ist wichtig. Er darf keine Probleme haben damit, daß ich eine sehr selbständige Frau bin. Dieses Weibchengehabe liegt mir nicht. Der Mann müßte beispielsweise kochen können. Und wenn er es nicht kann, sollte er es nicht von mir erwarten. Ich würde mir keinen Chauvi ins Nest setzen, mit dem ich diskutieren müßte, warum er seine Socken auf dem Boden liegenläßt, statt sie selbst aufzuheben und in die Waschmaschine zu stopfen. Für mich ist solches Verhalten Ausdruck einer gewissen Einstellung. Diese Herrenmenschen-Mentalität bei Männern finde ich zum Kotzen. Ich möchte mich auf einen Partner verlassen können. Ich erwarte Ehrlichkeit und Zuverlässigkeit.

Mein letzter Freund war klug, gebildet, vielseitig interessiert, er hatte Humor, wir hatten viel Spaß, und es hat geknistert. Es war angenehm und anregend. Das ging eine ganze Weile gut. Irgendwann hat er angefangen, mich in allen möglichen Bereichen zu kritisieren und klein zu machen. Es war sehr verletzend. Ich habe ihn darauf angesprochen, wir haben darüber geredet, und da hat er unvorsichtigerweise gesagt, er wolle mich brechen. Ich war sprachlos. Als ich genauer nachfragte, stellte sich heraus, daß er mit meiner Eigenständigkeit nicht wirklich umgehen konnte, er wollte mich sozusagen handzahm machen. Ich war ihm zu selbstbewußt. Anfangs hatte ich das Gefühl, daß ihm gerade das gefiel. Wir haben zwar danach noch miteinander geredet, aber mir war klar, daß es aus war. Ich kenne wenige Männer, die langfristig eine gleichwertige Partnerin ertragen können.

Davor hatte ich einen Freund, der zu den wenigen Männern gehört, die ich als erwachsen bezeichnen würde. Ich mochte und mag ihn sehr, war aber nie verliebt in ihn. Ich habe mich trotzdem eingelassen, weil alles so wunderbar paßte. Im nachhinein muß ich sagen, das war die angenehmste, unkomplizierteste Beziehung, die ich hatte. Ich schätze ihn immer noch sehr, wir sehen uns und haben Kontakt. Ich fühle mich wohl mit ihm. Er ist ein sehr guter Liebhaber, und es hat anfangs gut geklappt. Doch irgendwann stellte ich fest, daß ich überhaupt keine Lust mehr auf ihn habe. Heute hätte ich sogar einen unheimlichen Widerwillen, mit ihm zu schlafen. Wir tun das auch nicht mehr. Trotzdem sind wir gut befreundet.

Ich habe das Gefühl, wenn ich auf meine Beziehungen zurückblicke, daß Männer mich anstrengend finden. Ich bin jemand, der die Dinge genau wissen will. Ich lasse keinen mit Geplapper davonkommen. Dann passiert es meistens parallel, daß ich es langweilig finde, und den Männern wird es zu anstrengend. Das ist eine Erfahrung, die ich immer wieder mache.

Wenn ich mich beschreiben sollte, würde ich sagen, daß ich weiß, was ich will. Das ist gepaart mit einer gewissen Schüchternheit. Ich würde mich als Kopfmenschen bezeichnen, ich bin sehr sachlich. Gefühle kann ich gut bändigen. Ich bin verschlossen, aber unlaunisch. Ich liebe es, allein zu leben. Ich komme sehr gut mit mir zurecht. Ich brauche mein Alleinsein sogar, um mich zu erholen. Ich bin neugierig, offen, kontaktfreudig und tolerant. Eine Mischung aus weiblichen und männlichen Eigenschaften, denn ich lasse mir nicht viel gefallen. Ich sorge für mich selbst, und das mit Vergnügen. Ich brauche keinen Versorger. Ich bin begrenzt geneigt, mich anzupassen, aber ich ordne mich nicht unter.

Ich hatte in meinem Leben genug Liebeskummer. Vielleicht habe ich die Nase voll davon und mache zu. Oder ich bin eher eine Einsiedlernatur. Vielleicht ist mir bis heute auch nie der Richtige begegnet. Ich weiß es nicht, und ich will es auch nicht analysieren. Ich bin nicht auf der Suche, aber trotzdem offen für eine Partnerschaft. Ich würde keine zweite Wahl akzeptieren. Vielleicht begegnet mir ja noch einmal ein Mann, mit dem ich unbedingt zusammenleben will. Das will ich nicht ausschließen.

Ich habe immer mal wieder Amouren. Ich kann mich nicht beklagen. Es kommen immer wieder Männer auf mich zu. Über eines ärgere ich mich allerdings. Wenn mir ein Mann wirklich gefällt, schüchtert mich das ein. Ich würde nie von mir aus einen Mann ansprechen. Ich habe dann Hemmungen. Da mich genug Männer ansprechen, fällt das nicht so ins Gewicht. Aber ich lerne eben auch nur die Männer kennen, die

auf mich zugehen, die mich ansprechen und umwerben. Gelassen bin ich nur, wenn mir jemand egal ist. Sobald mir einer gut gefällt, finde ich mich absolut lächerlich.
Einmal hat es trotzdem geklappt. Daraus wurde meine große Liebe. Ich sah ihn und war wie vom Donner gerührt. Das war auf der Straße. Ihm ging es genauso. Und er hat mich angesprochen. Er war ein bißchen schüchtern, und ich habe gestottert. Es war eine hinreißende Begegnung. Erst sind wir aneinander vorbeigegangen. Dann ist er zurückgekommen, und er hat gesagt, es fiele ihm schwer, mich anzusprechen, aber ich gefiele ihm so gut, daß er es sich nie verzeihen würde, mich gehen zu lassen. Es war bezaubernd.
Wir haben drei Jahre zusammengelebt. Wir hatten eine sehr schöne Zeit miteinander, bis sich zeigte, wie unsicher er war, und sich alles zu einer Haßliebe entwickelte. Mit der Zeit stellte ich fest, daß er sich weder aus seiner Ehe noch von seiner Mutter gelöst hatte. Hinzu kam, daß sein gesamter Bekanntenkreis gegen mich arbeitete. Seine Exfrau hat unglaublich geschossen, seine Söhne auch, und sogar seine Mutter hat sich eingemischt. Ich hatte das Gefühl, daß sich alle zusammengetan hatten und versuchten, uns auseinanderzubringen. Wir waren damals wie Turteltäubchen. Ich glaube, das wurde uns geneidet. Sie haben ihn in die Mangel genommen, ihm immer wieder prophezeit, daß ich ihn verlassen würde, weil er viel älter war. Das hat ihn enorm beeinflußt, und es hat ihm zugesetzt. Er hat es nicht geschafft, sich abzugrenzen und zu uns und unserer Liebe zu stehen. Er war innerlich nicht wirklich frei und abgenabelt. Er konnte nicht nein sagen, ist nie erwachsen geworden. Wenn er sich ganz hilflos fühlte, bekam er einen cholerischen Wutanfall. Er war feige, hat oft gelogen. Unsere Beziehung entwickelte sich zu einem Machtkampf, der sich immer schmerzhafter zuspitzte. Am Ende war ich dauernd krank, ein Häufchen Elend. Auch, als wir uns räumlich getrennt hatten, ging das noch jahrelang weiter. Wir konnten nicht miteinander, aber

auch nicht ohne einander. Er hatte übrigens blitzartig eine Neue. Er gehört zu den Männern, die nicht allein sein können. Nach ihm hatte ich überwiegend kurze Geschichten. Mit den meisten Männern habe ich bis heute freundschaftliche Beziehungen.

Über Männer im allgemeinen würde ich tendenziell sagen, daß ich wenige kenne, die ich als erwachsen bezeichnen würde. Damit verbinde ich zuverlässig sein, Verantwortung übernehmen oder sich um ein Kind kümmern, Mut haben, unangenehmen Dingen ins Auge zu sehen. Männer, die innerlich frei sind vom Elternhaus und von alten Beziehungen. Eindeutigkeit, Klarheit, Konsequenz, das findet man sehr selten bei Männern. Ich glaube, daß das Gros der Männer keine Frau möchte, die genausogut ausgebildet ist, wie sie selbst. In Frage gestellt werden wollen sie nicht. Das ist fürs männliche Ego schwierig. Wenn ich mir die Männer anschaue, mit denen ich zusammen war, hat sich anschließend keiner wieder eine Frau gesucht, die so gut ausgebildet war wie ich. Sie haben sich immer bedürftigere gesucht, die sich mehr an Männer hängen. Solche, die ihnen das Gefühl geben, gebraucht zu werden. Das Gefühl wichtig zu sein und gebraucht zu werden, bindet Männer offensichtlich stark.

Auf Annoncen antworte ich nicht, und ich gebe auch keine auf, so wie das Freundinnen und Kolleginnen öfter tun. Ich habe keine Lust, mich in die Situation zu begeben, die sich daraus ergibt, diese erste Phase des Kontaktaufnehmens und Kennenlernens. Ich habe das Vorurteil, daß die Männer, die per Inserat eine Frau suchen, nicht die Männer sein können, die zu mir passen. Das ist wie die Nadel im Heuhaufen suchen. Dazu habe ich keine Lust.

Wenn man so was tut, muß man, glaube ich, extrem gut drauf sein, es spielerisch sehen, nach dem Motto: die Jungs bestellen und angucken. Dazu bin ich weder souverän noch zynisch genug. Ich bin offen für einen Mann, aber ich suche nicht. Wenn mir ein netter über den Weg läuft, wunderbar. Ich finde

Männer wichtig, sie sollen ruhig alle vorbeikommen, und alle meine Freundinnen sollen ruhig versuchen, mich zu verkuppeln. Das gefällt mir. Ich suche nicht, aber wenn ein interessanter Mann kommt, bin ich bereit. Und bisher ist mir ja immer mal wieder einer über den Weg gelaufen.

Auch Männer haben sich geändert

Es ist eine Trendwende zu verzeichnen. Statt über die »unterentwickelten« Männer zu schimpfen, das Patriarchat zu verdammen, die Machomänner zu bekämpfen und kein gutes Haar an ihnen zu lassen, sagen immer mehr Frauen: Es gibt wirklich nette, akzeptable Männer. Auch die Männer haben sich in den letzten Jahren verändert. Das Miesmachen der gesamten Männerwelt ist ein Thema speziell der Pionierinnen der Frauenbewegung. Feministische Frauen haben ein Männerbild geprägt, das vor fast drei Jahrzehnten zutreffend war. Die 68er Frauen brauchten das Feindbild Mann, weil die Frauenrolle damals eine andere war. Weil die Frau tatsächlich in vielen Bereichen nicht gleichberechtigt, sondern unterdrückt war. Aber es sind inzwischen viele Fesseln gesprengt worden. Spricht man mit jüngeren Frauen, so sagen diese: »Das Jammergeschrei über Männer ist passé. Wir mögen das nicht mehr lesen.« So ist in der jüngsten Frauenliteratur auch ein deutlich anderes Männerbild zu entdecken. Die Sehnsucht nach dem Märchenprinzen ist einer realistischeren Haltung gewichen.

Die Suche nach dem Mann fürs Leben ist heute partnerschaftlicher ausgerichtet, Frauen und Männer suchen nach menschlichen Qualitäten. Die Paare sind offener und gesprächsbereiter. Wenn nicht in der ersten, so doch auf jeden Fall in einer Zweitbeziehung, wenn die Erfahrungen einer ersten mißlungenen Beziehung verarbeitet und ausgewertet sind. Jeder von uns, ob Mann oder Frau, hat schlechte Erfahrungen hinter sich. Und es sind nicht nur wir Frauen, die gelernt haben. Auch Männer sind darauf bedacht, daß sich alte Verletzungen nicht wiederholen. Auch Männer haben ein Interesse daran, daß eine Beziehung funktioniert, daß beide in ihr zufrieden sind. Die Rolle des Mannes ist durch das, was Frauen sich erkämpft haben, ins Wanken gekommen. Was vor Jahrzehnten als männliche Rolle festgeschrieben war – er ist der Versorger und hat das Sagen im privaten wie öffentlichen Bereich –, stimmt so nicht mehr durchgängig und ohne weiteres, obwohl Tendenzen noch da sind. Die Rollen sind nicht völlig aufgehoben, aber sie haben sich relativiert. Auch Männer achten darauf, daß die Partnerschaft ausgewogen ist.

Männer sind weder völlig stumpf, wie ihnen lange Zeit unterstellt wurde, noch haben sie keine Emotionen. Es gibt viele Männer, die heute sehr emotional reagieren und nicht nur den Gesetzen der Logik folgen. Zwar unterscheiden sie sich von Frauen, aber es stimmt nicht, wenn Frauen sagen, Männer nähmen nichts wahr. Auch Männer haben aus ihren Beziehungen und Trennungsgeschichten gelernt. Genau wie Frauen sind sie durchaus in der Lage zu empfinden und zu benennen, was ihnen gefehlt hat und was sie brauchen. Sie sind aufgeschlossener geworden, bereit, an Beziehungen zu arbeiten, und viele von ihnen wissen eine emanzipierte Frau durchaus zu schätzen. Sie wollen gar kein verhuschtes Heimchen am Herd mehr. Sicher, es gibt auch noch solche, aber es gibt eben auch noch Frauen, die sich gerne vom Mann aushalten lassen und sich mit Haushalt und Kinderaufzucht begnügen. Die Frauenbewegung hat ja nicht alle Frauen erfaßt und beeinflußt.

Männer haben dreißig Jahre Frauenbewegung erlebt und auch verarbeitet. Sie haben akzeptiert, daß Frauen ihren Mann stehen. Gut, die Chefetagen sind noch lange nicht paritätisch besetzt, wir kommen nicht ohne die Quote aus. Die Kehrseite ist, daß es einem Mann, der sagt, ich nehme drei Jahre Erziehungsurlaub, auch nicht gerade einfach gemacht wird, wenn es um die Karriere geht. Und nicht nur von seinem Chef. Mal ehrlich, wie schnell sind wir selbst mit Stigmatisierungen bei der Hand, wenn wir einen Mann auf dem Spielplatz treffen, der den Hausmann abgibt. Da sehen wir dann endlich mal einen, der die Rolle getauscht hat. Aber statt zu sagen: »Klasse Mann, finden wir gut«, rümpfen wir insgeheim die Nase und sagen verächtlich: »Schlaffi, vielleicht hat er aus der Not eine Tugend gemacht und ist in Wirklichkeit arbeitslos.« Wir Frauen sind es oftmals selbst, die einen seltsamen Paradiesvogel aus solch einem Mann machen. Und welche Frau stellt sich mit fliegenden Fahnen dem anstrengenden Berufsleben und sagt, okay, ich ernähre die Familie. Es gibt Untersuchungen, daß Frauen, die in einer Partnerschaft mitarbeiten, ihren Verdienst eher als ihr persönliches Taschengeld verstehen, über das sie frei verfügen können und über das sie keine Rechenschaft schuldig sind. Davon die Miete und den Lebensunterhalt finanzieren wollen die wenigsten.

Das extrem abwertende Bild vom Mann, der weibliche Entwicklung verhindert, hat sich verschoben. Die feministische Frauengeneration mußte sich abgrenzen und schuf deshalb Feindbilder, die nach Jahrzehnten überflüssig geworden sind. Sie sind schlicht und ergreifend überholt, und wir tun vielen Männern damit unrecht. Was aber noch elementarer ist: Wir schwächen unsere eigene Position durch dieses Bild. Wir schaden uns selbst, denn es verhindert, daß wir genauer hinschauen und vielleicht vor der eigenen Haustür kehren. Der Feind von damals existiert so nicht mehr. Es gibt eine ganze Reihe von Männern, die mit ihren Gefühlen vertraut sind und auch offen über sie sprechen können. Und es gibt eine Menge Frauen, die wenig Interesse haben, sich über sich selbst klarzuwerden und über ihre Empfindungen zu reden. Es gibt genug Frauen, denen es wichtiger ist, im Beruf an die Spitze zu gelangen, Preise zu gewinnen, sportliche Höchstleistungen zu erbringen, während die persönliche Nähe zu einem Partner auf ihrer Werteskala viel weiter unten rangiert. Aber es ist ja wesentlich einfacher und bequemer, über die Männer zu schimpfen, als sich selbst anzusehen. Manche Frauen halten an diesem jämmerlichen Männerbild fest, um nicht sich selbst Rechenschaft ablegen zu müssen.

Frauen sollten aufhören, Männer als Feinde zu bekämpfen. Denn darum geht es heute nicht mehr. Es geht vielmehr um die Frage, wie wir uns einander annähern können? Wir vertreten doch in vielem auch gleiche Ziele, wollen miteinander in Beziehung kommen. Aber eine Annäherung wird verhindert, wenn man immer nur kämpft.

Es gibt inzwischen Männergruppen, Zeitschriften für Männer und Männerbücher. In all diesen Bereichen kann die aufmerksame Leserin und Zuhörerin feststellen, daß Männer sich durchaus differenziert hinterfragen. Der Mann stellt auch selbst sein Rollenbild in Frage. Zumindest hat er sein altes Rollenbild aufgelockert. Vielleicht nicht unbedingt von Anfang an freiwillig, sondern ausgelöst durch uns Frauen. Aber nichtsdestotrotz gibt es Männer, die ihre Hausaufgaben machen oder gemacht haben. Männer haben sich sehr wohl mit dem veränderten Rollenverständnis der Frau auseinandergesetzt. Theoretisch und auch in der Praxis. Emotional und partnerschaftlich haben Männer sich verändert. Die alte Rolle, Frau und Familie zu ernähren, hat auch für Männer einen jahrzehntelangen Druck bedeutet. Es war kein Zuckerschlecken, der alleinige Versorger zu sein. Es ist eine Entlastung, wenn die Frau mitarbeitet und dadurch beide für die Erhöhung des Lebensstandards zuständig sind. Der Mann kann es beispielsweise wagen, sich selbständig zu machen, weil die Frau ein gesichertes Einkommen hat. Er kann es sich für zwei, drei Jahre erlauben, zu experimentieren. Die Frauenbewegung bedeutet ja auch, daß für Männer Freiräume geschaffen wurden, in denen sie nicht mehr zuständig sein müssen. Und es gibt heute viele Männer, die sind sogar stolz auf ihre Frauen und das, was sie erreicht haben. Wohingegen die Frauen, die am alten Männerbild festhalten, sich häufig selbst eine Falle stellen, denn es bringt sie nicht weiter und verhindert, daß sie einen Partner finden.

Wir meinen, statt Männer ständig zu kritisieren und kein gutes Haar an ihnen zu lassen, ist es sinnvoller, Akzeptanz und Verständnis zu entwickeln. Dabei kann Ihnen folgender kleiner Exkurs helfen:

Viele Frauen leiden unter dem typischen männlichen Abgrenzungsverhalten ihres Partners. Sie klagen darüber, daß Männer in Diskussionen und im alltäglichen Leben zu wenig einfühlsam sind. Ja, sie seien unfähig zu gefühlvollem Verhalten. Abgrenzungsversuche drücken sich aus in innerem Rückzug, körperlicher Distanz, Vermeiden von Verpflichtungen und nahen Bindungen. Die Ursachen liegen in der Angst vor Nähe.

Die Wurzeln für männlichen Rückzug sind in der früheren Mutter-Kind-Beziehung zu sehen. Während Mädchen ermuntert werden, die Nähe zur Mutter zu suchen, wird von Jungen früh erwartet, sich von der Mutter abzugrenzen, damit sie ihre männliche Identität finden. Söhne lernen also: Männlichsein ist das Gegenteil, die Abgrenzung von Weiblichsein. Wer ein Mann werden will, muß weibliches Verhalten vermeiden. Das kann zu späteren Einfühlungsdefiziten gegenüber der eigenen Partnerin führen. Das bedeutet aber nicht, daß Männer nicht genauso bindungsfähig und empfindsam wären wie Frauen. Sie drücken es nur anders aus. In einer Untersuchung kam der amerikanische Psychotherapeut William S. Pollack von der Harvard Medical School, Massachusetts, zu dem Ergebnis: »... daß es eine angeborene psychologische Fähigkeit gibt, den Gefühlszustand eines anderen Menschen nachzuempfinden. Männer und Frauen sind gleichsam mit dieser Fähigkeit ausgestattet«.[23]

Männer zeigen dieses Talent häufig in dem gesellschaftlich tolerierten kognitiven Bereich. Männliche Verkleidung von Gefühlen sieht dann so aus:

- der Frau Liebe durch Kampf um sie demonstrieren.
- Zärtlichkeit durch Stärke zeigen.

Männeransichten

Gespräch mit dem Therapeuten und Buchautor Wilhelm Johnen

Was unterscheidet ältere Frauen von ganz jungen?

Die Entwicklung von Frauen über Vierzig geht oft einher mit der Entmythologisierung von Männern. Mit dem Abschied vom tollen Typen. Die Männer sind nicht mehr die größten. Ich nenne das »Männerentherrlichung«. Bis Dreißig wurde heftig um die Männer gebuhlt, um einen Versorger zu haben oder eine Familie zu gründen. Bis Dreißig wird der Märchenprinz gesucht. Mit Vierzig ist das häufig vorbei. Frauen über Vierzig sehen die Männer in ihren Grenzen. Viele Wunschvorstellungen über Männer, die unrealistisch sind, verschwinden.

Viele Frauen erkennen sich selbst?

Genau. Der Partner muß nicht mehr die Teile übernehmen, die die Frau selber tragen kann. Die eigene Sicherheit, Geborgenheit liegt nicht in einem anderen Menschen begründet, wir finden sie in uns selbst. Schon C. G. Jung sagte, unsere innere Freiheit bedeute auch, daß eine Liebesbeziehung nicht mehr fesseln könne. Das männliche Geschlecht hat heute seine geheime Macht über Frauen verloren, weil sie ihre eigenen Stärken in der Tiefe ihrer Seele erkennen. Männer und Frauen würden sich laut Jung deshalb auch nicht mehr so leicht an andere verlieren. Mit anderen Worten: Wer keine eigene Stärke hat, lebt in der Gefahr, sich mit dem anderen übertrieben zu identifizieren. Bei manchen Frauen um Vierzig kommt der Kick, jetzt wirklich die eigenen Interessen zu leben, unter Umständen auch unter Verzicht auf einen festen Partner. Es geht nicht mehr darum, den Märchenprinzen zu finden, sondern einen Menschen, mit dem man sich gleichberechtigt austauschen kann.

Was suchen Frauen statt dessen?

Gleichzeitig fangen viele Frauen ab Vierzig heute noch mal an, beruflich voll durchzustarten. Im Gegensatz zu den Generationen vorher. Wenn sie die Kinder aus dem Gröbsten heraushaben, organisieren sie sich so, daß sie das hinbekommen. Steigen wieder ein oder wagen etwas ganz anderes. Das ist neu.

Vielen Frauen um Vierzig sieht man ihr Alter gar nicht an. Woran liegt das?

Das Phänomen ist, Frauen um Vierzig, die ihr Leben auf eine neue Basis stellen, fangen sogar an, jünger auszusehen als vorher. Das liegt daran, daß sie wieder lebendiger werden. Sie erreichen eine andere Bewußtseinsebene. Wissen, was sie geschafft haben, fühlen sich selbstsicherer. Sie kennen die eigenen Kräfte besser, trauen sich mehr zu. Sie haben eine größere innere Sicherheit, weil sie unabhängiger sind. Das strahlen sie aus.

Viele Frauen empfinden es als paradox. Sie sind sexuell voll entwickelt, aber langsam schwindet ihre äußerliche Attraktivität.

Die größte Attraktivität ist doch, wenn ein Mensch stimmig in sich ist, wenn alles paßt. Das kann aber nie passieren, wenn man versucht, dem Alter wegzulaufen, sich einem Allerweltsgeschmack anzupassen. Dann wird man zur Maske. Wenn ein Gesicht Gelassenheit ausstrahlt, ist es immer ein attraktives Gesicht.

Was findet ein Mann an einer Vierzigjährigen attraktiv?

Da kann ich nur von mir reden. Ich mag diese Konfrontation, die man mit reifen Frauen haben kann. Daß man sich über viele Dinge kompetent streiten kann. Das macht mich übrigens mehr an, als wenn jemand ein aalglattes hübsches Gesicht hat und nur oberflächlichen Unsinn redet. Mir gefallen mehr die Frauen mit Profil, das war übrigens schon immer so. Verhärmte Gesichtszüge sind mir zuwider. Da kommt für mich rüber, ich werde für das eigene Elend und das Elend der ganzen Welt verantwortlich gemacht. Das turnt ab. Das gilt für Männer aber genauso. Auch junge Gesichter, wenn sie muffig blicken, strahlen nichts aus.

Haben Frauen vielleicht ein falsches Bild von Männern?

Wenn es um sexuelle Attraktivität geht, haben Frauen häufig ein falsches Bild von dem, was der Mann gut findet. Frauen haben oft das Bild, daß Sexualität lediglich angestoßen wird durch perfekte optische Reize. Das stimmt nicht allgemein, mag aber für einen kleinen Teil der Männer gelten. Doch ein Großteil fliegt auf Aktivität, Erleben, Mitmachen. Da ist das

Problem eher, daß Frauen sich selbst nicht so mögen, wie sie sind. Dabei ist es für die sexuell reife Frau doch besser denn je. Sie traut sich endlich, zu sagen, was sie mag, was sie sich wünscht, was sie nicht mag. Sie hat ein Gefühl dafür entwickeln können, was für sie stimmt, und sagt es auch. Eine sexuell wissende Frau, die eigene Bedürfnisse zeigt, ist doch toll. Eine Frau, die sich traut, eine Hand zu führen. Und das können Frauen nun mal erst, wenn sie älter sind und Erfahrung haben.

Thilo (45): »Ich will keine Frau, die klammert«

Wenn ich an Partnersuche denke, denke ich mehr an Gleichaltrige. Auf keinen Fall an wesentlich jüngere Frauen. Eine neue Partnerin sollte genauso groß sein wie ich, über 1,70 auf jeden Fall. Ich bin 1,76. Sie sollte attraktiv sein. Haarfarbe ist fast egal, obwohl ich eher zu den Schwarzhaarigen tendiere. Soviel zum Äußeren. Eine gewisse Lebenserfahrung sollte eine Partnerin haben. Für mich persönlich ist es wichtig, daß eine Frau eine hohe Eigenständigkeit hat. Sie sollte finanziell unabhängig sein. Ich möchte keine Partnerin mehr, die materiell von mir abhängt, die ich stützen müßte. Das hat nichts mit Geldmangel zu tun, sondern mit Gleichberechtigung. Ich möchte überhaupt kein Abhängigkeitsverhältnis mehr.

Meine Exfrau hat zwar mitgearbeitet, was aber nicht hieß, daß sie finanziell unabhängig gewesen wäre. Den ganzen finanziellen Rahmen mußte ich allein erbringen. Heute möchte ich eine ebenbürtige Frau. Ich möchte Auseinandersetzungen mit einer gleichstarken Partnerin. Ich habe inzwischen die Bereitschaft zur Auseinandersetzung. Ich habe begriffen, daß man an einer Beziehung arbeiten muß. Daß die nicht von selbst läuft. Meine zukünftige Partnerin sollte gestanden genug sein, auch konträre Positionen vertreten zu können. Kurz gesagt, Rückgrat haben. Ich möchte keine Auseinandersetzungen mehr, die an der Beziehung kratzen. Ich würde heute bestimmte Dinge ausschließen, bevor ich eine Beziehung eingehe. Rahmenbedingungen müssen klar sein. Ich bin selbständig, habe ein Unternehmen. Ich arbeite sehr viel. Ich bin nicht jeden Abend zu Hause. Das müßte akzeptiert werden.

In meiner Ehe war Arbeit Flucht. Vielleicht habe ich deshalb so viel gearbeitet. Es wäre spannend für mich, ob ich in einer gut funktionierenden Beziehung auch das Bedürfnis hätte, so viel zu arbeiten. Oder ob ich da auch flüchten wollte. In meiner Ehe tat es mir gut, zur Arbeit zu gehen. Meine Frau warf mir ständig vor, daß ich nie da sei. Unsere Beziehung war nach zwanzig Jahren völlig verflacht. Ich war irgendwann an dem Punkt, nicht mehr diese endlosen immer wiederkehrenden Diskussionen führen zu wollen. Ich habe entschieden, ich arbeite lieber. Klar, als Selbständiger kann man die Hände nicht in den Schoß legen. Es ist ein Spagat zwischen finanzieller Notwendigkeit und auch Erfolgshunger. Ich bin von Null durchgestartet, und heute ist es so, daß es mir auf tausend Mark nicht ankommt. Da stellt sich die Frage, arbeite ich noch mehr? Oder nicht.

Ich will damit nicht sagen, daß ich nicht nach Hause komme, wenn es um emotionale Probleme geht. Wir haben lange Auseinandersetzungen um emotionale Probleme geführt. Wir haben ein Jahr lang Paartherapie gemacht. Das hat uns nicht wieder zusammengebracht. Irgendwann war die Luft raus. Keine Motivation mehr. Als ich meine Frau heiratete, waren wir beide sehr jung. Ich habe mir damals keine Gedanken darüber gemacht, daß man an einer Beziehung arbeiten muß. Irgendwann stellt man fest, es ist Sand im Getriebe. Irgend etwas ist falsch gelaufen und funktioniert nicht. Ich habe mich hingesetzt und diskutiert. Es hat nichts genützt. Ich habe im nachhinein und nach der Entwicklung, die wir beide zusammen hinter uns haben, festgestellt, daß ich die falsche Frau geheiratet habe. Sie ist von der Interessenlage her genau das Gegenteil zu mir. Wir haben keine Gemeinsamkeiten. Sie liebt es einsam am See im Wald. Ein gutes Buch dabei und sonst nichts. Für mich ist das mal okay. Ich bin aber der

Typ, der gerne mal rausgeht. Auf die Go-Kart-Bahn, Segeln, Tennis spielen.

Was ich überhaupt nicht mehr möchte in einer Beziehung, ist zwanghaftes Kontrollieren. Wo bist du, wann kommst du, wo fährst du hin, bleib nicht so lange weg, komm doch auch ins Bett. Wenn eine Partnerin das Gefühl hat, mich kontrollieren zu müssen, dann ist etwas faul. Dann stimmt doch etwas nicht. Das ist dann ein gestörtes Vertrauensverhältnis, und das mag ich nicht. Vertrauen muß da sein. Ich würde mir eine Partnerin wünschen, die einige Interessen mit mir teilt. Die zumindest Verständnis dafür hat, was ich gerne tue. Die mich läßt. Ich will keine mehr, die dauernd versucht, an mir herumzuschrauben. Das würde ich in einer neuen Partnerschaft vorher abklären. Ich würde mich nicht mehr in eine neue Beziehung stürzen. Es müßte eine Testphase vorausgehen, um zu sehen, ob wir harmonieren. Man muß nicht alles gemeinsam machen. Ich könnte genausogut eine Partnerin akzeptieren, die mir meine Hobbys gönnt, auch wenn sie nicht bei allem mitmachen möchte.

Was ich beispielsweise gut finde, ist, allein Urlaub machen zu können. Was ich in meiner Ehe erlebt habe, war das Klammern. Keine Freiheiten lassen. Ich habe als Erfahrung hinter mir, daß ich meine Frau 20 Jahre lang mitgezogen habe. Finanziell, emotional, in allen Bereichen. Das möchte ich nicht mehr. Es war ein Kraftakt, mit Freunden alleine segeln gehen zu können. Ich habe mich da erst sehr spät durchgesetzt, habe jahrzehntelang meine Interessen zurückgestellt. Eine neue Partnerin sollte loslassen können. Sie müßte sich natürlich nicht ganz auf mich einstellen. Ich bin auch offen für bereichernde Interessen und Hobbys, die ich noch nicht kenne. Wenn sie mich zu etwas mitzieht, was ich selbst noch nie gemacht habe. Ich würde mich gerne auf etwas Neues einlassen. Vielleicht wäre beides optimal: Den Partner loslassen, aber auch Dinge finden, die man gemeinsam machen kann.

Ich finde Frauen in der Lebensmitte optisch attraktiv. Das ein-

zige, was mich stören könnte, wäre mangelndes Selbstbewußtsein, kein Selbstwertgefühl aufgrund des Alters. Fältchen stören überhaupt nicht. Ich finde es Blödsinn, wenn Frauen glauben, sie seien dadurch unattraktiv. Viele schieben das Zerbrechen ihrer Ehe auf die Falten. Ich denke, das hat nichts mit der Optik zu tun. Für mich ist eine Frau nicht nur durch ihre makellose äußere Hülle schön. Eine Frau, die mit sich klarkommt, strahlt etwas aus. Das ist mir viel lieber als eine mit Zwanzig, die keine Lebenserfahrung hat. Ich kenne Frauen mit Fünfzig und Sechzig, die haben Falten. Aber auch eine Ausstrahlung, die sie wahnsinnig attraktiv macht. Darum geht es. Es geht ja um das, was fesselt. Es ist eine Sache der Persönlichkeit. Ich habe Schwierigkeiten damit, wenn Frauen mit Fünfundvierzig zum Schönheitschirurgen rennen. Da frage ich mich, was hat die für Probleme? Die kann keine Ausstrahlung haben, weil sie nicht zu sich steht. Das ist das Grundproblem. Ich treffe wenig Frauen in der Lebensmitte, die selbstbewußt sind. Ich kenne viele Frauen in der Lebensmitte, die in Resignation und Stillstand verharren. Dann gibt es die, die einen neuen oder auch einen ersten Aufbruch haben. Die fangen plötzlich an aufzublühen, etwas aus sich zu machen. Die steigen neu ein, die tun was, entwickeln Ideen. Die Lebenserfahrung, die Verletzungen, Enttäuschungen werden gebündelt, aufgearbeitet, und dann legen die los. Das finde ich gut.
Ich bin mit einem Ehepaar befreundet, dessen Kinder groß sind, das Haus ist bezahlt, und die haben sich zwei Motorräder gekauft. Für sich! Und sie macht eine Ausbildung. Sie will einen anderen Beruf lernen. Das finde ich super. Die sind locker drauf. Und die sind nicht im alten Trott stehengeblieben, die brechen auf zu neuen Ufern. Kein bißchen verkrampft. Ich stelle immer wieder fest, Leute, die stark sind, sind locker. In diesen herkömmlichen Beziehungen, die mit Zwanzig anfingen, haben die Männer in der Lebensmitte Alibifunktion. Die Frau lehnt sich an und identifiziert sich über den Mann und was aus dem geworden ist. Ob sie ihre eigene

Persönlichkeit entwickelt hat, das ist die Frage. Viele haben das versäumt. Da bietet der Mann den entsprechenden Rahmen, und die Frau, die sich nach drei Jahren und dem ersten Kind innerlich aus ihrem gewohnten Umfeld, ihrem Beruf verabschiedet hat und mit dem Säugling einsam zu Hause hockt, die hat ja gar keine Kontakte, um sich zu erproben und weiterzuentwickeln. Die bleibt auf einer bestimmten Entwicklungsstufe stehen. Im Kindergarten kann die sich nicht entwickeln. Irgendwann ist der Knall vorprogrammiert. Und diese Frauen, die schieben dann die Tatsache, daß der Mann sich abwendet, darauf, daß sie alt werden. Das ist aber nicht die Ursache. Die Ursache ist die frustrierte Ausstrahlung. Das Klammern, das dann automatisch anfängt. Die Falten haben nur Alibifunktion. Es ist das innere Wachstum. Und deshalb suche ich eine gleichaltrige Frau, die sich im Laufe der Jahre entwickelt hat und gereift ist. Sonst muß ich wieder akkern, wie ich es zwanzig Jahre lang gemacht habe. Ich will nicht noch mal Versorger sein.

Eine Frau, die noch ein Kind haben möchte, kommt für mich auf keinen Fall in Frage. Ich habe zwei Kinder, 15 und 20 Jahre alt. Für mich ist das ganz sicher: Kein Kind mehr. Das habe ich hinter mir. Ich habe zwei großgezogen und habe ein sehr gutes Verhältnis zu ihnen. Ich habe meine beiden verantwortungsbewußt ins Leben entlassen. Die sind leistungsorientiert, kritisch, entscheiden selbständig und sind Genießer. Was will ich mehr? Das reicht. Jetzt gibt es andere Prioritäten. Das Problem, das Männer in meinem Alter, die auf wesentlich jüngere Frauen schielen, haben, ist ja der Kinderwunsch. Das muß man sich schon sehr genau überlegen, ob man mit 45, 50 noch mal Vater werden und ganz von vorne anfangen will. Es gibt ja Männer, die lassen sich von einer jüngeren Frau einwickeln und überlegen sich nicht, was es bedeutet, mit 45 oder 50 Vater zu werden. Die werden dann ziemlich unsanft wach, wenn dann ein Säugling da ist. Und dann haben sie den Salat.

Was ich mir auch nie vorstellen konnte, war, gleich von einer zur nächsten zu ziehen. Das machen ja viele. Ziehen von der alten Frau weg und sofort mit der neuen zusammen. Ich finde, man muß doch erst mal durchatmen, Abstand gewinnen. Ich bin damals von meinem Elternhaus gleich in die Beziehung gegangen. Ich habe praktisch nie allein gelebt. Ich möchte beispielsweise erst mal einen eigenen Haushalt organisieren. Das finde ich spannend. Zu sehen, wie komme ich klar? Ich will erst mal mein Leben. Meine Möbel, meine Blumen, meine Teppiche und nicht das, was eine Frau mir ausgesucht hat. Ich will mir den Tag einteilen, wie ich will. Will nachts arbeiten – meine besten Ideen habe ich nachts. Ich will den Fernseher so lange anlassen, wie es mir paßt. Ohne daß einer drängelt. Lauter so Kleinigkeiten. In einer Klammerehe sind die nicht möglich. Da nimmt die Frau auf alles Einfluß.

Ich habe in letzter Zeit das starke Bedürfnis, mich geborgen zu fühlen. Ich möchte mich auch mal anlehnen, wenn es mir schlechtgeht. Ich wünsche mir, daß für mich jemand Verständnis hat. Ich bin ein ziemlich romantischer Mensch. Das konnte ich in meiner Ehe nie ausleben. Ich möchte auch schwach sein können. Bei meiner Frau mußte ich permanent die Rolle des Starken spielen. Immer wurde etwas abgefordert. Wenn ich nach einem 16-Stunden-Tag nach Hause kam und sagte, ich muß erst mal zwei Stunden abschalten, hieß es gleich, kannst du nachher machen, jetzt mach erst mal das. Es fehlte einfach das Verständnis für meine Bedürfnisse. Dafür, daß ich mich auch gut aufgehoben fühlen möchte. Wenn man da nicht aufpaßt, ist man mit den Jahren müde. Man ist es leid. Wenn man nicht gebremst hat und sich eine Auszeit genommen hat, ist die Gefahr der Entfremdung, des Verschleißes groß. Die Gefahr, daß man sich auseinanderentwikkelt. Das ist bei mir passiert. Und dann ist es nur noch die Äußerlichkeit, der Rahmen, der Status, der einen zusammenhält. Meine Lehre aus der ersten Lebenshälfte ist die: Ich würde mich nicht mehr so schnell binden. Ich will mich persönlich so gefestigt fühlen, daß ich genau sagen kann, das will ich und das will ich nicht. Ich habe fast zehn Jahre gebraucht, um festzustellen, wo meine Stärken, wo meine Schwächen sind. Heute weiß ich, ich bin ein Typ, der Freiheit braucht. Ich bin freiheitsliebend ohne Ende.

Dabei bin ich ein ernsthafter Mensch. Ich gehe ernsthaft mit Beziehungen um. Ich habe, was Beziehung angeht, viele Verletzungen erlebt. So daß ich sage, Beziehung ist nichts Leichtfertiges, und ich versuche, vernünftig damit umzugehen. Ein One-Night-Stand ist nicht mein Ding. Da bin ich altmodisch. Hinzu kommt, daß ich sensibler geworden bin. Ich nehme Signale heute viel eher wahr. Ich bemerke sofort Spannung, Reize, ich nehme inzwischen atmosphärische Schwingungen auf. Ich nehme Signale wahr und kann drauf reagieren, damit umgehen. Das konnte ich früher nicht. Es gab eine Zeit, da war ich ziemlich unsensibel. Durch eigene Verletzungen bin ich vorsichtiger geworden. Ich bin auf jeden Fall gereift im Laufe der Jahre. Ich bin erwachsener geworden. Ich bin bereit zu aktiver Auseinandersetzung, und ich will keinen verletzen. Jedenfalls nicht, wenn es sich vermeiden läßt.

Wenn ich mich in meinem Freundeskreis umsehe, kann ich sagen, daß alle, die in der zweiten Beziehung leben, glücklicher sind. Die Beziehung ist verläßlicher, man geht vorsichtiger miteinander um. Gewisse Rahmenbedingungen wurden vorher abgeklärt. Und bis auf einen haben sich alle eine vom Alter her zu ihnen passende Frau genommen. Meine These ist, Frauen und Männer, die schon eine gescheiterte Beziehung hinter sich haben, gehen ganz anders mit einer neuen Beziehung um. Besser. Weil sie sehr genau wissen, was sie nicht mehr wollen. Sie haben in der ersten Beziehung festgestellt, was ihnen gefehlt hat. Welche Befürfnisse habe ich, die ich nicht ausleben konnte? Beim zweiten Partner achtet man darauf, daß die eigene Bedürfnislage besser befriedigt wird. Daß das zum Tragen kommt, was lange gefehlt hat.

Ich glaube, eine zweite Beziehung geht man viel bewußter ein. Weil man sich selbst kennt, weil man seine Bedürfnisse kennt. Weil man abschätzen kann, was man braucht und was nicht. Man kann besser beurteilen, wer zu einem paßt. Ich beobachte, daß in Zweitbeziehungen mehr Lust auf Leben da ist. In meiner ersten Ehe haben Kinder und Berufsaufbau die ganzen Ressourcen verbraucht. Da war nichts mehr an Energie für die Beziehung. Das würde ich heute anders machen.

Kommunikation

Verbale und nonverbale Kommunikation ist die wichtigste Basis für eine gesunde Partnerschaft. Wenn sie nicht funktioniert, ist die Krise vorprogrammiert. Nicht miteinander reden oder, was am Anfang einer Beziehung öfter vorkommt, ein aneinander Vorbeireden tötet jede sich anbahnende Partnerschaft. Gestörte Kommunikation führt zu gestörten Beziehungen.

Lernen Sie einen Partner kennen, der lieber »telepathisch« kommuniziert, indem er meint, sie wissen schon selber, wie gut Sie aussehen oder wie charmant und reizend Sie sind, machen Sie ihn ruhig darauf aufmerksam, daß Sie keine Gedanken lesen können. Verbale und nonverbale Streicheleinheiten sind die Basis für eine dauerhafte Beziehung, in der sich durch geäußerte Anerkennung und Wertschätzung ein Gefühl von Gemeinsamkeit entwickeln kann. Mit Kommunikation – wozu auch Gesten gehören, wie sich in den Arm nehmen, sich tief in die Augen schauen, aufmerksam und interessiert zuhören – befriedigen wir gegenseitig unsere wichtigsten Grundbedürfnisse. Der Mensch erfährt Nähe, Liebe, Zuneigung und Anerkennung. Ein warmherziger, begehrlicher Blick oder liebe, einfühlsame Worte sind Seelennahrung und unverzichtbar für eine zufriedenstellende Partnerschaft. Es geht darum, sich zeigen zu können, was in einem vorgeht.

Männer und Frauen haben jedoch unterschiedliche Kommunikationsstile. Während Frauen eher emotionale Gemeinsamkeiten suchen, reicht es vielen Männern, über Dinge zu sprechen. Frauen sind sensibel, wenn es darum geht, verbale und nonverbale Signale richtig zu deuten. Sie können Mitgefühl entwickeln und sind fähig, an Tonfall, Gesichtsausdruck und Körpersprache unausgesprochene Gefühle des anderen abzulesen. Frauen ist es wichtig, über die Beziehung und die durch sie erzeugten Gefühle zu sprechen, gemeinsame Situationen hinsichtlich der erlebten Gefühle zu analysieren. Männer dagegen gelten als Meister im Herunterspielen und Ignorieren von Gefühlen. Besonders, wenn es um Verletztheit und Angst geht. Viele Männer sind tatsächlich »Gefühlsdistanzler«. Viele Bücher handeln davon, daß Männer nicht verstehen, was Frauen von ihnen wollen, daß Männer und Frauen aneinander vorbeireden.

Die Erfahrung jedoch zeigt, daß es immer mehr Männer gibt, vor allem solche aus gescheiterten Beziehungen, die sich die Mühe gemacht haben zu lernen, sich auszudrücken. Es gibt sie sicher noch nicht wie Sand am Meer, aber auch Männer haben – wie Frauen – Verletzungen erlitten und Leid erlebt und daraus gelernt. Es ist ja nicht so, daß zerbrochene Beziehungen spurlos an Männern vorübergehen. Niemand trennt sich mit freudigen Emotionen vom anderen. Immer mehr Männer suchen nach solch einem Erlebnis Hilfe bei Therapeuten. Auch für Männer bedeutet eine gescheiterte Ehe, eine Trennung einen Schicksalsschlag, den sie nicht unbedingt wiederholen wollen. Auch Männer sagen häufig: »Ich habe begriffen, daß man an einer Partnerschaft arbeiten, im Gespräch bleiben muß.« Viele werden offener, selbstkritischer, vorsichtiger, sehen bei einer neuen Partnerschaft genauer hin und wissen besser, was sie wollen. Solche Männer sind bereit, sich auseinanderzusetzen. Wichtig für Frauen und Männer ist es, sich die Bedeutung, die Aufgabe von Kommunikation klarzumachen.

Kommunikation informiert, lehrt, beeinflußt, unterhält. Es lassen sich Gefühle über Kommunikation ausdrücken und hervorrufen. Sie dient dazu, sich zu verstehen und Übereinkunft zu erzielen. Erfolgreich kommuniziert der, der weiß, was er erreichen will, wo sein Ziel liegt.

Es gibt ein paar Grundregeln für erfolgreiche Kommunikation:

– Versuchen Sie, klare Botschaften zu senden.
– Geben Sie sich ebenso Mühe, als Empfänger richtig hinzuhören und nachzufragen, wenn Sie das Gefühl haben, da schwingt noch etwas anderes mit.
– Bleiben Sie bei sich. Wir sind immer dann authentisch, wenn es uns gelingt, unsere Gedanken, Gefühle, Wünsche und Bedürfnisse ungekünstelt und direkt mitzuteilen. Unsere Gefühle sind für uns ein wichtiges inneres Barometer, das uns bedeutende Informationen liefert. Wir sollten ihnen unbedingt Aufmerksamkeit schenken und sie wahrnehmen. Und wir sollten ihnen trauen, denn sie sind Wegweiser für uns.
– Ärger kann uns sagen, daß uns jemand verletzt hat und wir uns wehren oder abgrenzen müssen.
– Furcht macht uns auf eine mögliche Gefahr aufmerksam, vor der wir uns schützen sollten.
– Langeweile zeigt uns auf, daß wir vielleicht in einer Sackgasse stecken und unsere derzeitige Situation verändern sollten.
– Traurigkeit drückt oft einen Verlust aus, für den wir Zeit und Hilfe von lieben Menschen brauchen.
– Begeisterungsfähigkeit und Leidenschaft sagen uns, daß wir uns mit einem Menschen oder einer Sache mit all unserer Kraft und unserem Einsatz identifizieren.

Natürlich besteht immer die Gefahr der Fehlinterpretation von Gefühlen. Das passiert häufig, wenn wir fremdbestimmt nach alten Mustern funktionieren. Beispiel: Ihr Partner sitzt

Ihnen abwesend gegenüber, weil er sehr mit seinem Job beschäftigt ist und seine Gedanken vielleicht um ein wichtiges Projekt kreisen. Sie nehmen es wahr und beziehen die Unaufmerksamkeit auf sich, sind vielleicht gekränkt, beleidigt oder verletzt und machen ihm Vorwürfe. Es kann sein, daß bei Ihnen alte Erfahrungen, nicht beachtet worden zu sein, mitschwingen. Ihre emotionale Reaktion könnte dann unangemessen heftig ausfallen. Und in der Heftigkeit hat Ihr Partner sie nicht verdient. Deshalb nehmen Sie ihre Feinfühligkeit, Ihren Verstand, Ihr Wissen, Ihre Erfahrung, Ihren Takt und Ihr Urteilsvermögen zu Hilfe. Schließlich sind Sie über Vierzig und haben eine Menge Lebenserfahrung. Bevor Sie Ihren (zukünftigen) Partner vorschnell aburteilen und in die Schublade »Schweiger« stecken, fragen sie freundlich nach dem Grund seiner Schweigsamkeit. Vielleicht wissen Sie ja auch um seine Situation, dann geben Sie ihm Zeit und bedrängen ihn nicht.

Es ist beides gefordert: Vertrauen in die eigene Intuition, Aufmerksamkeit Ihren Gefühlen gegenüber, aber auch Verständnis für die Situation des anderen. Als guter Kommunikationspartner sollten Sie nicht nur authentisch, sondern auch *anpassungsfähig* sein. Ein Wort, das Frauen lange Zeit auf die Barrikaden getrieben hat, für eine gelungene Partnerschaft aber unverzichtbar ist. Wir meinen hier Anpassungsfähigkeit an die Situation des Gesprächspartners oder die jeweilige Situation. Denn ein gutes Gespräch läuft oft zwischen Offenheit und Rücksichtsnahme ab, erfordert manchmal einen direkten oder ernsten Ton, manchmal einen indirekten oder humorvollen. Geben Sie Ihrem Gesprächspartner auch Zeit und Raum, seine Schritte abwägen und überlegen zu können.

Wenn Sie eine Beziehung zu einem anderen Menschen aufbauen wollen, vergessen Sie niemals, ihm Achtung und Respekt zu zollen. Es reicht für eine erfolgreiche Kommunikation nicht aus, in unseren Mitteilungen klar, ehrlich und direkt zu sein. Sie sollten Ihrem Gegenüber auch zu verstehen geben, daß Sie gewillt sind, ihn zu begreifen und seine Argumente ernst zu nehmen. Respektvolles Kommunizieren sieht so aus:

- Zunächst geht es um die neutrale Bereitschaft, die Absichten des anderen zu erkennen und anzuerkennen, anstatt dem anderen von vornherein mit Vorurteilen zu begegnen und ihm feindselige oder unredliche Motive zu unterstellen.
- Unterschiedliche Auffassungen sollten einfühlsam und ausgewogen mitgeteilt werden. Toleranz ist ein wichtiger Baustein in jeder (beginnenden) Zweierbeziehung. Selbst wenn ich mich abgrenzen muß oder eine Situation untragbar finde, nützt es mir wenig, wenn ich mein Gegenüber charakterlich abwerte. Im Gegenteil, ich nehme mir dann jede Gesprächsbasis.
- Statt zu streiten, zu jammern, zu meckern, Vorwürfe zu machen ist es besser, den Dialog zu suchen. Es mag zunächst ganz angenehm sein, Luft abgelassen, sich überlegen gefühlt, seine Meinung bestätigt oder einen Streit gewonnen zu haben. Nähe stellen Sie damit allerdings nicht her, sondern vergrößern die Distanz. Nähe kann nur durch einen Dialog entstehen, in dem wir einerseits unsere Meinung deutlich machen, andererseits aber den Kontakt aufrechterhalten.
- Ganz wichtig: Verhandlungsbereitschaft signalisieren, aber nicht immer ist ein Kompromiß erstrebenswert. Vor allem, wenn es um wichtige Lebensentscheidungen geht. Wenn beispielsweise ein Partner immer nachgibt, kann das zu unterschwelligem tiefem Ärger führen. Deshalb sollten beide Partner ihre Wünsche und Interessen in einer *echten* Übereinkunft zum Ausdruck bringen, damit beide mit ihren Entscheidungen zufrieden sind. Lösungen sollten in gegenseitigem Einverständnis getroffen werden. Jede Seite

sollte Vorschläge machen. Manchmal kann es sein, daß Sie eine Entscheidung Ihres Partners zwar nicht mögen, aber respektieren müssen.

Und noch ein Wort zum Thema Feinfühligkeit. Feinfühligkeit ist ein wichtiger Eckpfeiler beim Kennenlernen. Es gibt mehrere Aspekte:

- Seien Sie eine aktive und aufmerksame Zuhörerin, schenken Sie Ihre volle Aufmerksamkeit und Konzentration.
- Entschuldigen Sie sich aufrichtig, wenn Sie jemanden gekränkt haben. Gerade in der Anfangsphase einer Beziehung kann das leicht passieren, weil Sie mit den Empfindlichkeiten des anderen noch nicht vertraut sind.
- Versuchen Sie, persönliche Rückmeldungen zu geben, ohne den anderen zu bewerten oder zu verurteilen. Schuldzuweisungen verursachen nur unnötige Spannungen. Und denken Sie daran: Kommunikation ist die Brücke zwischen zwei Inseln. Je besser Ihr Kontakt zu sich selbst, je besser das Wahrnehmen der eigenen Gefühle, Bedürfnisse und Wünsche ist, um so stabiler kann die Brücke sein. Lernen Sie zu sich, zu Ihren Empfindungen und Entscheidungen zu stehen. Und vermeiden Sie Schuldgefühle. Schuldgefühle sind ein Kommunikationskiller, führen sie doch dazu, daß wir uns ständig überlegen, wie wir uns nach den Erwartungen anderer eigentlich verhalten müßten, um anerkannt zu werden. Gegen Schuldgefühle gehen Sie am besten an, indem Sie lernen, Ihre Grenzen zu erkennen und angemessen damit umzugehen, Ihre Wünsche und Bedürfnisse ernst zu nehmen und auszudrücken. Wenn Sie Ihren Bedürfnissen gemäß leben, sind Sie keine Egoistin, sondern sorgen gut für sich. Frauen bekommen leicht Schuldgefühle, wenn sie etwas für sich tun. Stellen Sie sich vor, Sie müßten Schuldgefühle bekommen, wenn Sie es unterlassen, für sich zu sorgen. In der partnerschaftlichen Kommunikation geht es auch darum, zufrieden zu sein, sich ausgeglichen zu fühlen. Das geht nicht, wenn man aus

Schuldgefühlen heraus pflegeleicht für den anderen sein will, keine Umstände machen will. Schuldgefühle verhindern, daß Sie Ihre Interessen wahrnehmen. Doch das müssen Sie, wenn Sie erfolgreich kommunizieren wollen.

Kirsten (43): »Ich wünsche mir einen Mann, mit dem ich ehrlich über alles sprechen kann«

Ich hatte in jungen Jahren keine bürgerlichen Vorstellungen von Familie. Ich lebte in einer WG. Und dort wollte ich auch Kinder großziehen. WG war für mich wie Großfamilie, und das gefiel mir besser als Kleinfamilie im Häuschen am Stadtrand. Das fand ich spießig, und es paßte nicht zu mir. Allerdings stellte ich mir schon vor, daß der Vater der Kinder auch in der WG lebte.

Ich selbst bin sehr selbständig. Ich verdiente schon während des Studiums mein eigenes Geld, brauchte also keinen, der mich versorgt. Das wollte ich auch mit Kindern so halten. Da war meine Mutter ein gutes Vorbild. Sie hat, solange ich denken kann, ihr eigenes Geld verdient. Und sie vermittelte mir, wie wichtig das für eine Frau ist. Deshalb hat meine Mutter gegen meinen Vater, der sagte: »Kirsten heiratet doch sowieso. Wozu braucht sie eine lange Ausbildung«, durchgesetzt, daß ich Abitur machen und studieren konnte.

Ich war natürlich – wie auch alle meine Freundinnen – frauenbewegt, habe an der Uni sehr aktiv in einer Frauengeschichtsgruppe mitgemacht. Ich habe damals bestimmte Thesen mitgetragen, die ich heute für mich wieder in Frage stelle. Beispielsweise diese Sprüche wie »schnipp-schnapp-Pimmel-ab«. Das ist mir heute zu extrem. Es wurde mir damals auch klar, daß Männer Frauen nicht verstehen können. Und daß Männer die Macht an sich reißen. Viel mehr als Frauen. Aus diesem Blickwinkel habe ich Männer betrachtet.

Ich hatte damals einen Freund. Mit dem konnte ich wunderbar über die Thesen der Frauenbewegung diskutieren. Mein Freund konnte auch mit anderen Frauen sehr gut darüber diskutieren. Die Frauen fanden ihn ganz toll und beneideten mich um diesen aufgeschlossenen lernwilligen offenen Mann. Aber in der Praxis herrschte die alte Rollenverteilung. Das, was er sagte, hat er überhaupt nicht gelebt.
Ich hatte schon immer Schwierigkeiten, auf Männer zuzugehen. Männer mußten auf mich zukommen. Bei allen Beziehungen war das so. Ich hatte nur Männer, die die Initiative ergriffen haben und mich angesprochen haben. Ich hätte nie von mir aus zu einem Mann gesagt: Ich finde dich toll. Wenn sich eine Beziehung entwickelte, habe ich aber mein eigenes Ding gemacht. Meine Eigenständigkeit war mir wichtig. Eigenständigkeit bedeutete finanzielle Unabhängigkeit. Meinen eigenen Freundeskreis zu behalten und den Kontakt zu pflegen ebenso. Ich hatte nie das Bedürfnis, alles mit meinem Partner gemeinsam zu machen. Heute kommt noch hinzu – ich habe drei Kinder –, daß ich mir von keinem in meine Erziehung hineinreden lassen würde.
Ich habe 15 Jahre mit meinem ersten Partner zusammengelebt, von dem zwei meiner Kinder sind. Anfangs lebten wir in Wohngemeinschaften. Später zogen wir dann doch allein in eine Wohnung. Inzwischen sind wir auseinander. Mein Mann hatte, was meine Bedürfnisse anging, totale Scheuklappen. Er hat mich all die Jahre nicht ernst genommen. Das ist mir jahrelang nicht klargeworden. Ich spürte nur Unzufriedenheit, ohne daß ich genau hätte benennen können, warum. Er hat ungefragt versucht, viele Dinge für mich zu regeln. In dem Sinne, daß er für mich entschied. Er hat nie gefragt, ob ich das wollte. Ein Beispiel: Zum Geburtstag fragte er, was wünscht du dir? Ich wünschte mir ein Schmuckstück oder ein schönes Kleid. Was bekam ich? Ein Fernglas! Er meinte, es ist doch besser, wir haben ein Fernglas, wenn wir mal wieder im VW-Bus verreisen. Dann können wir die Natur beobachten. Sol-

che Dinge habe ich haufenweise erlebt und bin regelmäßig sauer geworden. Mein Mann hat dann immer gemeint, ich weiß gar nicht, was du hast. Ich gebe mir solche Mühe und wir bekommen doch immer Streit. Ich weiß überhaupt nicht, was du willst.

Irgendwann habe ich die Wut bekommen und eine Liste gemacht mit Sachen, die ich mir wirklich gewünscht habe. Ich habe sie ihm gegeben und gesagt, halte dich an diese Liste. Das wünsch ich mir! Da ist er noch am gleichen Tag losgegangen und hat das erste auf dieser Liste – ein Buch – gekauft. Dann hat er sie irgendwo verkramt, und die anderen Teile habe ich nie bekommen. Statt dessen immer etwas, was ich überhaupt nicht haben wollte. Er hat meine Bedürfnisse ignoriert und sich gewundert, wenn ich sauer war. Er sagte immer, ich überschlage mich, und du bist nie zufrieden. Dir kann es keiner recht machen. So haben wir praktisch ständig aneinander vorbeigeredet.

Ich habe ihm versucht, zu erklären, was ich an ihm nicht gut finde und warum ich meine, daß er schon wieder alles falsch gemacht hat. Es kam nicht an. Ich habe ihn nicht erreicht. Ich hatte das Gefühl, wir sprechen eine unterschiedliche Sprache. Er hat mir entweder nie richtig zugehört oder er hat mich nicht verstanden. Ich weiß es bis heute nicht genau.

Ein anderes Beispiel. Wir hatten besprochen, daß er sich auch um die Kinder kümmert. Nun hat er immer viel und gerne gearbeitet. Er machte viele Überstunden und kam oft erst um acht Uhr nach Hause. Da er aber gesagt hatte, er kümmert sich auch um die Kinder, drehte er dann richtig auf. Die Kinder und ich waren um die Zeit meist schon abgeschlafft und müde. Kurz vorm Einnicken. Es hätte gereicht, noch etwas vorzulesen, und dann wären die beiden eingeschlafen. Statt dessen veranstaltete mein Mann das große Toben-Programm.

Um neun waren die Kinder dann richtig aufgekratzt, und an

Schlaf war nicht mehr zu denken. Wenn ich darüber geschimpft habe, kam wieder: »Ich weiß gar nicht, was du immer zu meckern hast. Ich komme nach Hause und beschäftige mich stundenlang mit den Kindern, und trotzdem ist es nicht richtig.« Er hat bis zu unserer Trennung nicht begriffen, daß es mir darum ging, daß er für die Kinder mal früher nach Hause kommen sollte.

Anfangs habe ich darüber hinweggesehen. Ich habe auch lange gedacht, er würde das noch lernen. Da ich nie auf meinen Partner fixiert war, sondern immer einen großen Freundeskreis hatte, dauerte es lange, bis dieses gegenseitige Aneinandervorbeireden deutlich zutage trat. Dadurch hatte ich bei meinem Mann nie einen richtigen Halt. Ich hatte nicht das Gefühl, daß er mich stützt. Das hatte ich durch meinen Freundeskreis. Es kam immer öfter vor, daß ich den Wunsch hatte, er müßte von selber merken, was ich brauche. Ich war es irgendwann leid, ihm alles ausdrücklich erklären zu müssen. Und dann verstand er es immer noch falsch. Ich war unzufrieden über unsere ständige Disharmonie, über die ständigen Mißverständnisse. Ich wünschte mir, er soll auch die Zwischentöne hören und nicht für alles eine genaue Gebrauchsanweisung benötigen.

Auch mein Mann war auf mich zugegangen. Und damals im Studentenwohnheim fand ich das ganz toll. Er gefiel mir vom Äußeren sehr. Auch wie er sich gab. Gescheitert ist die Beziehung schließlich durch die Kinder. Auch was die Kinder anging, tickten wir unterschiedlich. Das wurde mir irgendwann zuviel. Für ihn zählte in erster Linie die Arbeit. Dann kamen abends viel zu spät die Kinder mit vollem Programm dran. Und für uns blieb nichts mehr übrig. Mir wurde irgendwann überdeutlich, daß ich bei diesem Mann im luftleeren Raum hänge. Es kam nichts von ihm. Ich forderte die Rücksicht auf meine Bedürfnisse ein. Bei ihm tat sich nichts. Er sagte nicht einmal, was seine Bedürfnisse sind. Das kam erst auf eine sehr bösartige Weise heraus, als wir von Trennung sprachen. Da hatte er seinen Frust über 15 Jahre angesammelt.

Der Anstoß zur Trennung ging von mir aus. Ich hatte bis dahin viel genölt und gemeckert und auch mal halb ernsthaft gedroht: »Du kannst ausziehen.« Das endete immer in genervten Auseinandersetzungen und Streitereien. Und dann war es mir irgendwann ernst. Ich weiß nicht mal genau, was der Anlaß war. Ich hatte ihn endgültig über, und da fing ich an, Druck zu machen. Ich habe jeden Abend nachgefragt, wie wir es machen sollen. Wann er sich eine Wohnung sucht. Auch da nahm er mich zuerst nicht ernst. Es dauerte noch Monate, bis er endlich begriff und ging. Und dann wieder auf seine typische Art: Zufällig konnte er von einem Freund eine Wohnung übernehmen. Gesucht hat er nie richtig.

Aus dieser langjährigen Beziehung habe ich natürlich meine Schlüsse gezogen. Ich lebe jetzt allein. Wenn ich jemals wieder einen Partner finde, müßte es ein Mann sein, bei dem ich sehe, daß er seine Sachen ernst meint und in die Tat umsetzt. Ich nehme keinen mehr, der nur redet. Er müßte sich natürlich auch verbal auseinandersetzen können. Ich wünsche mir einen, mit dem ich ehrlich über alles sprechen kann. Wir müssen nicht immer einer Meinung sein. Aber so eine Grundaufrichtigkeit in Wort und Tat ist ganz wichtig für mich geworden. Vor allem im Gefühlsbereich, wo ich mich vielleicht verletzt fühle, da müßte ein Draht und ein Verständnis da sein. Ich möchte mich nie wieder so unverstanden fühlen und als Meckerliese hingestellt werden. Er soll sich von mir berühren lassen und in Dingen, die mir sehr wichtig sind, vielleicht auch manchmal sein Verhalten ändern.

Ich habe in den Jahren, die ich allein lebe, noch ein drittes Kind bekommen, von einem Partner, der im Grunde nicht anders war als der erste. Ich übernahm die Mutterrolle, fühlte mich aber total unverstanden von ihm. Das ist heute meine Idee, daß ich, um die Schwierigkeiten zu verringern, in eine

Mutterrolle geschlüpft bin. Bei diesem letzten Partner wurde das deutlich. Es war offensichtlich, daß er in vielen Bereichen sehr schwierig war, und das hat mich damals noch gereizt. Er war – wahrscheinlich um sich nicht mit sich selbst auseinanderzusetzen – politisch stark engagiert. Er war ein Weltverbesserer und kämpfte für Gerechtigkeit. Ich dachte spontan, Mensch, das ist ein Mann für mich. Heute würden alle roten Lämpchen bei mir aufleuchten. Damals dachte ich, aus dem kann man etwas machen. Ich übernahm unbewußt die Mutterrolle. Ich erkläre mir das so: Ich bin selbst auch sehr behütet und bemuttert worden. So weit, daß ich klein gehalten wurde. Ich konnte meiner Mutter nichts recht machen. Während ich sehr bemuttert wurde, ist meine ältere Schwester heftig kritisiert worden. Ich habe beides stark mitbekommen. In meinen Partnerschaften habe ich das Bemuttern und Kritisieren gleichermaßen übernommen.
Die letzte Beziehung ging auch schnell wieder in die Brüche. Vielleicht brauchte ich das, um zu merken, was mir wirklich fehlt und was ich nicht mehr will. Und in welche Rolle ich immer unbewußt geschlüpft bin. Als wir Schluß machten, hat mir das sehr weh getan. Ich hätte ihn, obwohl er mir nicht guttat, gerne behalten. Ich war sehr traurig. Erst nach ungefähr einem Jahr konnte ich mit viel Abstand sehen, was das für eine Beziehung war. Da erst dachte ich, Gott sei Dank haben wir uns getrennt.

Nach meinem letzten Partner habe ich mich lange nach einem gesehnt, mit dem ich endlich harmoniere. In letzter Zeit geht es mir jedoch so, wenn ich mir auf der Straße die Männer ansehe, denke ich, nein, die willst du alle nicht mehr. Ich glaube manchmal, ich möchte gar keinen Mann mehr. Ich finde einfach nichts Passendes. Ich glaube, meine Ansprüche sind inzwischen sehr hoch. Vom Äußeren käme der eine oder andere vielleicht noch in Frage. Aber wenn ich etwas näher hinschaue, entdecke ich schnell Eigenschaften, die ich nicht mehr haben muß. Ich finde, wenn man nicht mehr alles akzeptiert, wenn man seine Ansprüche hochschraubt, wird die Partnersuche immer schwieriger. Ich sage heute, früher habe ich Zweite-Wahl-Männer akzeptiert und deren Macken hingenommen, ohne schon am Anfang der Beziehung sehr aufmerksam zu sein. Da ja sowieso nur Männer in Frage kamen, die sich um mich bemühten, kamen die, die mir gefallen hätten, schon einmal nicht in Betracht. Auch nicht, wenn ich dachte, oh, das ist er. Den möchte ich haben. Interessanterweise hat mich nie einer angesprochen, den ich gerne gehabt hätte.

Statt dessen habe ich mir die Männer, die auf mich zukamen, schöngeredet. Weil ich nicht ohne Partner sein wollte. Ich habe viele Kompromisse gemacht. Manchmal denke ich heute, es waren zu viele. Ich habe mich und meine Bedürfnisse zu sehr zurückgestellt. Und das möchte ich heute nicht mehr. Dieser Punkt ist inzwischen anders. Ich sage, wenn der Mann nicht in bestimmten Dingen gut zu mir paßt, verzichte ich lieber. Ich muß nicht mehr um jeden Preis einen haben. Früher habe ich mehr vom Kopf her gesagt, der hat zwar nicht alles, was ich mir wünsche, aber er ist ja trotzdem ganz attraktiv, und damit konnte ich leben. Heute achte ich auf mein Gefühl, meinen Bauch, und da merke ich, daß ich schnell Bauchschmerzen bekomme. Das war früher wohl auch schon so, aber da hat mein Kopf sich über meine Intuition hinweggesetzt. Ich habe gedacht, die biege ich mir schon hin. Heute weiß ich, das funktioniert nicht.

Es gab vor kurzem einen Mann, den hätte ich gerne gehabt. Der überlegte, was er sagte. Er war verständnisvoll und diskussionsbereit. Bei dem hatte ich das Gefühl, daß man sich innerlich treffen kann. Ich konnte ehrlich mit ihm diskutieren. Er hat zugehört und auf meine Fragen geantwortet. Er hat verstanden, was ich meinte. Da gab es kein Aneinandervorbei. Aber er war in festen Händen, und ich habe ihm meine Gefühle nie offenbart. Ich glaube, er hat es gespürt.

Aber es ist nicht ausgesprochen worden. Und ich bin auch keine Frau, die in andere Beziehungen eindringen würde. Das ist nicht mein Stil. Aber es ist gut, daß ich ihn getroffen habe, denn so weiß ich, es gibt solche Männer. Ich wünsche mir nicht einen Traum herbei.

Was ist eine partnerschaftliche Bindung, und welche Fähigkeiten gehören dazu, sie zu erreichen?

Um Mißverständnisse von vornherein nicht aufkommen zu lassen, ist es wichtig, den Begriff der partnerschaftlichen Bindung einmal zu klären. Bindung beinhaltet, daß wir mit einem anderen Menschen unsere privatesten, wohlgehüteten Gedanken und Gefühle, unser Ich teilen. Daß wir nicht nur unsere Schokoladenseiten zeigen müssen, sondern uns auch Fehler und Schwächen zugestehen dürfen.

Diese Vorstellung macht auch angst, denn man fragt sich natürlich, ob der Partner angesichts der eigenen Fehler immer noch so verliebt und wohlwollend ist? Mit Recht hoffen wir auf Akzeptanz. Hier wirken sich unsere alten Erfahrungen aus der Kindheit oder aus vergangenen Beziehungen aus. Wie haben die Eltern auf unsere nicht so positiven Seiten reagiert? Wie reagierten Männer aus vorangegangenen Beziehungen auf Schwächen? Fühlten wir uns aufgehoben oder hatten wir das Bedürfnis, die Beziehung schnell wieder zu verlassen?

Was man sich selten klarmacht: Auch Partnerschaft ist eine ständige Entwicklung. Sie ist wie Schule, Pubertät und Berufsausbildung eine bedeutende Sozialisationsinstanz, die wie alle wichtigen Lebensabschnitte auch durch Eindrücke und Krisen gefährdet wird. Wenn man sich dies klarmacht, muß eine Krise nicht zwangsläufig das Ende einer Beziehung, sondern kann ein Übergang auf eine andere Ebene sein. Wir können und müssen an unserer Partnerschaft arbeiten, wollen wir mit ihr wachsen und reifen.

In Partnerschaften wird man leicht verleitet, mit dem Partner

alles teilen zu wollen, während Freundschaften e
Distanz und Nähe gekennzeichnet sind. Freundscha
mal intensiver, mal weniger intensiv. In Partnerschaf
stark die ausschließliche Nähe angestrebt. In einer
schaft ist es leichter, seine Macken zu verbergen. Sie k
dort durch die Distanz nicht so zum Tragen wie in ein nerschaft. In einer Beziehung hat man ganz andere Erwartungen. Zudem hat man in der Regel keine räumliche Trennung, durch die jeder eine Weile für sich sein kann.

Um eine haltbare gute Partnerschaft aufbauen zu können, einen Bund fürs Leben auf sichere Füße zu stellen, muß man einige Dinge wissen. Beispielsweise, daß jedes Alter, jeder Lebensabschnitt seine spezifischen Entwicklungsaufgaben für den einzelnen hat. Das bedeutet, daß man Entwicklungsschritte in der Partnerschaft zusammen vollzieht. Jeder Mensch durchlebt Lebenszyklen, er steht in jedem Stadium seiner Entwicklung von der Kindheit bis ins Alter besonderen Entwicklungsaufgaben gegenüber. Um eine gute Partnerschaft aufbauen zu können, die stetigen Veränderungen unterworfen ist und Probleme bewältigen muß, die auch der Tatsache Rechnung tragen muß, daß Entwicklungen nicht immer bei beiden parallel laufen, sollte sich jeder bewußt machen, was ein funktionierendes Zusammenleben von Mann und Frau bedeutet. Denn Bedürfnisse, Erfahrungswerte und Wünsche sind immer auch dem Wandel des Lebens und der Zeit unterworfen. So bringt das Älterwerden zahlreiche Veränderungen im Bereich Gesundheit, Arbeit, soziales Umfeld, Freundeskreis und Erziehung mit sich. Es findet ein ständiger Austausch des Individuums mit der Außenwelt statt, und dieser Austausch verläuft nicht immer harmonisch.

Auf die Beziehung bezogen heißt das, daß Mann und Frau ständig neue Aufgaben bewältigen müssen. Setzen sie sich damit nicht auseinander, kommt die persönliche Entwicklung zum Stillstand. Ein bekanntes Beispiel ist der Mann, der

…mer älter wird, seine Partnerinnen aber immer jünger. Ein älterer Mann, der sein eigenes Altern aufhalten will, indem er die Jahre ignoriert und sich mit einer jungen Frau vormacht, selbst wieder jünger zu sein, ignoriert seine Entwicklungsaufgaben. Das rächt sich. Meistens gehen diese Beziehungen nicht auf Dauer gut, denn irgendwann stellt man zwangsläufig fest, daß die Erwartungen, die jeder ans Leben hat, überhaupt nicht harmonieren.
Das bedeutet, für eine gute Partnerschaft muß jeder seine Hausaufgaben machen. Eine funktionierende Beziehung beinhaltet Arbeit. Judith Wallerstein nennt neun Punkte, die Voraussetzung sind für eine dauerhafte glückliche Beziehung.[24]

1. Die Vergangenheit abschließen. Das bedeutet nicht nur, mit den vergangenen Beziehungen abschließen. Es bedeutet auch, von den Eltern und Geschwistern emotional gelöst sein. Erst dann kann man ein »Wir« schaffen anstelle von zwei getrennten Ichs.

2. Eine neue Gemeinsamkeit aufbauen. Dafür sorgen, daß ein Zusammengehörigkeitsgefühl entsteht, das Vertrautheit wie Unabhängigkeit einschließt. Ein Punkt, an dem viele Partner scheitern, ist der Ich-Kult. In einer Beziehung zu fragen, was bringt sie mir, ist fast schon normal. Das ist allerdings kontraproduktiv, wenn die Partnerschaft andauern soll. Zur Grundlage einer guten Beziehung gehört, aus freien Stücken nicht nur ins eigene Selbst zu investieren, sondern genauso in die gemeinsame Identität.

3. Eine liebevolle, sexuell befriedigende Beziehung herstellen und dafür Verantwortung übernehmen, daß sie nicht durch Reize von außen gestört wird. Ein geschütztes erfülltes Geschlechtsleben gehört zum Kern einer guten Beziehung.

4. Sich einerseits der Herausforderung der Elternrolle stellen, andererseits sich vom Kind abgrenzen können. Kinder beanspruchen heute viel Raum. Oft bleibt über Kindern die Partnerschaft auf der Stecke. Mütter müssen sich klarmachen, daß sie ihre Aufmerksamkeit nicht uneingeschränkt nur dem Kind schenken dürfen. Von Zeit zu Zeit müssen Partner die Elternrolle bewußt und geplant verlassen, um sich nur um sich zu kümmern.

5. Sich mit den – nicht zu vermeidenden – Krisen des Lebens auseinandersetzen. Nirgends herrscht immer eitel Sonnenschein. In einer guten Beziehung haben Meinungsverschiedenheiten, Konflikte, blanke Wut und Ausraster einen Platz. Liebe ohne Haß gibt es nicht. Nähe schließt ein, auch mal ausbrechen zu wollen. Stürmische Episoden können Wendepunkte in der Beziehung sein. Wichtig ist, Meinungsverschiedenheiten und Konfrontationen zulassen zu können, ohne gleich die ganze Beziehung in Frage zu stellen.

6. Eine sichere Zone für Konflikte schaffen. Streit nicht aus dem Weg gehen. Jedes Paar muß seine eigenen Regeln für Konfliktbewältigung finden. Beispielsweise, wie lange man sich anmuffelt, ob längst vergangene Streitpunkte wieder aufgewärmt werden dürfen oder ob man zerstritten ins Bett geht und vielleicht die Nachtruhe opfert.

7. Humorvoll sein, miteinander lachen und keine Langeweile aufkommen lassen. Dazu gehört, sich füreinander zu interessieren, die Zeit genießen, die man miteinander verbringt, und nicht nebeneinander herleben. Dazu gehört aber auch, persönliche Interessen, Hobbys, Liebhabereien zu pflegen und den anderen seine Bereiche pflegen zu lassen.

8. Sich einander Geborgenheit, Trost, Schutz und Mut schenken. Sich einander anvertrauen können auch mit Gefüh-

len der Trauer, des Versagens und Verzagtseins. In einer guten Partnerschaft dürfen die Partner sich verletzlich zeigen.

9. Den Partner idealisiert aber auch realistisch sehen. Die Idealisierung stammt noch aus der Werbungsphase. Je länger man den Partner kennt, um so realitätsbezogener sieht man ihn. Es passiert oft, daß Paare voneinander enttäuscht sind, wenn sie sich im Beziehungsalltag näher kennen und die hochgesteckten Erwartungen vor der Wirklichkeit kapitulieren müssen. Judith Wallerstein: »Wer aber die oftmals graue Gegenwart in Erinnerungen an das ursprüngliche Entzücktsein vom Partner zu rahmen vermag, der kann ihn wie durch ein Prisma in anderem Licht sehen.«

Bea (47): »Ich habe die Liebe meines Lebens gefunden«

Ich blicke auf viele gescheiterte Beziehungen in den Jahren zwischen Zwanzig und Ende Dreißig zurück. Meine Beziehungen hielten ungefähr jeweils drei bis vier Jahre, und dann bin ich meist gegangen. Das war ein Maß, daß sich eingependelt hatte. Vier Jahre waren das höchste der Gefühle. Ich war dann immer so sauer auf meine Partner, daß ich keine Lust mehr hatte. Auch die Ehe, in der ich meine Kinder bekam, hat nur vier Jahre gedauert. Ich erkläre mir das heute so: Ich habe jedesmal sehr viel Frust angesammelt, statt ihn auszusprechen. Ich war zwar darauf aus, die Beziehung zu halten, aber das ging nicht, weil ich die Verletzungen wie ein Computer auf der Festplatte gespeichert hatte. Ich konnte mit Konflikten überhaupt nicht umgehen. Ich habe dann nichts mehr gesichtet, nichts mehr geordnet, mich nicht mehr auseinandergesetzt. Irgendwann war ich zu, voll und habe die Beziehung beendet. Ich bin nie verlassen worden. Es war mir auch wichtig, daß ich gehe. Ich habe die Beziehung ab einem bestimmten Zeitpunkt wohl unbewußt boykottiert und dann scheitern lassen, wenn ich genug Enttäuschungen angesammelt hatte.

Wir in den neuen Bundesländern – ich komme aus Ostberlin – hatten ja weder eine 68er- noch eine Frauenbewegung. Wir haben uns ganz anders entwickelt als die Frauen im Westen. Für uns war von Anfang an klar, daß Frauen genau wie Männer einen Beruf wählten. Wir Frauen machten alle eine solide Ausbildung, wie jeder Junge auch. Das war überhaupt keine

Frage. In meiner Abiturklasse waren nur drei Jungen. Der Rest waren Mädchen. Alle haben studiert und qualifizierte Berufe erlernt. Und alle haben Kinder bekommen. Viele während des Studiums. Das war bei uns kein Problem. Es stand nicht zur Debatte, daß man zu Hause bleibt, wenn man ein Kind hat. Bei uns fehlte völlig die Rolle der Mutter, die alle umsorgt und umhegt. Die mittags das Essen auf dem Tisch hat, wenn die Kinder aus der Schule kommen. Das gab es bei uns nicht. Ich mußte sogar ab einem gewissen Alter morgens selbständig aufstehen und zur Schule gehen. Ich habe ein ganz anderes Rollenbild als das der Hausfrau und Vollzeitmutter entwickelt: Für mich war klar, daß ich zuerst allein bin auf der Welt, daß ich selbst für meinen Lebensunterhalt sorge, daß ich materiell selbständig und unabhängig bin. Das war meine Mutter auch, und es war keine Frage, daß ich es genauso halte. Ich fand es total gut, für mich alleine verantwortlich zu sein.

In meiner Abiturklasse war ein Mädchen, das hatte eine Hausfrau als Mutter. Sie war die einzige. Eine große Ausnahme. Was haben wir die bedauert. Die Mutter stand mittags mit Kochschürze in der geöffneten Tür, begrüßte ihr Kind und nahm ihm den Ranzen ab. Das haben wir anderen als abwegig empfunden. Sie tat uns leid. Wenn ich dann hörte, daß die Mutter sagte: »Heute gibt es Klopse«, war mir schon schlecht. Wenn ich nach Hause kam, war da keiner, und das war das Normale. Das war die Freiheit, die ich hatte, daß da niemand war, der sagte, und jetzt schnell Hände waschen und an den Tisch und dann erst mal Schularbeiten machen. Meine Zeiteinteilung war meine Sache. Und daß kein warmes Essen auf dem Tisch stand, war mir ziemlich egal.

Was bei uns auch selbstverständlich war, daß der Mann 50 Prozent von Kindererziehung und Haushalt übernahm. Mein Mann mußte die Kinder genauso wie ich in den Kinderhort und zur Schule bringen und abholen, der hielt genau wie ich den Haushalt in Ordnung. Das mußten wir nicht besprechen oder gar einfordern. Zumindest war das in meiner Schicht so. Einem Mann, der eine studierte Frau hatte, war klar, daß er die Hälfte der Pflichten zu tragen hatte. Die Diskussion, bleibst du zu Hause oder wer macht den Haushalt, die gab es in meinem gesamten Bekanntenkreis nicht. Wenn Kinder kamen, wurde lediglich geregelt, wer kann wann was machen. Ich habe viele Männer erlebt, die haben Karriere gemacht, und wenn sie abends nach Hause kamen, schmissen sie ihre Aktentasche im Flur hin, rasten in die Küche, gaben der Frau einen Kuß, krempelten die Ärmel auf und spülten. Wenn die Küche nach einer Stunde in Ordnung war, ging es ab ins Kinderzimmer, Türme bauen.

Dieses Rollenverständnis wirkt sich natürlich aus auf die Erwartungen bei der Partnersuche. Wer mit der Selbstverständlichkeit aufgewachsen ist, daß Mann und Frau sich im Beruf verwirklichen und keine Frau materiell vom Mann abhängig ist, braucht keinen Versorger. Die Erwartungen waren dadurch ganz oben im siebten Himmel angesiedelt. Man suchte das pure Glück. Alles andere konnte man sich ja selbst erfüllen. Wir suchten Werte wie Zusammengehörigkeit, Füreinander-Dasein und Gleichgestimmtheit. Ich habe in jungen Jahren im Mann immer die Gleichheit, die symbiotische Verschmelzung gesucht. Ich habe einen gesucht, der dasselbe will wie ich, der mich total versteht, egal, ob es darum ging, wie man die Wohnung einrichtet oder wie stark man beruflich engagiert ist, alles sollte gleich sein. Der Partner sollte mein absolutes Gegenstück sein. Heute weiß ich, daß das unrealistisch ist. Damals war ich immer wieder enttäuscht, wenn ich die Symbiose nicht fand.

Mein Erwartungsmuster in Beziehungen war unbewußt, der Mann muß mich entschädigen für meine Traumata aus der Kindheit. Ich hatte als Kind bei einer Mutter, die sehr karriereorientiert und wenig mütterlich war, das Muster mitbekommen, nicht wichtig zu sein. Meine Mutter hatte mich jung bekommen und war nicht nur mit ihrem beruflichen

Aufstieg beschäftigt, sondern auch mit ihrer Schönheit. Sie war sehr eitel. Ich habe als kleines Mädchen sehr wenig Streicheleinheiten bekommen. Ich wollte also fortan für jeden Mann das Wichtigste auf der Welt sein. Das Muster all meiner Beziehungen war, daß ich die Prinzessin bin und auf Händen getragen werde. In der Verliebtheitsphase habe ich das immer bekommen.
So gesehen kann ich sagen, Donnerwetter, mich haben etwa zehn Männer abgöttisch geliebt. Wer kann das schon von sich behaupten? Aber sobald diese Phase nachließ, wenn der Alltag kam, war mir das nicht mehr genug. Da konnte der Mann sich auf den Kopf stellen.
Es kam dann die Kampfphase um mehr Beachtung, und ich habe auch Männer gehabt, die versuchten, meinen Erwartungen und Forderungen gerecht zu werden. Da ich aber die totale Anpassung an mich erwartete, die Unterwerfung, ging es trotzdem schief. Paradox war, daß die Männer, die sich wirklich unterwarfen, erledigt für mich waren. Den Mann, der sich klein machte vor mir, konnte ich nicht mehr respektieren. Es konnte mir so gesehen keiner recht machen.

Ich habe eine Therapie gebraucht, um das alles zu erkennen. Meine heutige Beziehung läuft anders. Mein Mann, den ich vor sieben Jahren kennenlernte, hatte alles, was ich von einem Mann erwartete. Angefangen vom Aussehen, bis zum Status und den erotischen Bedürfnissen, die ich habe. Wie er auf mich zugegangen ist, ist er der Mann, von dem ich wußte, daß ich ihn will. Er ist im Westen groß geworden. Für mich ungewohnt: Er hatte auch noch die alten traditionellen Muster an sich, wie der Frau in den Mantel zu helfen, zu bezahlen, die Tür aufzuhalten. Das machte bei uns in der ehemaligen DDR keiner mehr. Wenn man zusammen essen ging und der Mann ließ die Frau bezahlen, galt das gleichberechtigt. Als wir uns kennenlernten, hatten wir viele Probleme zu lösen. Wir waren beide noch mit anderen Partnern verheiratet. Beide hatten

wir zwei Kinder. Und wir waren beide nicht mehr jung. Ich 40, er 48 Jahre alt. Bei uns kam das Wissen hinzu, daß man nicht mehr ein halbes Dutzend Versuche hat. Schon rein zeitlich gesehen nicht.
Wir waren über alle Maßen verliebt. Mir war zum ersten Mal in meinem Leben klar, wenn ich diesen Mann nicht halten kann, dann stimmt mit mir etwas nicht. Ich habe es zum ersten Mal in meinem Leben ausgehalten, daß ein Mann mir viel zugemutet hat. Da war einfach das Gefühl, der ist es. Ich war mir sicher, daß er der Mann ist, mit dem ich alt werden möchte. Aber unsere Beziehung war und ist nicht einfach.
Er hat mir beispielsweise zugemutet, nachdem wir unsere erste große Verliebtheit hinter uns gelassen, uns von unseren Partnern getrennt hatten und gemeinsam in ein Haus gezogen waren, zu sagen: »Ich gehe zu meiner Familie zurück.« Sein Gewissen quälte ihn. Er zog wieder aus, weil er nicht aushalten konnte, seine Familie zu zerstören und seine Kinder leiden zu sehen. Und das konnte ich verstehen. Obwohl das ja für mich eine Katastrophe war. Früher hätte ich mich zutiefst gekränkt zurückgezogen und mit der Situation gehadert. Doch nun konnte ich sehen, daß er kein oberflächlicher Hund ist, dem alles egal ist, sondern daß er leidet, weil er sich die Sache nicht einfach macht. Er wollte kein Trümmerfeld hinterlassen.
Das heißt nicht, daß ich gut klarkam. Alle Leute, denen ich das erzählt habe, sagten, der Schweinehund, der Mistkerl. Ich habe furchtbar gelitten, wurde sogar depressiv und arbeitsunfähig. Aber ich habe den Mann nie als Schweinehund und Mistkerl empfunden. Ich habe unter dem Verlust gelitten, ihn aber nie als Schuft gesehen. Ich habe ihn innerlich immer verteidigt. Zwanzig Jahre Ehe, zwei Kinder, das war schwer für ihn zu bewältigen. Ich bin in dieser Zeit gereift. Gerade dadurch, daß ich so sehr gelitten habe. Ich konnte plötzlich sehen, was ich früher immer weggeblendet habe: Seine Ge-

schichte und seine Situation. Nicht nur für mich etwas einzufordern, sondern Verständnis zu haben für ihn, ohne sein abweisendes Verhalten auf mich zu beziehen. Das war hart, aber ein wichtiger Schritt für mich, erwachsen zu werden. Ich verstand seinen Verlust. Mir konnte ja niemand etwas wegnehmen. Meine Kinder blieben bei mir, und die Partner kamen dazu. Mein Mann aber gab auch seine Kinder auf. So schien es jedenfalls zu Beginn unserer Beziehung. Bei mir war also im Gefühlshaushalt nicht so viel zu bewältigen wie bei ihm, der alles aufgab. Sein Geld, seine Kinder, seine Freunde, sein Haus. Das konnte ich verstehen. Ich habe nicht mehr nur gefordert, daß sich alle seine Gefühle und Aufmerksamkeiten um mich drehten. Bei ihm war ich mir sicher, daß er seine Kinder nicht als faule Ausrede benutzt.

Sein Zurückgehen war die stärkste Verletzung, die er mir zugefügt hat. Ich habe es ausgehalten. Es dauerte Monate, in denen wir nur wenig Kontakt hatten. Ich habe auf ihn gewartet. Er kam wieder. Und als er sagte, ich weiß, daß ich ohne dich nicht leben kann, wußte ich, ich kann mich darauf verlassen. Er brauchte die Zeit, um sich zu entscheiden. Diese Beziehung war eine Wende in meinen bis dahin gelebten Partnerschaften. Ich habe es ertragen, verlassen zu werden und ihn trotzdem zu verstehen.

Wir hatten später noch eine zweite große Krise, die uns fast getrennt hätte. Nachdem wir wieder zusammengezogen waren, hatte er ein Verhältnis mit einer anderen Frau. Damals dachte ich, das ertrage ich nicht, das ist zuviel. Früher habe ich immer gesagt: Fremdgehen ist das Ende einer Beziehung. Das würde ich mir nicht gefallen lassen. Ich hatte mir auch eine Wohnung besorgt und glaubte, dies sei das Ende. Ich bin dann doch nicht ausgezogen, und heute bin ich überzeugt, es war gut, daß ich geblieben bin. Weil die Affäre es rückblikkend nicht wert gewesen ist, unsere gute Beziehung zu zerstören. Das kann ich natürlich erst jetzt mit dem großen zeitlichen Puffer dazwischen sagen. Damals war es vernichtend für mich. Es ist mir bis heute nicht egal. Es ist nicht so, daß ich sage, es macht mir nichts mehr aus. Es kommt immer mal wieder hoch, und ich fühle, wie verletzt ich war. Aber unsere Beziehung hat einen Stellenwert bekommen, der mich auch dafür entschädigt. Ich finde es gut für mich, daß ich nicht sage, das war nichts Bedeutendes. Ich spiele die Verletzung nicht herunter. Aber wir haben auch das überwunden, und inzwischen kann ich sagen, daß alle Krisen unsere Beziehung stark gemacht haben.

Ich habe – nicht zuletzt durch meine Therapie – eine andere Einstellung zu Beziehungen bekommen. Ich habe akzeptiert, daß meine Art, an Beziehungen heranzugehen, diese immer von vornherein zum Scheitern gebracht hat. Ich war unrealistisch, hatte unrealistische Erwartungen. Sicher hatte ich auch Partner, die nicht paßten. Aber es lag eben doch viel an mir und meinen großen Defiziten aus der Kindheit. Was bei meiner Partnersuche auch immer eine große Rolle spielte, war die Tatsache, daß ich mit 25 Jahren zwei Kinder hatte und alleinerziehend war. Ich hatte immer die Bestrebung, wieder eine komplette Familie zu bekommen. Ich konnte Partnerschaften nicht als fröhlicher unabhängiger Single erleben, sondern suchte dauernd den potentiellen Vater für meine Kinder. Das darf man nicht unterschätzen. Wenn ich also mit einem Mann geflirtet habe, hatte ich immer im Hinterkopf, daß der in Zukunft mit mir den halben Haushalt führen mußte. Damit macht man sich total unfrei. Ich habe jeden Mann instinktiv abgeklopft, ob er ernstzunehmen ist für meine Lebensweise und Bedürfnisse. Damit habe ich mir viel Spaß genommen. Partnersuche unter dem Aspekt, ich will einen, der alles mit mir teilt, ist natürlich sehr schwierig.

Deshalb habe ich auch vor meinem jetzigen noch mal den falschen Mann geheiratet. Der hat alle Punkte erfüllt, von denen ich glaubte, daß ich sie wirklich brauche. Der war wundervoll zu meinen Kindern, der hat ordentlich Geld verdient, der war häuslich, der sorgte für mich. Der stellte mir sein ganzes Geld zur Verfügung, er hat mir sein halbes Haus geschenkt, er hat mir soziale Sicherheit, einen angemessenen Status, Familie, eine liebevolle Beziehung zu meinen Kindern zu Füßen gelegt. Er hat mich zu allem Überfluß auch noch vergöttert, er wäre garantiert immer treu gewesen. Er schien der Märchenprinz zu sein. Und ich habe plötzlich festgestellt, das ist es gar nicht, was ich wirklich brauche. Ich habe etwas gesucht, das ich gar nicht auf Dauer aushalten kann. Ich hatte diesen Mann sofort in der Tasche. Wenn ich hü sagte, sagte er ja, wenn ich hott sagte, auch. Spatzimaus, was willst du, was kann ich noch für dich tun? Ich hatte den gefunden, den ich glaubte zu wollen, nach dem ich mich all die Jahre gesehnt hatte, und nach einem halben Jahr Ehe hing er mir zum Halse heraus. Ich fand ihn einengend, unsere Ehe fand ich spießig, ich fand den ganzen Mann spießig. Ich bekam bald keine Luft mehr in dieser eintönigen Beziehung.

Heute weiß ich, ich brauche etwas viel Flippigeres. Einer, der eine harte Nuß für mich ist. Nur so kann ich mich entwikkeln. Das kann man von meinem jetzigen Mann wohl sagen. Der sagt mir beispielsweise nicht, was er denkt. Er behält viel für sich, und ich kann nur interpretieren, warum er sich so oder so verhält. Ich kann ihn nie hundertprozentig einschätzen. Das macht ihn interessant. Wir haben uns beide nach sieben Jahren noch nicht richtig entdeckt. Wir leben schon sechs Jahre unter einem Dach und sind in vielen Dingen noch ganz fremd miteinander. Ich habe im Grunde genau das Gegenteil von meinem Bedürfnis nach symbiotischer Verschmelzung. Ich denke, es wird auch so geheimnisvoll bleiben, weil jeder in dieser Beziehung seine eigene Persönlichkeit lebt. Wir haben nicht dieses Aufgehen im anderen. Ich sage heute, ich habe mein halbes Leben nach etwas gesucht, was ich nicht wollte. Denn als ich es hatte, habe ich bemerkt, es ist fad.

Mein Mann öffnet sich mir zeit- und teilweise. Das sind für mich totale Highlights. Aber er ist für mich nicht ständig ein offenes Buch. Mir ist auch klargeworden, daß ich mich als junge Frau selber falsch eingeschätzt habe. Ich brauche jemanden, der mir nicht zu nahe kommt. Heute weiß ich, ich will nicht aufgefressen werden. Ich weiß jetzt, eine symbiotische Beziehung nimmt mir die Luft zum Atmen. Ich wollte die Heilung meiner Kindheitsschmerzen, indem einer ständig um mich herumspringt und für mich da ist. Wie ein Daddy. Aber heute weiß ich, mit einem Daddy kann ich keine erotische Beziehung haben. Auch keine reife Beziehung. Mein vorheriger Mann war der Daddy. Mein jetziger Mann hat Sorgen und Probleme, aber die macht er erst mit sich klar. Ich merke dann, daß etwas in ihm vorgeht. Er wird etwas stiller, nachdenklicher. Ich beziehe heute so ein Verhalten nicht mehr auf mich, frage nicht verunsichert und ängstlich, habe ich dir etwas getan? Ich kann ihn lassen. Ich habe Vertrauen. Die Gefahr, daß man denkt, sein Verhalten hat etwas mit mir zu tun, ist ja groß. Inzwischen habe ich kapiert, daß er zu neunzig Prozent mit anderen Sachen befaßt ist als mit mir. Das ist in Ordnung. Denn auch ich bin ja zum Großteil mit ganz anderen Dingen befaßt und beschäftigt als mit ihm. Ich finde es wunderbar, daß mein Mann eine Ergänzung zu dem ist, was ich sowieso schon habe. Ich habe durch die Therapie ein viel größeres Selbstwertgefühl bekommen. Ich kann mir viele Dinge geben, die ich früher vom Partner erwartet habe. Nicht nur die materielle Sicherheit. Dadurch bin ich auch konfliktfähiger geworden.

Mir ist noch etwas klargeworden. Früher war ich sehr unflexibel. Wenn mein Partner sich als »Schwein« erwiesen hat oder etwas getan hat, was mir nicht paßte, war ich ultimativ. Entweder du tust was ich will, oder ich gehe. Immer dieses Entweder-Oder. Schwarz oder Weiß. Grautöne gab es für mich nicht. Mir ist inzwischen klar, das kannst du tun, bis du achtzig oder neunzig Jahre alt bist. Das bringt dich nicht wei-

ter. Die Beziehung schon gar nicht. Damit drehst du dich im Kreis. Es ist im Grunde eine Dauererpressung, die den anderen entweder klein macht, oder du mußt tatsächlich gehen. Du willst ja nicht einen Mann, der sich vor dir im Staub wälzt. Dann lebst du mit einem Würstchen. Ich will das nicht.
Ich habe gelernt, daß ich mich mit Problemen auseinandersetzen muß. Auch wenn sie hart sind. Ich kann heute – manchmal erst nach einiger Zeit – sehen, was ich dafür bekomme. Oft kommt mir ein Problem unerträglich vor. Aber im nachhinein sieht es anders aus. Es regiert natürlich nicht immer die Vernunft. Ich werde auch sauer und wütend. Aber unterm Strich kann ich sagen, ich habe die Beziehung, die ich mir wünsche, mit dem Mann, den ich mir wünsche. Mit kleinen Ausreißern. Nicht perfekt. Mit Hackern, die mich ins Schleudern bringen. Aber das akzeptiere ich. Die positiven Dinge sind größer und schwerwiegender als die negativen, und ich glaube, darum geht es. Ob die Bilanz stimmt. Wenn es anders wäre, würde ich gehen. Ich weiß heute, daß es stimmt: Wo viel Licht ist, ist auch viel Schatten. Wir haben eben Dinge, in denen wir uns hervorragend verstehen. Dafür haben wir auch schlimme Krisen und Auseinandersetzungen. Wir harmonieren in wichtigen Lebensbereichen wunderbar. Ohne es ausdiskutieren zu müssen. Aber wir sind entwickelte Persönlichkeiten. Man kann nicht mehr aneinander herumschrauben und denken, den biege ich mir schon zurecht. Man kann zwar bei einigen Verhaltensweisen sagen, das mag ich nicht, damit komme ich nur schwer zurecht, aber das Wesentliche steht. Grundsätzliche Persönlichkeitsveränderungen gibt es nicht. Entweder du paßt oder du paßt nicht.
In unserem Alter hast du genügend Beziehungserfahrungen, so daß du sehen kannst, was paßt. Ich glaube, daß man irgendwann entscheiden muß, welche Eigenschaften einem unverzichtbar wichtig sind. Was muß ein Mann unbedingt haben? Mir persönlich ist der Status wichtig, was der Mann beruflich macht. Er sollte kein Loser sein. Er sollte sich mit

dem, was er tut, identifizieren. Womit ich leben könnte, wäre, wenn ich mehr verdiene als er. Mir ist außerdem wichtig, daß es sexuell stimmt und harmoniert. Die körperliche Anziehungskraft sollte da sein. Und die kulturellen Werte und Ansprüche sollten übereinstimmen. Grundwerte. Ästhetische Vorstellungen. Wenn mein Mann Gelsenkirchener Barock im Wohnzimmer vorzieht, dann könnte ich nicht mit ihm. Eine gewisse Vorstellung von Kultiviertheit sollte stimmen. Es bleiben, wenn das alles stimmt, noch genug Probleme zu bewältigen.

Beispielsweise die Kinder. Das machen sich viele nicht klar, wie belastend Kinder sind, die nicht die eigenen sind. Es ist ja nicht so, daß man einfach sagen kann, wir sind jetzt Eltern von vier statt von zwei Kindern. Und die Kinder machen das so mit. Das ist viel komplizierter. Es fängt damit an, daß du die Kinder deines Partners nicht automatisch liebst, nur weil du den Mann liebst. Im Gegenteil, die sind manchmal starke Konkurrenz um seine Liebe, und bisweilen haßt man seine Kinder auch. Darüber spricht nur keiner. Für das Kind des Partners tut man Dinge manchmal nur dem Partner zuliebe. Wenn man eigene Kinder hat, die einen schwer beschäftigen, und das ist ja häufig so, dann hat man keine Zeit und Lust mehr auf fremde Kinder. Meine Kraft, die ich außer meinem Beruf und meiner Partnerschaft habe, wird hundertprozentig von meinen Kindern aufgebraucht. Ich finde, da ist Ehrlichkeit vor sich selbst wichtig. Daß man sich sagt, gut, er hat Kinder, ich akzeptiere das. Wie seine zu große Nase, die kann ich auch nicht ändern. Das sind Gegebenheiten, die habe ich so hinzunehmen. Aber deswegen muß ich das nicht gut finden. Ich darf meine Probleme damit haben. Mein Mann liebt seine Kinder abgöttisch. Seine Exfrau ist mit ihnen ganz in unsere Nähe gezogen, damit die Kinder ihren Vater jederzeit sehen können. Ich habe immer gemerkt, wie sehr mein Mann seine Kinder liebt. Und ich liebe sie natürlich nicht. Ich kann das nur nachvollziehen, weil ich weiß, wie sehr ich meine

Kinder liebe. Wichtig finde ich, sich das klarzumachen statt so zu tun, als liebe man seine Kinder jetzt auch noch. Damit setzt man sich unter Druck.
Heute könnte ich anderen Frauen, die noch den Richtigen suchen, sagen, du fühlst und spürst, wenn du den Richtigen gefunden hast. Das ist keine Entscheidung des Kopfes, keine Abwägung von Vor- und Nachteilen. Dein Bauch, deine Intuition sagen dir, er ist es oder er ist es nicht. Wesentlich ist auch, ob man händeringend sucht. Das bringt meiner Erfahrung nach nichts. Meinen heutigen Mann habe ich gefunden, ohne daß ich gesucht habe. Erstens war ich in einer Beziehung, zweitens waren meine Kinder schon recht groß. Als ich ihn kennenlernte, war ich unheimlich locker. So wie man eben ist, wenn man nicht sucht. Bei meinen früheren Partnerschaften war ich ständig auf der Suche. Ich habe jeden innerlich daraufhin abgeklopft, ob er zu mir und den Kindern paßt. Das macht verkrampft und verstellt den Blick. Das wiederum wirkt sich auf die Ausstrahlung aus.
Wenn du händeringend einen Mann suchst, ist die Gefahr groß, daß du dir einen schönguckst. Du interpretierst Sachen in ihn hinein, die er gar nicht hat. Nur, weil du unbedingt einen Mann haben willst. Ich hätte mir manchen Mann sparen können, wenn ich nicht zwanghaft gesucht hätte. Ich habe große Umwege gemacht. Wenn mein Bauch sagte, nein, sagte mein Kopf, aber der ist doch ganz nett und hat die und die Vorteile. Ich bin immer von meinen Vorstellungen abgewichen. Und heute weiß ich, das hätte ich nicht tun müssen. Andererseits denke ich, ich habe dabei natürlich auch Erfahrungen gesammelt. Meine Beobachtung ist, wenn die Zeit reif ist, wird jemand kommen.
Ich kann heute sagen, alles, was ich mir aktiv gesucht habe – und ich habe sehr aktiv gesucht, von Zeitungsannoncen angefangen bis zur Bitte um Verkuppelung im Freundeskreis –, hätte ich mir ersparen können. Du willst dann so sehr, daß es endlich hinhaut, daß du endlich dieses Problem löst, daß du

keinen Partner hast, daß du unmögliche Kompromisse machst. Wenn du um jeden Preis unbedingt einen haben willst, dann guckst du mit einem Blickwinkel auf die Männer, als ob du einen Kühlschrank kaufen willst. Man geht dann mit Beziehung um wie mit einer Ware. Du mußt abwägen, was hat er, was hat er nicht. Du hast von deiner Sehnsucht gesteuerte Auswahlkriterien. Du läßt dich nicht gehen. Du bist unlocker.

Meinen jetzigen Mann habe ich bei der Arbeit kennengelernt, und er war als Mann und Sexualpartner zunächst überhaupt nicht interessant. Erst als ich in seinen Armen lag und wir knutschten, da habe ich das erste Mal wahrgenommen, daß er ein ziemlich attraktiver Mann ist. Die Initiative war von ihm ausgegangen. Da ich nicht suchte, war ich total lustig, schnodderig und unbefangen. Ich war weder besonders angezogen noch zurechtgemacht. Ich hatte sogar ein Gipsbein. Ich habe mich gar nicht kontrolliert, wie in der aktiven Suchphase. Da ist man unsicher, rennt aufs Klo, um die Nase nachzupudern, und überlegt, habe ich Mist erzählt? Wie kann ich mich am besten verkaufen? Man muß ja nicht glauben, daß Männer das nicht merken. Als ich meinen Mann kennenlernte, war mir das alles egal. Ich war ich, und das hat ihm gefallen.

Natürlich bringt es auch nichts, im stillen Kämmerlein zu sitzen. Aber Aktivitäten, die du unternimmst, sollten vielleicht weniger in erster Linie die Männersuche berücksichtigen. Wichtiger ist es rauszugehen, um etwas für sich zu tun. Unter Menschen zu gehen, ohne daß jeder Mann abgeklopft wird, ob er in Frage kommt. Natürlich ist das viel verlangt. Ich weiß, wie schwer das ist, wenn man sich sehnlichst wünscht, endlich den Mann fürs Leben zu treffen und dann, ohne zu suchen, etwas zu unternehmen. Irgend etwas in dir sucht doch. Am besten ist vielleicht – ich weiß nicht, was Psychologen dazu sagen –, ruhig bewußt und taktierend Übergangsmänner zu nehmen. Mit dem Gefühl, ich will einen haben, und wenn ich nur mit dem ins Kino und ins Bett gehen kann. Der Mann fürs Leben liegt ja nicht wie Sand am Meer herum. Es ist doch höchst selten, daß man ihm über den Weg läuft. Man kann sich trotzdem bei dem einen oder anderen Mann so eine gewisse Grundversorgung sichern. Daß man beispielsweise regelmäßigen Sex hat. Sex jahrelang zu entbehren ist frustrierend. Man sollte den Hintergedanken dabei behalten, der Mann fürs Leben ist er nicht. Dann sind die Erwartungen einfach geringer. Es ist weniger verkrampft. Ich finde es nicht schlimm, wenn man zwischendurch Beziehungen hat, die nur mal drei Monate oder ein halbes Jahr dauern. Man kann ja auch mit einem Mann zusammensein und dabei offen bleiben für andere. Und man muß nicht gleich Knall auf Fall unter ein Dach ziehen. Es gibt nicht nur dieses Entweder-Oder.

Eines ist mir auch klargeworden. Ich mußte erst meine Entwicklung machen, ehe ich mit meinem Mann zusammenkommen konnte. Hätte ich ihn zehn Jahre früher kennengelernt, hätte er mich nicht genommen und ich ihn wahrscheinlich auch nicht. Ich wollte früher eine Prinzessin sein und suchte den Märchenprinzen. Andersherum, wenn ich einen suche, der Erfolg hat, attraktiv ist und einen kultivierten Lebensstil hat, muß ich das natürlich auch bieten. Und das müssen sich manche Frauen klarmachen. Zu denken, ich bin eine Frau, die gut italienische Vorspeisen machen kann, aber ich will den Mann, der geistreich ist und in der Szene ankommt, ist unrealistisch. Wenn das ganz junge Dinger erwarten mit dem tollsten Busen der Welt, sollte denen klar sein, daß der Typ ihren Busen will. Aber eine Frau, die ihre körperlich-jugendlichen Reize verloren hat, muß etwas anderes bieten, sonst paßt das nicht. Und darum geht es ja auch bei Partnerschaften in der Lebensmitte.

Der Vorteil, wenn du in der Lebensmitte auf Partnersuche bist, ist doch, daß dein Gegenüber auch deine Persönlichkeit im Blick haben muß. Es geht nicht mehr nur um die makellose äußere Hülle. Die Männer, denen es nur darum geht, nehmen sich eine, die zwanzig Jahre jünger ist als sie. In der Lebensmitte halten sich die Qualitäten, die beide Partner einbringen, in der Waage. Ich fühlte mich meinem jetzigen Mann nie unterlegen. Aber auch nicht überlegen.

Wer paßt zu wem?

Es heißt sowohl »Unterschiede ziehen sich an« als auch »Gleich und gleich gesellt sich gern«. In der Liebe gibt es beides. Paare, die für dem außenstehenden Betrachter zusammen passen wie Feuer und Wasser, als auch Paare, die sich so ähnlich sind, daß sie sich sogar im Aussehen einander angepaßt haben. Was ist besser für eine Beziehung, die halten soll? Sorgen Unterschiede für Abwechslung, bedingen Ähnlichkeiten Langeweile? Oder ist es gerade umgekehrt? Warum verlieben wir uns in einen ganz bestimmten Menschen? Wieso glauben wir, daß er zu uns paßt? Und woher nehmen manche Menschen die Überzeugung, daß es irgendwo auf der Welt den einen gibt, der unsere andere Hälfte, unser Alter ego ist? Der wie für uns geschaffen ist? Entscheidet das Herz über Mr. Right, oder sind es nur Hormone? Oder ist der Märchenprinz nur eine Ausgeburt unseres Hirns?
Wissenschaftler sind dieser Frage in verschiedenen Ansätzen und unter unterschiedlichen Aspekten nachgegangen und kommen zu ernüchternden Ergebnissen. Wissenschaftliche Erklärungen lassen kaum Raum für die rosa Wolke sieben. Bei der Partnerwahl spielt das Herz nach neueren Erkenntnissen nur eine klägliche Nebenrolle. Die Hauptrolle spielt die Biologie. Diverse Forschungsarbeiten von Anthropologen und Soziobiologen kommen zu drei Erklärungsmodellen:[25]

– Ein evolutionäres Erbe steuert unsere Partnerwahl.
– Wir fühlen uns von Menschen angezogen, die uns genetisch ähnlich sind.
– Hormonelle und biochemische Vorgänge lösen das Gefühl »Ich bin verliebt« aus.

Die Psychologin Dagmar Luszyk ist der Frage nachgegangen, ob Frauen in der Lebensmitte andere Partnerwahlstrategien haben als Frauen in der ersten Lebenshälfte. Schließlich ist eine Frau um Vierzig eine gestandene Frau, ist oft beruflich erfolgreich, steht auf eigenen Füßen, hat ihre Kinder großgezogen. Die Psychologin vermutete folgerichtig, daß ältere Frauen weniger Wert legen müßten auf den Status des Mannes und auch ihr eigenes Äußeres dezenter betonten als in jungen Jahren. Doch weit gefehlt. Bei den Kriterien Aussehen der Frau, Status, Bildung und finanzielle Potenz des Mannes fand sie keine Unterschiede zwischen den Altersgruppen. Die einzige Veränderung: Frauen im fortgeschrittenen Alter hingen nicht mehr der Illusion nach, daß die gewünschte Beziehung bis ans Lebensende halten muß.

In der Regel verlieben wir uns in Menschen, die uns ähnlich sind, und Ähnlichkeit garantiert auch die Stabilität der Beziehung. »Studien bestätigen: Wer einen Menschen heiratet, der ihm ähnlich ist, führt eine glücklichere und stabilere Ehe als Paare, die sehr unterschiedlich sind. Die Forscher fanden wenig Belege dafür, daß sich Gegensätze auf Dauer anziehen.«[26] Auch die Erfahrung zeigt, daß es schwierig wird, wenn zwei grundverschiedene Welten aufeinanderprallen. Viel häufiger waren Gemeinsamkeiten anzutreffen, und zwar in folgenden Punkten:

– Ähnliche Herkunftsfamilien, deren Werte und Normen in Bereichen von Religion, Kultur und Moralvorstellungen der unseren ähnelt, und ähnliche Geschwisterrollen, ähnliche Elternrollen, ähnliche Traumata in der Ursprungsfamilie, ähnliche Schichtzugehörigkeit ziehen uns an.
– Auch Intelligenz, Bildung und kognitive Fähigkeiten soll-

ten sich nicht allzusehr unterscheiden. Eine Beziehung von Paaren, die sich in ihren sprachlichen Fähigkeiten, ihrem Erinnerungs- und Vorstellungsvermögen gleichen, ist haltbarer als die Beziehung zwischen Menschen sehr ungleicher Bildung und Intelligenz. Das heißt, der Brummifahrer und die Ärztin, der Seemann und die Staatsanwältin sind auf Dauer nicht die ideale Kombination, es sei denn, der »unterlegene« Partner gleicht sich durch weitere Ausbildung und Bildung an.

– Oft bevorzugen wir Partner, die uns in körperlicher Statur und Körpergröße ähnlich sind. Das heißt, Paare sind eher gleich schlank oder dick, gleichermaßen attraktiv oder unattraktiv. Der »Koloß« und die »Elfe« oder die »Dampfwalze« und der »spindeldürre Hansel« sind eher selten und harmonieren auch, glaubt man Wissenschaftlern, auf Dauer nicht.

– Auch in ihren Persönlichkeitseigenschaften achten Partner auf Ähnlichkeit. Da geht es vor allem um Selbstbeobachtung und Selbstaufmerksamkeit. »Menschen mit hoher Selbstaufmerksamkeit neigen dazu, ihre Selbstdarstellung und ihr Verhalten stark zu beobachten und äußeren Anforderungen anzupassen. Menschen, bei denen diese Eigenschaft eher schwach ausgeprägt ist, sind dagegen innengeleitet. Sie legen wenig Wert auf die Meinung anderer, orientieren sich an ihren eigenen Gefühlen und Überzeugungen.«[27]

Viele Menschen meinen, die Augen seien das wichtigste Sinnesorgan bei der Partnerwahl. Registriert man doch mit einem Blick die Optik, das Aussehen, die Kleidung, wie gepflegt oder ungepflegt einer daherkommt und welchen Geschmack er hat. Und wenn man ihn dann noch reden hört, müßte eigentlich alles klar sein. Oder? Falsch, sagen Biologen, das wichtigste Sinnesorgan bei der Partnersuche ist die Nase. Wir müssen einen Partner gut riechen können. Ein nicht so attraktiver mit unserer bevorzugten Duftmarke hat größere Chancen als ein Mann wie Richard Gere, der für unser Empfinden

vielleicht Mundgeruch hat. Und gemeint ist damit nicht das Parfum oder die Rasierwassermarke. Es geht um den persönlichen Körpergeruch. Ob ich ihn auch noch riechen mag, wenn er verschwitzt vom Sport und ungeduscht vor mir steht. Ob ich ihn morgens beim Wachwerden, ohne daß er erst die Zähne putzt, küssen mag. Wenn verliebte Paare sich länger trennen müssen, haben sie manchmal die Angewohnheit, ihr Unterhemd zu tauschen, um es nachts mit aufs Kopfkissen zu legen und den Partner wenigstens zu riechen, wenn er schon nicht persönlich neben uns liegt. Auf Partner-Seminaren gibt es die Übung, sich mit verbundenen Augen nur mit Nase und Tastsinn den angenehmsten Partner herauszusuchen. Nimmt man dann die Augenbinde ab, ist das Erstaunen oft groß.
Von dieser Tatsache sprechen auch die Volksweisheiten: »Ich kann ihn nicht riechen« oder »Ich habe die Nase voll.« Da wird sinnbildlich ausgedrückt, um was es geht. »Jeder Mensch besitzt anscheinend eine ganz spezifische Duftnote, die – wie Experten zeigen – Liebespartner auch aus vielen anderen Düften herausriechen können. Und dieser Duft vermittelt eine Botschaft. Gefällt uns der Duft eines anderen, dann erkennen wir instinktiv: Dein und mein Immunsystem passen gut zusammen. Umgekehrt paßt unser Immunsystem wahrscheinlich nicht zu einem Menschen, den wir im wahrsten Sinne des Wortes nicht riechen können.«[28]
Ganz aktuell bei der Frage, wer zusammenpaßt oder nicht, ist heute das, was Psychologen eine »Liebeslandkarte« nennen. Der Ausdruck wurde geprägt von dem Sexualforscher John Money. »Die Liebeslandkarte ist die individuelle Karte, die wir in der Kindheit aus unseren Reaktionen auf all die Angehörigen, Bekannten, Erfahrungen und Assoziationen zusammengesetzt haben, die unseren Eindruck von Menschen als anziehend oder abstoßend prägten.«[29] Gemeint ist, daß jeder Mensch Positives und Negatives aus Kindheit und Jugend gespeichert hat und dieses Vertraute nun unbewußt auch beim anderen sucht. Je besser Raster oder Schablone und Realität

übereinstimmen, um so größer die Wahrscheinlichkeit, daß wir uns verlieben.

Der Paartherapeut Jürg Willi dagegen glaubt, der zündende Funke der Liebe könne nur überspringen, wenn zwei Partner von der Hoffnung erfüllt würden, miteinander und durch einander in neue Lebensräume vorzustoßen, in welchen sie vieles, was sie in langem Warten ersehnten, verwirklichen können.[30] »Es entsteht der Wunsch, im Geliebten eine Entwicklung in Gang zu setzen, Aspekte zum Wachstum zu bringen, die bisher verschüttet waren und erst jetzt auf dem Nährboden der Liebe zu keimen beginnen.« Das heißt, wir spüren intuitiv das Bedürfnis zu wachsen und suchen danach einen Partner aus. Uns scheint das, was Willi »korrespondierende Entwicklungsbereitschaft« nennt, sehr plausibel. Denn nur in diesem Ansatz ist die Möglichkeit enthalten, daß wir uns irren. Wie sonst wäre es zu erklären, daß sich heute so viele Menschen bis über beide Ohren verlieben und nach drei Monaten ernüchtert feststellen, doch nicht zusammenzupassen.

Aus Verliebtheit muß nicht Liebe werden

An dieser Stelle möchten wir auf ein weitverbreitetes Mißverständnis hinweisen: Wir verwechseln häufig Verliebtheit damit, den Partner fürs Leben gefunden zu haben. Besser gesagt, wir setzen es gleich. Wir gehen wie selbstverständlich davon aus, daß aus unserer Verliebtheit eine dauerhafte feste Beziehung entsteht. Deshalb ist die Enttäuschung oft so groß, wenn die Schmetterlinge im Bauch sich verflogen haben. In der Verliebtheitsphase leben wir vom Rauschgefühl und den Illusionen, die wir uns über den anderen machen. Wir wissen ja noch nicht, wie er ist. Wir sehen ihn verklärt, durch eine rosa Brille. Wir machen aus ihm den Menschen, den wir gerne sehen möchten, den wir uns immer schon gewünscht haben. Solange wir ihn nicht im Alltag kennen, interpretieren wir unsere unerfüllten Sehnsüchte in ihn hinein. Erst nach und nach entdecken wir, daß der Prinz, den wir möchten, mit dem Original nicht übereinstimmt. Aber Beziehungs- und Bindungsfähigkeit klärt sich nur über die Zeit. Sicher ist: Irgendwann ist der Status der Verliebtheit weg. Dann geht es darum, ob ein Paar es schafft, den Schritt aus der Verliebtheit in dauerhafte Liebe umzuwandeln. Ist der Boden dafür da?

Um es noch mal klar zu sagen: Sich zu verlieben bedeutet nicht, den Mann fürs Leben gefunden zu haben. Es ist schön, wenn Verliebtheit in Liebe übergeht. Das kommt vor, aber es ist nicht selbstverständlich. Andererseits sind wir machtlos, wenn die Chemie aufeinanderprallt. Wenn es funkt, wenn der

Blitz einschlägt, wenn unsere Gefühle erwidert werden, haben wir es nicht mehr in der Hand, kühl »nein danke« zu sagen. Wir können uns dem Zauber nicht entziehen. Sich zu verlieben, vielleicht mit Glück wochen- oder monatelang verliebt zu bleiben, ist wundervoll. Wir blühen auf, wir strahlen, die ganze Welt ist plötzlich rosarot. Probleme lösen sich wie von selbst. Genießen Sie es in vollen Zügen! Aber halten Sie es nicht für einen Automatismus, daß der Mann, mit dem Sie im siebten Himmel schweben, der Mann fürs Leben ist.

Es gibt Männer wie Frauen, die wollen sich nur berauschen lassen von diesem Zustand der Verliebtheit. Flaut die Entflammtheit ab – was natürlich und ganz sicher ist –, kehrt der Alltag ein, verabschieden sie sich. Sie beenden das Verhältnis und begeben sich auf die Suche nach einem neuen Rausch. Der Hintergrund solchen Verhaltens kann Beziehungsunfähigkeit sein oder Angst vor Nähe.

Umgekehrt ist es nicht unbedingt nötig für eine gelungene Partnerschaft, sich zuerst verliebt zu haben. Partnerschaften ergeben sich aus den unterschiedlichsten Konstellationen. Aus alten Freundschaften, aus gemeinsamen Hobbys, Interessen, aus der Gemeinschaft am selben Arbeitsplatz oder einer lange andauernden vertrauten Nachbarschaft. Und manchmal tun sich zwei Menschen zusammen, weil sie niemand anderen gefunden haben.

Unsere Kultur aber legt einen großen Wert auf das Ideal der romantischen Liebe. Daraus entsteht das Mißverständnis, vor Liebe stehe Verliebtheit. Und Verliebtheit halte ewig. Verliebte denken: »Ich will ewig glücklich sein!« Alles, was nicht so grandios beginnt, wird als minderwertig angesehen. Als Notlösung. Hören wir in unseren Breitengraden über die arrangierten Ehen, die in moslemischen Kulturen beispielsweise an der Tagesordnung sind, rümpfen wir empört die Nase. »Hinterwäldlerisch«, denken wir. Diese Beziehungen sind aber oft erstaunlich haltbar.

Eine weitere Realität halten wir uns nicht vor Augen, weil sie ebensowenig zum Ideal der romantischen Liebe paßt. Wir leben im Zeitalter der Lebensabschnittspartner. Psychologen nennen das aktuelle Modell »serielle Monogamie«. Das heißt, einer zur Zeit, aber mehrere hintereinander. Selbst vor den Traualtar treten viele Menschen nicht nur einmal. Doch wer verliebt ist, denkt gleich bis ans Lebensende: »Mit dir möchte ich alt werden!«

Gerade im mittleren Lebensabschnitt ist es sinnvoll, auf die Abkühlung einer Leidenschaft vorbereitet zu sein. Sich klarzumachen, daß der tagtägliche Kontakt, die wachsende Vertrautheit, das Schwinden der Geheimnisse dieses mit sich bringt. Ein reifer Mensch ist willens, das in Kauf zu nehmen. Rhonda Pritchard schreibt dazu: »Man sollte sich also nicht darauf verlassen, daß Anziehung für sich genommen als Grundlage für eine verläßliche Bindung ausreicht und eine Beziehung ein Leben lang zusammenhalten kann. Wir müssen wissen, in welchen Punkten sich der andere von uns unterscheidet, wie seine Lebensumstände aussehen, was wir an Kindern oder anderen Familienmitgliedern mit ins Bild einbeziehen müssen, und wir müssen darauf vorbereitet sein, daß wir all das mit an Bord nehmen werden.«[31]

Es lohnt sich zu fragen, ob man eine zuverlässige Beziehung oder sich verlieben will. Das eine kann das andere durchaus ausschließen.

Werden Sie aktiv

Zu jeder Partnersuche gehört ein gesunder Aktivismus. Darunter verstehen wir nicht, daß Sie jede Woche auf zehn Heiratsannoncen antworten oder alle sechs Wochen selbst eine aufgeben sollen. Daß Sie nur noch eines im Kopf haben: Wo finde ich den Mann fürs Leben? Die Frustration ist vorprogrammiert. Wirklich kompatible Männer finden Sie nicht so leicht. Natürlich spricht vieles dafür, ab und zu auf eine nett formulierte Annonce zu antworten oder auch mal eine aufzugeben. Nur sollten Sie sich keinen Druck machen, daß das Erfolg haben muß. Das macht Sie nämlich innerlich unfrei. Wer derart händeringend nach einem Partner sucht, sollte sich dringend erst mal um sich selbst kümmern.
Sie brauchen schon etwas Geduld und Vertrauen in Ihr Schicksal. Unter gesundem Aktivismus verstehen wir, daß Sie Ihre Freizeit nicht allein vorm Fernseher verbringen oder einsam im Wald joggen, sondern sich überlegen, wozu habe ich Lust? Was macht mir Spaß? Wenn Sie aus dem Haus gehen, um Hobbys zu pflegen, lernen Sie zwangsläufig Menschen kennen. Gehen Sie also unter Leute. Und achten Sie drauf, daß es nicht gerade das »Ladys-Fitneß-Studio« ist oder der VHS-Kurs »Frauen malen anders«. Sie sollten schon Orte aufsuchen, wo gemischtes Publikum ist. Besuchen Sie Veranstaltungen verschiedener Art. Gehen Sie zu Vernissagen, melden Sie sich zu einem Breitensport an, machen Sie Kurse mit. Dabei werden Sie anfangs vielleicht eine Menge Mut benötigen. Vor allem, wenn Sie allein losziehen. Nehmen Sie

trotzdem Ihren ganzen Mut zusammen, gehen Sie bewußt gegen Verzagtheit und Passivität an. Werfen Sie Ihre Bequemlichkeit über Bord, und versuchen Sie sich in aktivem Handeln. Sie werden sehen, wie bei allem im Leben, werden Sie durch Übung immer besser. Anfangs müssen Sie Ihren inneren »Schweinehund« vielleicht stark bekämpfen. Mit der Zeit werden Sie feststellen, daß Sie Ihre Hemmungen verlieren. Schon allein wegen des Erfolgserlebnisses, daß sie etwas getan haben, was Sie sich sonst vielleicht nie getraut hätten. Vielleicht empfinden Sie nach ein paar Ausflügen sogar heimliche Freude oder offenes Vergnügen. Denn Aktivität ist das wirksamste Mittel gegen inneren Druck, Deprimiertheit und Frustration.

Machen Sie sich bewußt: Sie sind eine gestandene Frau. Sie werden nach den ersten Versuchen auch eine innere Souveränität entwickeln. Die Zeit, in der Sie ein leicht errötender kichernder Teenager waren, ist längst vorbei. Sie haben schon andere Herausforderungen im Leben gemeistert. Falls Sie trotz allem Schwierigkeiten haben, allein auszugehen – was übrigens trotz aller Emanzipation den meisten Frauen immer noch schwerfällt –, planen Sie einfach eine gute Freundin ein. Machen Sie sich einen »lustigen Abend«. Gehen Sie tanzen. Treffen Sie sich in einer Szenekneipe zum Essen. Gehen Sie unter Leute. Suchen Sie Orte auf, wo Publikum ist. Zu zweit können Sie sich gegenseitig Mut machen und ein bißchen lästern. Das lockert auf. Und es hilft Ihnen, sicher zu werden.

Haben Sie die Möglichkeit im Hinterkopf, einen Mann kennenzulernen, aber versuchen Sie nicht, das zwanghaft erreichen zu wollen. Was den meisten Frauen, die sich nach einem Mann an ihrer Seite sehnen, fehlt, ist Lockerheit. Ein spielerischer Umgang mit dem anderen Geschlecht. Es gibt viele Frauen, die nicht in der Lage sind, ein unverfängliches Gespräch, einen belanglosen Small talk mit einem Mann zu führen, den sie interessant finden könnten. Auch da gilt: üben, üben, üben.

Vielleicht beginnen Sie mit einem Mann, den Sie weniger interessant finden. Da ist die Hemmschwelle nicht so hoch. Bei allem gilt: Es kann auch Spaß machen, sich auf unbekanntes neues Terrain zu wagen, Verhalten umzustellen. Frauen, die sich davon gelöst haben, krampfhaft einem Partner nachzujagen, in jedem neuen Mann, den sie kennenlernen, einen potentiellen Partner zu sehen, finden richtig Spaß daran, Männer zu beobachten, vielleicht sogar auf einer unverfänglichen Ebene anzusprechen. Plötzlich stellen sie Unterschiede und Feinheiten fest, die sie vorher niemals wahrgenommen haben. Hinzu kommt, daß das Ganze noch einen amüsanten, spielerischen Effekt haben kann, den sie vielleicht lange nicht mehr ausgelebt haben. Stellen Sie sich vor, wie genüßlich es sein kann, in einem Pariser Straßencafé zu sitzen und die Leute zu beobachten. Beruhigend ist nicht nur die Tatsache, daß Sie sich nicht mehr unter Druck setzen und sich nicht ständig beweisen müssen, sondern niemand weiß, daß sie Männer beobachten. Dieses Vergnügen gehört Ihnen ganz allein. Sie können favorisieren und verwerfen, bewundern und ausblenden, ohne irgendeine Verantwortung tragen zu müssen. Diese spielerische und doch wichtige Verhaltensübung dient der Lockerung. Und Sie lernen gleichzeitig, immer besser einzuschätzen, wer zu Ihnen passen könnte und warum. Sie können auf diese Weise einfach und sicher Ihr Männerbild überprüfen und ändern.

Kontaktanzeigen

Auf den riesigen Markt der Kontaktanzeigen, Singletreffs und Eheanbahnungsinstitute wollen wir an dieser Stelle nur kurz eingehen. Das haben andere vor uns schon ausreichend ausführlich getan, es gibt ganze Bücher darüber. Nur soviel: Natürlich kann man seinem Glück – gerade in den mittleren Jahren, wo die Wahrscheinlichkeit, dem richtigen Mann zufällig in die Arme zu laufen, geringer ist – durch eine Anzeige eine Chance geben. Für etliche ist es ein ernstzunehmendes Hilfsinstrumentarium. Erzwingen allerdings läßt sich das Glück nicht. Erstens ist diese Art der Kontaktaufnahme nicht jedermanns Sache. Zweitens gaukeln uns die Annoncen vor, wenn wir nur beharrlich genug antworten, könnten wir in der großen Fülle der Männer, die sich in den verlockensten Worten anbieten, bestimmt den richtigen finden.

Richtig daran ist aber nur, daß jede Woche die Zeitungen voller Angebote sind. Es sieht so aus, als hätte man die Qual der Wahl. Wer genau sich hinter den schönen Worten verbirgt, weiß man nicht. Es gibt Männer, die schreiben einfach Eigenschaften, von denen sie glauben, daß Frauen darauf fliegen. Die meisten schildern zumindest nur ihre Schokoladenseite. Und so können viele Frauen ganze Bücher erzählen von exotischen Männerexemplaren mit den ulkigsten oder auch abstoßendsten Macken, die sie auf dem öffentlichen Heiratsmarkt kennengelernt haben. Per Annonce zu suchen ist nicht leicht. Die Enttäuschung scheint vorprogrammiert, hört man manche Frauen von ihren Erfahrungen berichten. Es verlangt

ein Gespür für das, was die wenigen Worte ausdrücken wollen. Sie wissen trotzdem nicht, ob das Angebot nicht eine Mogelpackung ist.
Dennoch sind wir nicht gegen Bekanntschaften über Kontaktanzeigen. Sie sind manchmal eine der wenigen Möglichkeiten, überhaupt Partner kennenzulernen. Den richtigen Umgang mit Anzeigen kann man lernen. Wer darin Erfahrung sammelt, und sich auch von Enttäuschungen nicht entmutigen läßt, hat einen guten Wegweiser durch diese schier endlosen Zeitungsangebote. Es geht darum, die Texte gründlich zu lesen, Muster zu erkennen und im Vorfeld reichlich zu sieben. Eine bewußte, gute Selektion erspart manchen Frust. Lernen Sie, die Annoncen zu hinterfragen. Manche Männer, aber auch Frauen, suchen über diesen Weg nur amouröse Abenteuer. Sie wünschen sich beispielsweise eine Reisebegleitung oder schreiben sehr körperbezogene Texte (kurvenreich oder langbeinige Blondine). Wenn Sie solche Hinweise nicht interpretieren, können Sie enttäuscht werden. Das bleibt Ihnen häufig nicht erspart. Manche Frauen wenden sich nach schlechten Erfahrungen ab, andere nehmen ihre Erfahrungen zu Hilfe, um zu lernen, die Angebote besser zu lesen, sich selbst besser und direkter auszudrücken und auch, sich besser abzugrenzen. Und auch Frauen, die sorgsam und lange überlegen, wie sie sich selbst vorstellen, welche Eigenschaften an einem Mann ihnen wichtig sind und was sie suchen, bekommen immer wieder Zuschriften von Männern, die ihre Anzeige gar nicht gelesen zu haben scheinen. Die haben nur nach der Chiffrenummer geguckt.
Trotzdem ist und bleibt es – mit allen Vorbehalten – eine Möglichkeit zu Kontakten. Ein paar Versuche ist es wert. Gerade in der Lebensmitte, wo viele Menschen sich nach einer zerbrochenen Partnerschaft die Frage stellen: »Wo kann ich in meinem Alter nur Leute kennenlernen?« ist es eine von vielen Optionen, einen Partner zu suchen. Denn natürlich kennt auch jeder ein, zwei Paare, die inzwischen glücklich zu-

sammenleben, nachdem sie sich über eine Anzeige kennengelernt haben. Wir möchten lediglich davor warnen, zu viele Hoffnungen an die Kontaktanzeigen zu hängen. Bleiben Sie locker bei dieser Suche. Bleiben Sie authentisch und verbiegen sich nicht. Mit Glück und Fingerspitzengefühl lernen Sie so einen Partner kennen. Sie treffen ihn aber vielleicht auch woanders.
Noch ein Tip: Falls diese Art, sich kennenzulernen, für Sie in Frage kommt, schauen Sie zuerst in die Zeitungen, die Sie regelmäßig lesen. Wer den »Heimatboten« bevorzugt und sehr an seine Heimat gebunden ist, sollte sich in seiner vertrauten Umgebung umschauen. Ortsgebundene Leute eignen sich beispielsweise schlecht für Wochenendbeziehungen. Darüber hinaus achten Sie bei der Suche darauf, sich zu schützen, keine übereilten Entscheidungen zu treffen, sich und dem anderen Zeit zu geben – auch wenn der Mann Ihnen auf Anhieb gefällt.

Traumprinzliste

Frauen über Vierzig, die einen Partner suchen, bringen in der Regel eine Menge Beziehungs- und Lebenserfahrung mit. In der Lebensmitte sind sie an einem Punkt angekommen, wo sie sagen, die früheren Fehler werde ich nicht wiederholen. Sie stellen bestimmte, bisweilen hohe Anforderungen an einen Mann, damit sie ihn als Partner akzeptieren können. Sie sagen: Ich mache keine Kompromisse mehr. Davon habe ich in der Vergangenheit genug gemacht. In dieser Wunschliste drücken sich dann alle Ansprüche aus, bei denen sie vielleicht früher Zugeständnisse gemacht haben, beide Augen zugedrückt haben.
Wir möchten Sie an dieser Stelle zu einer Übung einladen. Erstellen Sie Ihre persönliche Hitliste für einen möglichen Partner. Schreiben Sie einmal alle Eigenschaften auf, die ein zukünftiger Mann haben sollte. Wild und ohne lange abzuwägen. Da kann beispielsweise solch ein Wunschpartner herauskommen:

- ehrlich
- vertrauenswürdig
- neugierig
- vielseitig interessiert
- offen
- humorvoll
- unternehmungslustig
- natürlich

- beruhigend
- ausgleichend
- verständnisvoll
- liebevoll
- aktiv
- weltoffen
- selbstbewußt
- akademisch gebildet
- körperorientiert
- zupackend
- mehrsprachig
- gepflegtes Outfit
- finanziell unabhängig
- Einkommen nicht unter 5000,- DM netto
- über 1,80 m groß

Hört sich gut an, oder? Lesen Sie Ihre Hitliste ruhig noch einmal durch. Sie ist, wie Sie sicher festgestellt haben, einzigartig. Vielleicht haben Sie bereits eine Weile nach solch einem Partner gesucht und immer festgestellt, daß dem realen Mann, der Ihnen begegnete, einige Eigenschaften von Ihrer Hitliste fehlten. Also weg damit. Oder Sie trafen einen, der dieser Liste ziemlich nahe kam, und mußten feststellen, daß er zwar Ihr Traummann ist, trotzdem geht es Ihnen nicht gut mit ihm. Beziehungen mit solchen Männern gingen regelmäßig schief. Woran kann das nur liegen? Sie wissen es bis heute nicht.
Der nächste Schritt: Ordnen Sie Ihre Wunschliste nach den Kriterien nach außen gerichtet (extrovertiert) und nach innen gerichtet (introvertiert). In der oben genannten Hitliste, die Ihrer ja vielleicht ähnlich ist, überwiegen beispielsweise die Eigenschaften eines extrovertierten Mannes. Die meisten Eigenschaften passen in diese Kategorie. Man muß daraus schließen, daß ein geselliger, unternehmungslustiger Mann gesucht wird, der gerne ausgeht und auch durchaus im Mit-

telpunkt einer Gesellschaft steht. Die wenigsten Eigenschaften würden zu einem ruhigeren introvertierten Mann passen. Bei solch einem Partner würde vielleicht eher eine gewisse Häuslichkeit, Ruhe und Zurückhaltung vorherrschen. Die hier aber offenbar nicht gefragt ist. Zur Information: Wir alle haben immer beide Aspekte in uns. Was wir herauskristallisieren können, ist, welche Tendenz überwiegt. Beim Traumpartner geht es also auch nur um die Tendenz. Suche ich einen agilen Hans-Dampf-in-allen-Gassen mit Riesenbekanntenkreis, unternehmungslustig, immer auf Achse und spontan? Oder eher den häuslichen ruhigen Typ?

Der dritte Schritt: Um nun zu überprüfen, was ich brauche, sollte ich eine ehrliche Liste erstellen mit meinen eigenen Eigenschaften. Was bin ich für ein Mensch? Eventuell stelle ich fest, daß ich eher introvertiert bin. Ich finde einen extrovertierten Mann zwar toll, weil er Eigenschaften hat, die mir fehlen. Aber im Zusammenleben habe ich vielleicht ganz andere Bedürfnisse? Vielleicht brauche ich, um mich geborgen und glücklich zu fühlen, einen ausgeglichenen weniger temperamentvollen Partner. Vielleicht wäre ich mit dem, der auf allen Hochzeiten tanzt, unglücklich, wäre überfordert, genervt. Obwohl er mir so gut gefällt. Vielleicht habe ich diese Erfahrung in der Vergangenheit auch schon gemacht. Ich bin immer auf Extrovertierte geflogen, es ging aber immer schief. Wir paßten einfach nicht zusammen. Im Grunde habe ich mich stets nach einem stinknormalen Feierabend gesehnt, Beine hoch vor dem Fernseher. Es ist also angesichts meiner Männerhitliste auch wichtig, wie ich selbst bin. Es kann sein, daß ich auf Männer anspringe, die mir gar nicht gut bekommen. Die Erfahrung lehrt: In der Regel geht es nicht gut, wenn man sich einen Mann nimmt, dessen Bedürfnisse gänzlich anders gelagert sind als die eigenen.

Vielleicht stellen Sie folgendes fest: Ich bin über 40, habe viel Kraft im Beruf verbraucht, habe eine gewisse Häuslichkeit zum Feierabend schätzen gelernt und bin so abgeklärt, daß ich nicht mehr jede Veranstaltung mitnehmen muß, verbringe gerne mal einen Abend allein, die frühere Rastlosigkeit ist mir inzwischen zu anstrengend, es ist mir wichtiger, daß meine Ressourcen am Wochenende wieder aufgefüllt werden. Dann sollten Sie darauf achten, daß Ihr Partner ähnliche Bedürfnisse hat oder diese zumindest akzeptiert.

Sieht man sich die vielen Heiratsannoncen an, kann man feststellen, daß Frauen sich oft Partner wünschen, die es so gar nicht gibt. Die Ansprüche sind oft sehr überzogen. Eigenschaften widersprechen sich teilweise. Man fragt sich, wo gibt es diesen Menschen? Auch wie die Suchenden sich selbst darstellen, hat – so muß man vermuten – mit der Wirklichkeit oft nichts zu tun. Viele verkaufen in einer Annonce eine Mogelpackung von sich. Weil sie auch von sich eine unrealistische Idealvorstellung haben, ein Bild, das sie nach außen darstellen und verkörpern wollen und bei näherer Betrachtung gar nicht sind.

Nehmen Sie sich also beide Listen noch einmal vor. Dabei kann Ihnen auch eine Freundin behilflich sein. Fangen Sie nun an, Abstriche zu machen an Ihrer Hitliste, indem Sie sich vor Augen halten, wie Sie denn selbst sind? Welche Eigenschaften widersprechen sich? Machen Sie eine neue Liste Ihres Wunschpartners, in der nur steht, worauf Sie auf gar keinen Fall verzichten wollen. Das ist Ihre sogenannte Abstrichliste. In diese Liste kommt Ihre Lebenserfahrung mit hinein. Sie werden feststellen, daß Sie diverse Striche machen. Denn Sie werden uns zustimmen: Es hilft nicht weiter, einem Hitlistenmann hinterherzulaufen, den es womöglich gar nicht gibt. Vielleicht treffen Sie einen, der zwar weder akademische Bildung noch Sprachgewandtheit hat, aber sonst auf der ganzen Linie der Mann ist, den Sie wollen? Vielleicht trägt er Bart und hat nur die gleiche Körpergröße wie Sie. Aber ist das so wichtig?

Was halten Sie von nachstehender Liste? Ich will auf jeden Fall einen Partner, der:

– verbindlich
– akzeptierend
– vertrauenswürdig
– zuverlässig
– ehrlich mit mir und sich selbst
– berufstätig
ist.

Ist diese Liste nicht wesentlich realistischer als Ihre Hitliste? Wenn Sie einen Mann finden, der diese Eigenschaften in sich vereint, ist das schone eine Menge. In manchen Frauenköpfen haben sich hochtrabende Wünsche so festgesetzt, daß sie Partnerschaften verhindern. Diese Frauen suchen nach einem Übermenschen, erwarten so viele Eigenschaften, daß sie nie einen passenden Mann finden werden. Es ist also immer wieder sinnvoll, sich in die Realität zurückzuholen. Und solche Listen, wie wir vorgeschlagen haben, helfen Ihnen dabei.

Vergessen Sie nicht, sich zu schützen

Bei allen Ratschlägen – aktiv, offen, mutig, neugierig, probierfreudig und gelöst im Verhalten zu sein – möchten wir nicht versäumen, Ihnen zu sagen, daß Ihr persönlicher Schutz stets an oberster Stelle stehen soll.

Es wäre blauäugig zu meinen, daß die Männer, die Ihnen begegnen, Ihnen immer wohlgesonnen sind. Es gibt Männer, die suchen nur ein sexuelles Abenteuer, wollen nur mit Ihnen ins Bett, haben viele Probleme, an denen sie erst mal arbeiten müßten. Wir kennen Frauen, die lernen immer wieder Männer kennen, mit denen sie die unglaublichsten Dinge erleben. Beispielsweise Männer, bei denen plötzlich Verflossene auf der Matte stehen, von denen sie sich nie richtig gelöst haben. Was sie aber zunächst wohlweislich verschwiegen haben. Oder Männer, die dem Alkohol oder anderen Drogen sehr zugetan sind. Oder auch Psychopathen, die gemeingefährlich reagieren. Hier trifft das Sprichwort zu: Vorsicht ist die Mutter der Porzellankiste. Es ist also bei aller Offenheit auch immer Vorsicht angesagt.

Sie werden sich vielleicht fragen, wie das mit der Aufforderung, aktiv zu sein, zu vereinbaren ist. Ganz einfach: Überschreiten Sie niemals Ihre eigenen Grenzen. Hören Sie auf Ihre innere Stimme. Bleiben Sie immer in einem Bereich, den Sie selbst noch überschauen können. Halten Sie die Zügel in der Hand. Geben Sie sich alle Zeit, die Sie brauchen, um einen Mann kennenzulernen und Vertrauen zu ihm entwickeln zu können. Lassen Sie Ihre Grenzen niemals überschreiten. Gerade im Bereich der Kontaktanzeigen sollten Sie kein Risiko eingehen. Wer es ernst meint, gibt Ihnen die Zeit, die Sie brauchen, und nimmt sich auch selbst Zeit. Bewegen Sie sich zu Beginn des Kennenlernens stets auf öffentlichen Plätzen, im Restaurant, Café, einer urigen Kneipe. Sie können auch Veranstaltungen besuchen, ins Kino oder Theater gehen. Halten Sie bei den Treffen alle Sinne wach. Gefühl, Intuition, Körper und Verstand sollten nicht gegeneinander, sondern miteinander kooperieren. Finden Sie einen Mann attraktiv, aber bekommen in seiner Gegenwart ein eigentümliches, unsicheres Gefühl in der Magengegend – vielleicht weil er zu fordernd ist, zu dominant, zu schnell –, hören Sie auf dieses Körpersignal. Unser Körper reagiert meistens sehr schnell auf Störungen, aber auch auf Freuden. Erziehen Sie sich, aktiv auf diese Signale zu achten. Registrieren Sie, aha, mein Körper reagiert jetzt mit Herzklopfen, einer unangenehmen Unsicherheit, meine Stimme ist belegt, ich spüre einen Druck auf dem Brustkorb. Ihre Körpersignale sind Ihnen eine wertvolle Hilfe.

Verspüren Sie einen eigentümlichen Druck, sind Sie verunsichert, fühlen sich unwohl, wählen Sie zu Ihrem eigenen Schutz den Rückwärtsgang. Noch besser wäre es, Ihrem Begleiter offen zu sagen, wie sein Verhalten auf Sie wirkt und was Sie empfinden. Hat er Verständnis für Sie, korrigiert vielleicht sogar sein Verhalten, oder macht deutlich, daß er selbst auch verunsichert oder aufgeregt ist, haben Sie die Basis für gegenseitiges Verständnis und ein weiteres Kennenlernen gelegt.

Anregungen und Fragen, die Sie sich stellen sollten

In vielen Kapiteln war die Rede von den eigenen Bedürfnissen, von denen Sie hoffen, daß sie in einer Partnerschaft geäußert werden können und möglichst auch befriedigt werden. Sie werden sich vielleicht die Frage stellen: Woran kann ich meine Bedürfnisse erkennen, wie kann ich sie spüren? Das ist, gerade auf einen Partner bezogen, nicht einfach. Denn wie oft haben wir uns schon verliebt und dann festgestellt, er tat uns gar nicht gut.

Für Frauen ist ganz wichtig, daß sie ihre Körpersignale nicht übergehen, sondern sie zu deuten lernen. Anspannung, Magendrücken, Druck auf dem Brustkorb, zugeschnürte Kehle – das alles will Ihnen etwas signalisieren. Und vielleicht erinnern Sie sich, daß Sie diese Gefühle in einer zurückliegenden Partnerschaft durchaus wahrgenommen, aber weggeschoben und nicht ernst genommen haben. Aufgrund Ihrer Erfahrung können Sie diesen Fehler jetzt vermeiden. Benutzen Sie Ihre Gefühle *und* Ihren Verstand. Schauen Sie sich Ihre letzten Beziehungen noch einmal an. Listen Sie alle negativen Eigenschaften Ihrer Expartner auf. Können Sie ein Muster erkennen? Hatten die Männer – so verschieden sie auf den ersten Blick vielleicht schienen – ähnliche Eigenschaften, die Ihnen nicht guttaten? Fanden Sie beispielsweise immer einfühlsame, schüchterne Männer attraktiv, denen Sie sich nach einiger Zeit überlegen fühlten? Oder waren Sie fasziniert von gewandten, selbstsicheren Männern, die Sie aber rücksichtslos bevormundeten, Sie nicht geachtet haben?

Wenn Sie dieser Erinnerung gegenüberstellen, was Ihnen gefehlt hat, welches Bedürfnis nicht befriedigt wurde, sind Sie der Erkenntnis, was Sie brauchen, einen Schritt näher gekommen. Nehmen Sie Ihre Bedürfnisse und Wünsche ernst, damit Sie nicht noch einmal in einer Beziehung wiederholen müssen, was Ihnen eigentlich nicht bekommt. Sie wissen tief in Ihrem Innern, was Sie brauchen, um zufrieden zu leben. Spüren Sie in sich hinein, und nehmen Sie Ihre Lebenserfahrung zu Hilfe. Damit werden Sie herausfinden, welcher Mann für Sie richtig ist und was Sie in einer Beziehung benötigen. Auf was Sie auf keinen Fall verzichten wollen. Beispielsweise Liebe, Wärme, Zärtlichkeit, Verantwortung, Sicherheit und Verbindlichkeit.

Sehr hilfreich bei der Suche nach dem, was Sie brauchen, ist auch, eine Weile voller Überzeugung alleine gelebt zu haben. Zu wissen, ich kann mir selbst eine Menge geben. Wer einmal glücklich und erfüllt allein gelebt hat, ist eigenständig und selbstbewußt genug, nicht unbedingt und um jeden Preis einen Mann krallen zu müssen. Vielleicht ist es für Sie und Ihre Entwicklung angemessen, sogar ein paar Jahre allein zu leben. Die eigenen Bedürfnisse und Wünsche aufzuspüren ist natürlich nur die eine Seite der Medaille. Die andere Seite ist, ob man selbst in der Lage, willens und reif genug ist, auch das zu geben, was man fordert?

Wie wir schon beschrieben haben, geht heute alles sehr in die Richtung Ich-Bezogenheit. Dabei ist das Verständnis für den anderen auf der Strecke geblieben. Aber genau das sollten Sie auch entwickeln können, wenn Sie eine Partnerschaft eingehen wollen. Denn Sie werden mit Sicherheit auf Dauer unzufrieden, wenn Sie einen Partner finden, der sich einseitig für Ihre Bedürfnisbefriedigung aufopfert. In einer reifen Beziehung ist Geben und Nehmen, Fordern und Sich-Zurückstellen angemessen.

Hilfreiche Tips für die Partnersuche

Wenn Sie willens und bereit sind, auf Partnersuche zu gehen, machen Sie sich im Vorfeld klar, daß zum Aufbau einer Beziehung der Abbau der eigenen Ich-Bezogenheit gehört. Das ruft in jedem Fall Widerstände hervor. Denn wer ist heute, da die eigene Individualität, die eigene Persönlichkeit und Selbstverwirklichung im Vordergrund stehen, schon bereit, plötzlich wie selbstverständlich zu teilen? Oder nachzugeben und gar seine Freiheiten einzuschränken?

Es gehört aber auch ein gewisser Altruismus dazu, eine Partnerschaft aufzubauen. Es erfordert Mut, neue Verantwortung – für die Beziehung, den Partner – zu übernehmen. Zuzulassen, daß der andere auch fordert, und ein Wir-Gefühl aufzubauen. Besonders am Anfang einer Beziehung werden solche Forderungen von Frauen oft als übertrieben, ausbeuterisch, unterdrückend und erniedrigend empfunden. Da gilt es, zu differenzieren und selbst auch Abstriche zu machen. Viele Frauen fordern heute vom Mann nur eine weitere Erfüllung unbefriedigter Bedürfnisse, sind aber nicht bereit, selbst auch zu geben.

Andererseits heißt das nicht, daß man plötzlich auf alles, was einem lieb geworden ist, verzichten soll. Es geht nicht darum, sich vom anderen abhängig zu machen. Es geht darum, auszudiskutieren und abzuwägen. Der Aufbau einer neuen Beziehungs-Identität ist nur eine Seite. Die Seite betrifft durchaus die Unabhängigkeit der Partner voneinander, die auch gewahrt werden muß. So können Wünsche und Bedürfnisse miteinander verglichen und Kompromisse geschlossen werden, im Sinne von Kooperation. Solche Kompromisse sind eine gute Grundlage für eine dauerhafte und tragfähige Partnerschaft.

Wichtige Sätze im Überblick

– Wenn Sie einen Mann kennenlernen, ihn attraktiv finden, machen Sie sich frei von dem Gedanken: »Er muß der Partner fürs Leben sein.«

– Bedenken Sie, daß es Zeit braucht, einen Menschen kennenzulernen, zu vergleichen, festzustellen, ob er Ihnen guttut. Zu Anfang zeigen alle ihre Schokoladenseite. Sie ja auch!

– Nehmen Sie sich durch Zeit und Geduld den Druck, alles zu Anfang klären zu müssen, nichts übersehen zu dürfen. Es gibt Frauen, die entscheiden beim ersten Treffen, der ist es, oder er ist überhaupt nicht mein Fall. Geben Sie sich beiden eine Chance, Ihren Charakter, Ihre Persönlichkeit kennenzulernen. Vielleicht wird ja auch eine Freundschaft daraus.

– Ein perfektionistischer Ansatz ist ein Nährboden für Fehlentscheidungen, Unsicherheiten und Ängste. Doch wir alle sind nicht perfekt. Wir sind Menschen. Denken Sie lieber daran, daß eine aufgenommene Beziehung jederzeit wieder lösbar ist. Das nimmt viel Druck von Ihnen.

– Wenn Ihnen ein Mann sehr gefällt und Sie überlegen, ob Sie sich mit ihm einlassen sollen, ist eine hilfreiche Frage: Könnte dieser Mann Vater meiner (zukünftigen oder bereits vorhandenen) Kinder sein? Denn bei dieser Fragestellung kommt es nicht auf Äußerlichkeiten an. Hier haben Sie seine Charaktereigenschaften, seine innere Standfestigkeit, sein Verantwortungsgefühl, seine Stabilität, Verbindlichkeit, Wärme und Einfühlsamkeit im Auge. Nicht ob er Boss-Anzüge oder eine Ray-Ban-Sonnenbrille trägt oder einen Porsche fährt.

– Seien Sie auch sich selbst gegenüber kritisch. Sind Sie reif für eine Beziehung? Sind Sie selbst in der Lage, für sich zu sorgen? Und auch für andere? Vernachlässigen Sie nicht Ihr eigenes Leben? Haben Sie Freunde, Hobbys, Interessen, die Sie gerne pflegen? Zu Ihrer erwachsenen Identität gehört es, Ihr eigenes Leben leben zu können.

– Verstecken Sie sich nicht hinter Träumen, Phantasien und Hoffnungen. Denken Sie nicht, was wäre wenn. Dann wird sich in Ihrem Leben nichts ändern. Wagen Sie den Schritt, Ihre Bedürfnisse wahrzunehmen, anzunehmen und ihnen gemäß zu handeln. Sprechen Sie Ihre Bedürfnisse klar und deutlich aus. Verhalten Sie sich offen und direkt einem potentiellen Partner gegenüber. Machen Sie ihm und sich nichts vor.

– Reagieren Sie auch auf sein Verhalten geradlinig. Es ist völlig in Ordnung, wenn flegelhaftes Verhalten bei Ihnen Ärger erzeugt. Diesen sollten Sie zum Ausdruck bringen. Flüchten Sie nicht in die Vermeidung, indem Sie etwas übersehen, gekränkt sind oder schmollen. Scheuen Sie keine Auseinandersetzung, weil Sie etwa befürchten, nicht feminin zu wirken oder Ihren guten Eindruck zunichte zu machen. Bleiben Sie sich von Anfang an treu.

Die Zukunft der Zweisamkeit

»In den Großstädten sitzt ein Heer von vereinzelten, vergnügungssüchtigen Menschen in weißgestrichenen Zweizimmerwohnungen und wartet, daß das Telefon klingelt. Klingelt es, ist immer der oder die Falsche dran. Ab und zu findet man in seiner Einsamkeit die große Liebe. Man vergißt alle Vorsicht, die man sich im jahrelangen Beziehungskampf erworben hat, gibt Distanz und Souveränität auf und zieht zusammen. Nach spätestens zwei Jahren kommt man zu dem Resultat, daß der oder die andere eine ziemlich verkorkste Psychostruktur hat, die man eigentlich nicht aushalten kann, jedenfalls nicht auf Dauer.«[32]

Das kennt fast jeder irgendwoher. Diese Fiktion entwarf der Trendforscher Matthias Horx Mitte der 90er. Gesellschaftliche Realität zum Beispiel in der Großstadt München: 20 Prozent Familienhaushalte stehen dort 61 Prozent Singlehaushalten gegenüber. Es gibt in ganz Deutschland mehr Ein-Personen-Haushalte als Haushalte mit Ehepaaren und Kindern. Im Bundesdurchschnitt lebt hinter jeder dritten Haustür ein Single. In den Großstädten sind es durchschnittlich 50 Prozent, die allein leben. Von drei Ehen wird eine geschieden, spätestens im dritten Jahr. In den Städten jede zweite. Männer und Frauen in der Lebensmitte waren oft zwei- oder dreimal verheiratet. Auf einem Klassentreffen nach dreißig Jahren in Münster war von zwanzig Mädchen nur eine noch mit dem gleichen Mann zusammen, mit dem sie Kinder hat. Alle anderen fragten ungläubig: »Wie habt ihr denn das gemacht?«

Wir leben in der Zeit der Lebensabschnittspartner. Zusammenkommen und sich nach wenigen Jahren wieder trennen ist an der Tagesordnung. Zudem werden immer weniger Kinder geboren. »Mit 1,3 Kindern pro gebärfähiger Frau sind die Deutschen heute auf Selbstabschaffungskurs«, so Horx[33]. Die Rate der alleinerziehenden Frauen hat sich in den letzten 20 Jahren vervierfacht. Kinder erschweren die Chancen auf dem Beziehungsmarkt.

Wir kennen kaum noch eine Partnerschaft, die wir mit »intakt«, »glücklich« oder als »heile Familie« bezeichnen könnten. Die Partner kommen und gehen. Und wir verbringen mehr Zeit mit der Suche nach einem neuen Partner als innerhalb einer Beziehung. Haben wir gerade eine Partnerschaft, fragen wir uns ständig, ob es nicht noch einen Besseren gibt. Wir wollen einen, der ein Optimum an guten Eigenschaften in sich vereint. Der Hamburger Professor Horst Opaschowski vom B.A.T.-Freizeit-Forschungsinstitut weiß: »Jeder zweite in einer festen Partnerschaft denkt an Trennung.«[34]

In unserer individualisierten, konsum- und freizeitorientierten Gesellschaft ist Narzißmus als übersteigerte Selbstliebe gesellschaftsfähig geworden. Ich ist Kult. Alles dreht sich um den eigenen Bauchnabel. Horx prägte den Begriff der »modernen Ichlinge« in einer »Jeder-für-sich-Welt«.[35] Alle wollen »Fun«, »gut drauf sein«, »schrille Erlebnisse« und sonst nichts. Eine Beziehung hat diese Bedürfnisse zu befriedigen, ist auf Erotik und Sexualität aufgebaut. Kommt eine Beziehungskiste in eine krisenhafte Phase, wird sie kurzerhand gelöst. »Es reichen oft geringfügige Konflikte wie Langeweile oder gegensätzliche Interessen«, weiß Opaschowski. Oder auch sexuelle Unlust. Die Folge: Ständige Unsicherheit, denn Partnerschaft ist jederzeit kündbar. Heute sind es vor allem Frauen, die in Beziehungen sagen: »Ohne mich.« Die jungen fügen sich wie selbstverständlich nicht mehr brav in bisherige Frauenrollen. Sie rebellieren, wenn ihnen etwas gegen den

Strich geht. Die älteren begehren auch auf, doch sie leiden mehr, weil ihnen noch das Ideal des Standardfamilienmodells im Kopf herumspukt. Horx stellt fest: »Die ganze Gesellschaft ist zu einem Exerzierplatz für unschlagbares Selbstbewußtsein geworden. Laß dir nichts gefallen! Entdecke deinen inneren Willen. Lerne, nein zu sagen! Eine ganze Generation von coolen, selbstbewußten Girlies beherzigt diese Botschaften, für die ihre Mütter noch schwerste Lebenskrisen durchleben mußten, aus dem Effeff. Sie haben gelernt, Folgeschäden zu begrenzen, zu frühen Verbindlichkeiten aus dem Wege zu gehen, Lust so zu optimieren, daß sie nicht allzusehr weh tut.«[36] Konsequenter und härter als Männer zögen sie ihre Überzeugungen durch.

Ihre Mütter machen Beziehung oft zum Kriegsschauplatz. Nicht weniger hart und unerbittlich als die Töchter kämpfen sie gegen das Feindbild Mann. Immer auf der Suche nach dem Märchenprinzen, stellen sie nach kurzer Zeit fest, wieder nur einen »emotionalen Krüppel«, »Spinner« oder »Drückeberger« erwischt zu haben. Immer auf der Suche, aber keiner ist gut genug. Doch macht uns das glücklich? Sind wir nicht vielmehr ständig auf der Suche nach Mr. Right? Einsamkeit ist eines der größten Probleme unserer Zeit. Die Frage stellt sich, ob Menschen aus voller Überzeugung allein leben. Opaschowski: »Die meisten Singles begreifen das Alleinleben als Übergangsstadium, sind mit ihrer persönlichen Lebenssituation unzufrieden.«[37]

Und so fragen sich Psychologen, Soziologen und Zukunftsforscher: Welche Modelle von Partnerschaft passen in ein globalisiertes und individualisiertes 21. Jahrhundert? Ist Zweisamkeit noch zu retten? Was müssen wir (wieder) lernen, damit wir Beziehungen hinbekommen?

Gerade in unserer instabilen Welt ist die Sehnsucht nach Sicherheit, Geborgenheit, Austausch und Konstanz da. In Zukunft wird es wohl neue Beziehungsformen geben, die mehr Eigenständigkeit der Beteiligten zulassen. Und so sieht es aus, als würde aus Einsamkeit in Zukunft wieder mehr Gemeinsamkeit. Männer und Frauen lernen dazu. Andreas Horx sieht die Ursache in der heutigen Beziehungsverwirrung in mangelnder Beziehungsreife. Wie die gesamte Gesellschaft komplexer geworden sei, so müsse Beziehung und Familie auf vielen Ebenen ergänzt werden. Durch Freundschaft, Bekanntschaft, Neben- und Zusatzinteressen. Weil Frauen sich heute freier entfalten können, als es traditionell üblich war, bieten sich Partnern Möglichkeiten, sich in Beruf und Freizeit auf gleicher Ebene zu treffen.

Was wir lernen müssen: Beziehung ist Arbeit. Beide müssen ihr Verhältnis immer wieder neu aushandeln, eine Balance zwischen Distanz und Nähe finden. Liebe braucht auch Unabhängigkeit. Wir leben zudem in einer Gesellschaft, in der uns vorgegaukelt wird, alles sei machbar und veränderbar, wenn wir uns nur richtig verhielten. Gefällt uns etwas nicht, dann Ex und Hopp. Weg damit. Diese Ansicht ignoriert, daß es Dinge gibt, die wir ertragen und aushalten müssen. Auch in einer Beziehung. Dazu gehört, daß der Partner mit Sicherheit Seiten hat, die wir überhaupt nicht mögen. Statt ständig an ihm herumzuerziehen oder ihn deswegen gleich wieder zu entsorgen, könnten wir in Zukunft sagen, mal sehen, wie wir damit klarkommen. Es ist normal, daß der andere Seiten an sich hat, die wir nicht mögen. Niemand ist perfekt für uns und unsere Bedürfnisse gestrickt. Da geht es darum, den anderen als komplette Persönlichkeit zu respektieren. Mit all seinen Seiten, Fehlern und Mängeln. Akzeptieren, tolerieren, Verständnis haben und mitempfinden gehört zu dem, was Horx »Beziehungsintelligenz« nennt. Die ist uns leider abhanden gekommen. Oder vielleicht hatten wir sie nie. Doch Horx glaubt: »Ich habe die Hoffnung, daß die Beziehungsintelligenz in der Bevölkerung langsam steigt. Die meisten Paare, die ich kenne, sind nicht verhandlungsfähig. Verhandeln heißt, Bedingungen stellen, Arbeitsteilungen vereinbaren. Wir haben nicht gelernt, Individualisierung in unserer

Psyche erwachsen zu verarbeiten.«[38] Noch nicht. Doch wir seien nun mal geschaffen für die Zweierkiste, sagen Psychologen und Soziologen übereinstimmend. Und so hat sich die »offene Beziehung«, die einige versucht haben zu leben, als nicht praktikabel erwiesen. Treue steht wieder hoch im Kurs. Allerdings nicht lebenslang. Psychologen nennen das Modell der Zukunft »serielle Monogamie«, was soviel heißt wie: »Einer zur Zeit, aber mehrere hintereinander.« Möglich sind heute auch Distanz- oder Wochenendbeziehungen oder auch das Leben in getrennten Wohnungen. Gerade in der Lebensmitte, wenn die Kinder aus dem Haus sind oder kurz davor, zu gehen, muß man nicht mehr in einer Wohnung das Leben miteinander teilen. Oft tut es einer Beziehung gut, wenn durch getrennte Häuslichkeit die Alltagsreibereien weniger werden. Dann hat jeder Raum für sich allein, wo er sich weder anpassen noch auf den anderen Rücksicht nehmen muß.

Wir werden in Zukunft Beziehungen mit starken Persönlichkeiten haben, in denen es kracht und Konflikte ausgetragen werden. Frauen werden berufstätig sein, der Mann wird wieder mehr Mann. Jeder wird sein Ding durchziehen. Familien werden sich zu freiwilligen Interessengemeinschaften zusammenschließen. Gleichzeitig wird das Leben in Abschnitte und Aufgaben eingeteilt. Passend zum Lebensabschnitt und seinen Aufgaben wird ein passender Partner gewählt.

Drei Werte werden, so Horx, zukünftige Partnerschaften bestimmen. Der Freundeskreis bringe die Sehnsucht nach Balance zwischen Bindung und Freiheiten auf den Punkt. Ehrlichkeit innerhalb der Partnerschaft solle garantieren, daß man Schluß mache, ehe man lieb- und lustlos nebeneinander hervegetiere. Und Verantwortung übernehmen werde helfen, den eigenen Anteil an seinem Schicksal bewußt wahrzunehmen und gemäß zu handeln.

Es bleibt also zu hoffen, daß Männer und Frauen sich verständnisvoll in angemessener Form einander wieder annähern, statt Kampfbeziehungen zu provozieren. Auf jeden Fall sind Werte wie »Toleranz«, »Empathie«, »Verständnis« und »Miteinander« im Kommen. Wir hoffen, auch für zukünftige Beziehungen.

Frei sein und trotzdem reif für eine Partnerschaft

Sie haben nun eine Fülle von Denkanstößen bekommen. Manches wollen Sie vielleicht noch mal lesen, manches erst mal sich setzen lassen. Wir möchten an dieser Stelle noch einmal zusammenfassen, worum es geht.

Gerade in der Lebensmitte denken Frauen oft, jetzt oder nie. Sie fürchten, daß es mit jedem Jahr schwieriger wird, einen passenden Partner zu finden. Gleichzeitig soll es diesmal aber endlich der werden, mit dem sie alt werden wollen. Das heißt, sie hängen die Meßlatte unerreichbar hoch. Deshalb möchten wir Ihnen sagen. Es ist ganz wichtig, sich nicht unter Druck zu setzen. Versteifen Sie sich nicht darauf, unbedingt um jeden Preis sofort den passenden Mann finden zu müssen. Denken Sie nicht, daß Sie ohne Partner nicht existieren können. Wenn der Wunsch nach einem Partner zwingend wird und Sie Ihre Gedanken und all Ihre Energie auf die Partnersuche fixieren, schaffen Sie eine ungute Abhängigkeit. Sind nicht mehr frei und kreativ in Ihren Entscheidungen, lassen sich benutzen oder klammern. Längst nicht alle Männer wünschen sich ein Anhängsel, von dem sie angehimmelt werden. Gerade in der Lebensmitte, wenn alte Partnerschaften auseinandergegangen sind, tragen Frauen wie Männer Verantwortung für schon vorhandene Kinder, alte Eltern und auch im Beruf. Das bedeutet, sie können nicht ihre ganze Energie in eine neue Beziehung stecken. Aber die Sehnsucht nach Austausch, Teilen und nach Respekt des Bestehenden ist da. Der Wunsch nach Freundschaft wird größer. Nur dadurch kann Gleichwertigkeit garantiert werden. Die wenigsten wollen in diesem Alter der alleinige Lebensinhalt für einen anderen Menschen sein. Mit dem Satz: »Ich kann ohne dich nicht leben«, verscheuchen Sie einen Partner eher. Das ist zu anstrengend. Und es gilt sicherlich auch für Sie selbst. Hilfreich ist bei dieser Überlegung ein imaginärer Rollentausch. So lernen Sie den anderen zu verstehen. Bedenken Sie, daß der Partner niemals eigene Lebensziele und -zufriedenheit ersetzen kann. Eine gute Partnerschaft kann nur in einer Balancesituation gelingen. Geben und Nehmen halten sich hierbei die Waage, Stärke und Schwäche zeigen auch.

Nur wenn Ihr Selbstwertgefühl so stabil ist, daß Sie auch eine Weile gut allein zurechtkommen, nur wenn Sie sich sagen können, ich bin auch ohne Partner ein vollwertiger zufriedener eigenständiger Mensch, dann haben Sie die Voraussetzungen für eine haltbare Beziehung geschaffen. Fixieren Sie sich nicht auf Männer. Der Wunsch, nicht alleine leben zu wollen, ist verständlich. Doch wenn die Suche nach einem Mann ausschließlich Ihre Gedanken beherrscht, verkrampfen Sie sich, werden frustriert, vielleicht sogar krank und leben am Leben vorbei. Sie begeben sich dann in Zwänge und Abhängigkeiten, die sich nicht mit einem gesunden Selbstbild vertragen. Haben Sie also den Mut, auch mal eine Weile, vielleicht sogar ein paar Jahre, allein zu leben. Nutzen und bauen Sie in der Zeit Ihr eigenes Potential aus. Lernen Sie, mit sich selbst erfüllt zu leben. Und nebenbei sind Sie so für andere – und auch für einen potentiellen Partner – ein attraktives Gegenüber.

Anmerkungen

1 Jürg Willi, Die Zweierbeziehung, Reinbek bei Hamburg 1996, S. 39
2 Gail Sheehy, Die neuen Lebensphasen, Frankfurt/M. 1987, S. 107
3 ebd., S. 62
4 Rudolf Dreikurs, Die Ehe – eine Herausforderung, München 1994, S. 40
5 ebd.
6 Sheehy, a. a. O., S. 110
7 ebd., S. 117
8 ebd., S. 121
9 ebd., S. 82
10 ebd., S. 152
11 Matthias Matussek, in: »Spiegel« Special 5/98, S. 25
12 ebd., S. 26
13 ebd.
14 Willi, a. a. O., S. 39
15 Anna Schoch, 40 als Chance, Frankfurt/Berlin 1993, S. 61
16 Willi, a. a. O., S. 79
17 Steven Carter/Julia Sokol: Nah und doch so fern. Beziehungsangst und ihre Folgen, Frankfurt/M. 1995, S. 222
18 Vera-Maria Lagner, Die etwas andere Familie, München 1995, S. 194
19 Matussek, a. a. O., S. 26
20 Sheehy, a. a. O., S. 366
21 ebd., S. 130
22 ebd., S. 125
23 William S. Pollack, Annäherung der Geschlechter, in: »Psychologie heute« compact, Heft 1, 1998, S. 65
24 Judith Wallerstein, Glück kann man erarbeiten; in: »Psychologie heute« compact, Heft 1, 1998, S. 29 ff.
25 Ursula Nuber, Und dann hat es Zoom gemacht. Wie aus Freunden Liebende werden, in: »Psychologie heute« compact, Heft 1, 1998, S. 9
26 ebd., S. 10
27 ebd.
28 ebd.
29 Rhonda Pritchard, Kennwort: Liebe fürs Leben, Stuttgart 1997, S. 67

30 Willi, a. a. O., S. 11
31 Pritchard, a. a. O., S. 68
32 Matthias Horx, Trendbuch 1, München 1996, S. 73
33 ebd., S. 44
34 Horst Opaschowski, Einführung in die Freizeitwissenschaft, Leverkusen 1997, S. 55
35 Matthias Horx, Das Zukunfts-Manifest, München 1997, S. 89
36 ebd., S. 94
37 Opaschowski, a. a. O., S. 73
38 Horx, a. a. O., S. 264